이순신 병법을 논하다

그는 군신軍神이었다

임원빈 지음

이순신 병법을 논하다

2005년 10월 20일 초판1쇄 발행
2005년 11월 30일 초판2쇄 발행

저   자 : 임원빈
펴낸이 : 임성렬
펴낸곳 : 도서출판 신서원
　　　　서울시 종로구 교남동 47-2 협신빌딩 209호
　　　　전화 : (02)739-0222, 3 팩스 : (02)739-0224
　　　　등록 : 제1-1805(1994. 11.9)

ISBN 89-7940-978-8 93910

신서원은 부모의 서가에서 자녀의 책꽂이로
'대물림'할 수 있기를 바라며 책을 만들고 있습니다.
잘못된 책은 연락주세요.

〈그림 1〉 이순신 표준 영정

장우성 화백 그림, 1952년작,

1973년 문화공보부에서 표준영정으로 지정하였다.

〈그림 2〉 거북선
거북선은 이순신이 창안한 돌격선이다.
해군에서는 1980년 1월 학계의 고증을 거쳐 거북선을 복원, 건조하였다. 해군사관학교에 있다.

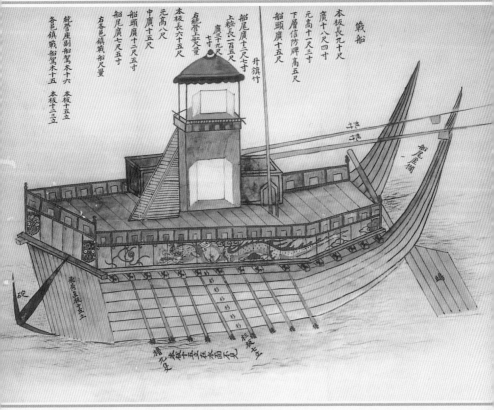

〈그림 3〉 판옥선

명종 10년(1555년)에 처음 건조되었다.
임진왜란 당시 조선수군의 주력 전투함으로 해전에서 맹활약하였다.

저자서문

우리나라 반만 년 역사를 끊이지 않게 이어온 국난극복의 화신이요, 민족의 사표인 충무공 이순신을 이야기한다는 것은 언제나 가슴 설레는 일이다. 그 설렘은 또한 두려움이기도 하다. 혹시 이순신을 잘못 해석하여 그분의 위업에 누를 끼치지 않을까 하는 조바심에서다.

필자가 먼저 만난 분은 이순신이 아니라 『손자병법』의 저자로 알려진 손무(孫武)였다. 사관생도들에게 제자백가(諸子百家) 중의 하나인 병가(兵家)를 가르치는 것이 좋겠다는 생각에서 연구를 시작한 것이 『손자병법』이었기 때문이다.

교과과정을 개정하던 1995년에 '동양병법사상'을 개설하였고, 무경칠서 등을 소개하면서 『손자병법』을 중심으로 강의를 시작하였다. 『손자병법』을 주교재로 택한 것은 그것이 『오자』·『육도』·『삼략』·『사마법』 등의 나머지 병법서를 대표하고도 남음이 있기 때문이었다.

『손자병법』은 전쟁과 정치, 전쟁과 경제, 전쟁과 외교, 전략·전술, 장수의 자질, 리더십 등 전쟁과 관련한 모든 요소를 언급하고 있는 병서로서 전쟁을 전체적으로, 원리적으로, 비판적으로 바라볼 수 있게 하는 최고의 병서이다. 미래의 장교가 될 사관생도 그리고 리더를 꿈꾸는 사람들이 반드시 섭렵해야 할 필독도서라고 생각한다.

중국의 도한장(陶漢章)이 지은『손자병법개론』(1996) 번역서를 내고, 「손자의 철학사상 연구」(1996)·「손자의 용병술과 현대적 적용」(1997) 등의 논문을 쓰고 난 뒤 궁금한 생각이 문득 머리에 스쳤다. 우리의 영웅 충무공 이순신은 과연 어떻게 싸워 전승무패의 완전한 승리를 거두었을까? 해전을 살펴보고 「장계」와『난중일기』를 읽어보면서 '아, 이럴 수가!'라는 감탄사가 절로 나왔다. 『손자병법』에서 제시하고 있는 전쟁승리의 원리가 이순신이 치렀던 모든 해전에서 그대로 적용되고 있음을 확인하였기 때문이었다.

1년여의 연구 끝에 처음 발표한 논문이 「충무공 이순신 병법연구」(『해양연구논총』, 1998)였다. 주요내용은 고려의 수군을 계승하여 왜구의 침략에 대비해 왔던 강력한 조선수군이 존재했었고, 원균과 달리 조선수군을 지휘하여 전승무패의 신화를 만든 위대한 수군지도자 이순신이 있었다는 것이다. 아울러 이순신이 위대한 이유는 언제나 열세한 상황에서 용전분투하여 승리한 데 있는 것이 아니라 어떠한 상황에서도 우세한 상황을 인위적으로 조성할 수 있었던 군사전문가적 역량에 있음을 역설하였다.

그 이후 필자는 이순신 병법을 정리하여 일곱 가지로 요약하였다.

이른바 병력집중의 원리, 화력집중의 원리, 주동권 확보의 원리, 정보 획득의 원리, 지리이용의 원리, 만전의 원리, 선승구전(先勝求戰)의 원리 가 그것이다.

이러한 연구를 진행하면서 필자는 이순신이 구사한 대표적인 병법 이 '통합된 세력으로 분산된 열세의 적을 공격하라'는 이른바 병력집중 의 원리였음을 강조하였다. 이순신은 명량해전을 제외한 모든 해전에 서 항상 절대우세의 싸움을 하였지 열세의 싸움, 불리한 싸움은 결단 코 하지 않았다고 주장하였던 것이다. 그런데 이와 같은 주장은 매우 조심스러운 것이었다. 그 때까지만 하더라도 많은 연구자들이 명량해 전·한산해전을 예로 들어 이순신은 열세의 상황에서 용전분투하여 승리했기 때문에 위대한 장수라는 도식하에 연구를 진행하여 왔기 때 문이다.

이것을 극복하게 해준 것이 『손자병법』의 "싸움을 잘하는 자는 쉽 게 이길 수 있는 싸움에서 승리하는 자다〔古之善戰者, 勝於易勝者也〕"라는 구 절이었다. 한 마디로 10:1, 100:1로 싸우는 사람이 훌륭한 장수이지 거꾸로 1:10, 1:100으로 싸우는 사람은 병법의 '병'자도 모르는 무식한 장수라는 말이다. 사람들이 내 말은 믿지 않지만 『손자병법』의 권위를 빌린다면 받아들일 수밖에 없을 것이라는 생각에 '바로 이거야!'라며 무릎을 쳤던 기억이 새롭다.

조선수군의 존재에 대해 눈을 뜨게 해준 분은 서울대 김재근 교수 였다. 임진왜란의 해전승리를 객관적인 관점에서 종합적으로 접근하 는데 있어서 그분의 저서 『우리 배의 역사』(1989)는 많은 영감을 주었다. 임진왜란을 극복하는 데는 수군의 조직과 신예함선의 건조, 무기체계 등 고려 말부터 이어온 우리의 해양전통이 큰 역할을 한 것이 아닐까라는 생각을 사실로 확인하는 데 많은 도움을 받았기 때문이다. 우리의 해양전통을 계승 발전시킨 조선수군과 위대한 수군지도자 이순신이 결합하여 일구어낸 작품이 임진왜란 해전의 전승무패의 숨은 비결이라는 해석의 구도가 정립되는 순간이었다.

　이제 남은 것은 이순신의 위대성이 구체적으로 무엇인가를 하나하나 규명하는 일이었다. 첫번째로 밝힌 것이 앞에서 이미 언급한 이순신의 병법이었고 그것은 그의 군사전문성에 초점을 맞춘 것이었다. 그는 뛰어난 실력을 지닌 군사전문가였다. 거북선 건조를 주도할 정도로 함선에 대한 이해가 있었고, 첨단무기체계인 함포운용의 귀재였다. 언제나 통합된 세력으로 분산된 열세의 적을 공격했으며, 화력을 집중시킬 수 있는 진형법을 개발하여 적의 지휘선이나 주력함을 초기에 궤멸시켰다. 승리하기에 유리한 시간과 장소를 주도적으로 선택했으며, 신뢰할 수 없는 정보에 기초한 명령은 비록 그것이 임금의 명령이라 하더라도 따르지 않았다. 그는 언제나 전쟁승리의 원칙을 고수하는 데 최선을 다했던 것이다.

　두번째는 의리(義理)를 기준으로 평생을 살았던 이순신의 역사의식을 밝히는 것이었다. 이순신은 반인륜적인 왜군의 침략행위에 대해 반드시 응징하여 역천(逆天)과 순천(順天)의 도리를 깨우쳐 주어야 한다는 역사의식의 소유자였다. 하늘의 이치가 구현되고 정의가 살아 있음을 보여주는 것이야말로 다시는 왜인들이 패륜적 침략행위를 하지 못하게 하는 길임을 믿고 있었던 것이다. 노량해전에서 이순신이, 단 한 척의 왜선도, 단 한 명의 왜군도 살려보내지 않으려 한 것은 이 같은 역사의식의 발로였다.

세번째는 그의 인품에 주목하였다. 이순신의 주변에는 언제나 유능한 부하장수 참모들로 가득 차 있었으며, 그를 존경하는 백성들이 함께했다. 가장 불리한 여건에서 전투에 임하였던 명량해전에서조차도 그의 주변에는 역전의 장수와 참모, 그리고 진도백성과 피난민들이 넘쳐났다. 이순신의 완성된 인격이 그들의 마음을 움직여 상·하와 민·관이 화합된 최상의 전투력을 창출해냈던 것이다.

네번째는 그의 지휘통솔법을 규명하고자 하였다. 그는 때로는 추상같은 형벌로, 때로는 따뜻한 사랑으로 부하병사들을 다스렸으며 때로는 부하병사들이 승복할 수밖에 없는 논리와 실력으로 부하병사들을 압도하였다. 이순신이 보여준 군사전문성과 인격에 기초한 문무(文武)·강유(剛柔)의 지휘통솔법은 모든 리더들의 영원한 모델이 아닐 수 없다.

마지막으로 앞에서 정리한 이순신의 병법과 지휘통솔법을 불가사의한 해전으로 평가되는 명량해전에 적용하여 그 위대한 승리요인을 구명하고자 하였다. 이제까지 명량해전의 승리를 설명하는 가장 유력한 설은, 명량의 좁은 물목에 철쇄를 설치하여 왜군 함선을 걸려 넘어트려 침몰시켰다는 철쇄설치설인데, 이 설은 입증할 만한 객관적 근거가 부족하다는 치명적인 결함을 지니고 있다. 여기서는 '병법의 관점'에서 명량해전을 조망해 봄으로써 철쇄설치설에 의존하지 않고도 명량해전의 승리를 객관적으로 설명할 수 있음을 보여주고자 하였다. 전쟁승리의 요인을 신화가 아닌 과학의 관점에서 설명하는 한 사례가 될 것이다.

요즈음 국민적 관심을 토대로 이순신이 다시 살아나고 있다. 과거의 영웅사관적 관점이 아닌 객관적 관점에서 이순신을 규명하려는 다양한 시도가 진행되고 있다는 점에서 고무적이라 하겠다. 조선수군과 더불어 우리의 해양전통이 살아나고, 이순신의 부하장수와 참모들이 새롭게 조명되고 있다. 이순신이 다시 국민적 관심의 대상으로 주목되는 것은 정조 때나 박정희 대통령 시절 그랬던 것처럼 지금 이 시기가 어렵기 때문 아닌가 생각된다.

5천 년의 역사를 이어가면서 앞으로도 고비 때마다 우리는 이순신을 되새기게 될 것이다. 이 때 필자의 보잘것없는 노력의 결실이 이순신을 구체적으로 본받고 따르려는 사람들에게 조금이라도 도움이 되었으면 하는 바람을 가져본다. 전문성과 역사의식, 그리고 완성된 인격을 지닌 이순신을 닮은 리더들이 사회 전반에서 배출되어 21세기 '선진한국' 건설을 앞당길 수 있기를 기대해 본다.

끝으로 흔쾌히 출판을 맡아주고 논문형식으로 쓰여진 어려운 글을 독자들이 보기에 편한 책으로 엮는 데 도움을 준 도서출판 신서원의 편집부 여러분에게도 깊은 감사를 드린다.

이 충무공의 첫 전승지 옥포만 연구실에서
저자 임원빈 씀

차례

I
이순신 다시 읽기

1. 이순신 연구의 문제점은 이것이다

　'충무공 이순신' 하면 생각나는 것이 민족의 태양, 역사의 면류관이라고 하는 충무공 노래의 가사이다. 그렇듯이 대한민국 수립 이후 제3공화국 이래 국력의 통합과 국민의 총화단결을 위해 위대한 한국인으로서 충무공 이순신[1])은 우리 삶의 본보기로 추앙되었다.

　□ 충무공 이순신이 성웅(聖雄)으로 추앙받게 된 것은 박정희 대통령 시대부터였다. 박정희 대통령은 5·16 직후 충무공 정신을 천추에 빛나는 국민정신의 귀감으로 간주하여 1962년 현충사의 성역화와 충무공 탄신 기념행사를 아산군청에서 주관할 것을 지시하였다. 이후 충무공탄신기념회는 63년에는 충남도청, 64년에는 국방부, 65년 이후에는 정부가 주관하는 등 행사의 격이 높아졌다. 박대통령은 이 기념행사에 1975년 딱 한번 불참했으나 며칠 뒤 가족들과 함께 참배하였다. 현충사의 성역화 사업에는 약 30억 원의 사업비가 투자되어 1969년 9월 완성되었다. 현충사는 이후 애국애족정신 함양을 위한 국민정신의 도장으로 자리하였다.[2])

　그런데 이순신에 대한 민족적 영웅화 작업은 진작부터 있어왔다.

이순신 사후 200여 년이 지난 1795년 『이충무공전서(李忠武公全書)』를 편찬했던 정조(正祖)가 이에 해당된다. 또 일제 식민시대에 민족정신을 고양시키기 위해 노력했던 학자들 역시 이순신을 국민들의 힘을 결집 시킬 수 있는 위대한 인물로 손꼽는 데 주저하지 않았다. 그 결과 이순 신은 민족의 영웅으로서 우리 국민들 가슴속에 깊이 새겨져 오늘에 이 르고 있다.

□ 일제암흑기에 우리의 지식인들은 민족 정신의 구심점으로 삼기 위해 충무공 이순신 연구 에 박차를 가했다. 丹齊 申采浩의 『聖雄 李舜臣』(1908)을 필두로 『李舜臣傳』이라는 제목으 로 출간된 것만도, 張道斌의 『李舜臣傳』(高麗舘, 1921), 崔瓚植의 『李舜臣傳』(博文書舘, 1925) 등이 있다. 해방 이후 李殷相은 『李忠武公一代記』(國學圖書出版舘, 1946)를 저술하 고 이충무공기념사업회를 주도적으로 운영하여 『李忠武公全書』를 완역하는 등 이순신 연 구에 불을 붙였다.

한편 이와 같은 이충무공관(李忠武公觀)은 그를 지나치게 영웅화·신 격화함으로써 오히려 평범한 사람들과의 괴리감을 더했던 것 또한 사 실이다. 다시 말해 보통사람들에게 이순신 같은 사람이 될 수 있다는 희망과 꿈을 주기보다는 우리와는 다른 아주 특별한 삶을 살다갔기 때 문에 보통사람으로서는 감히 그의 삶을 흉내낼 수조차 없다는 생각을 가지게 함으로써 거리감을 증폭시킨 점도 없지 않다는 것이다.

예를 들어 명량해전의 경우 명량의 좁은 물목에 미리 쇠줄(鐵鎖)을 설 치해 놓고 있다가 조수의 방향이 바뀔 때 그것을 잡아당겨 수많은 왜 함 선을 걸려 넘어지게 했다든가, 아니면 크고 중요한 해전이 있을 때마다 꿈에 신인(神人)이 나타나 승리할 수 있는 방법을 일러주었다거나 하는 등이 그것이다. 쇠줄설치는 당시로서는 그 어느 누구도 상상할 수 없는 일이었으며, 신인 또한 아무에게나 나타나는 것이 아니라는 점에서 이순신은 보통사람과는 다른 능력을 갖춘 신비에 싸인 인물이 된다.

또한 한산해전(閑山海戰)의 경우 54척 대 72척이라는 중과부적의 열세상황에서 신출귀몰한 유인술책에 이은 학익진(鶴翼陣)의 전개를 통해 임진년 해전 가운데 가장 큰 승리를 만들어낸 장본인이라는 대목에 이르면 이순신은 그야말로 군신(軍神)의 위치로 격상된다.

그런데 자세히 살펴보면 이순신은 처음부터 특출한 이력을 가진 사람이 아니었음을 쉽게 알 수 있다. 오히려 그의 이력은 지극히 평범하여 화려함과는 거리가 멀 정도이다. 문과·무과를 놓고 진로선택에 고심하다가 22세가 되던 해 무과로 뜻을 정하고 28세가 되어서야 비로소 무과시험에 응시하였으나, 설상가상으로 말타고 활쏘는 시험을 치르던 중에 낙마하여 낙방한 뼈아픈 경험이 있는 사람이 바로 이순신이다. 재수에 돌입하여 4년 뒤 32세 때인 1576년이 되어서야 비로소 무과에 병과로 합격하여 관직에 나아갈 수 있었다는 사실은 그의 평범성을 상징적으로 보여주는 징표이다.

□ 조선시대 과거의 합격자는 성적에 따라 갑과(甲科)·을과(乙科)·병과(丙科)로 나뉘어 있다. 시험성적이 1등에서 3등까지 3인이 갑과합격자요, 4등에서 8등까지 5인이 을과합격자이며, 9등에서 28등까지 20인이 병과합격자였다. 병과합격자 중 이순신은 네번째였으니 그의 합격서열은 전체합격자 중 12등이 되는 것이다.
□ 연구결과에 따르면 병자년(1576) 무과급제자는 총 29명이었고 평균나이는 34세였으며 이순신보다 나이가 많은 사람이 17명이었다. 이렇게 볼 때 이순신의 무과합격 나이가 늦은 것은 아니었음을 알 수 있다.3)

관직에 나아간 이후 이순신은 승진과 파직, 그리고 재임용 등을 거듭하면서 미관말직 벼슬에 12년을 종사했다. 예를 들어 종9품인 함경도 동구비보 권관(權官)으로 무반 관료생활을 시작하여 종4품인 발포만호까지 승진했는데, 암행감사를 나온 경차관(敬差官)의 그릇된 보고로 파직되었다가 다시 재임용되면서 받은 관직은 종8품인 훈련원 봉사였다.

이순신은 다시 승진을 거듭하여 종4품인 조산보 만호가 되어 녹둔도의 둔전관을 겸하게 되었다. 이 때 오랑캐가 침입하여 백성을 포로로 잡아가고 관가까지 공격하였다. 이순신은 이를 물리치고 오랑캐들을 추격하여 두목 울지내를 체포해 오는 공을 세우지만 직속상관인 병마절도사 이일(李鎰)의 무고싱 장계로 말미암아 다시 파직되어 첫번째 백의종군을 하게 된다. 이후 이순신은 종7품 정도에 해당하는 전라순찰사의 군관으로 복직되었는데, 그 해에 다시 승진하여 종6품인 정읍현감이 되었다.

시련의 관직생활을 계속하던 이순신에게도 딱 한번 인생의 행로를 반전시킬 수 있는 기회가 찾아왔는데, 그것은 자신뿐만 아니라 나라와 백성을 위해서도 너무나도 다행한 일이었다. 1588년 왜적의 동향이 심상치 않다는 정보가 연이어 조정에 보고되자 선조임금은 직급에 관계없이 유능한 관리를 천거하라고 중신들에게 지시하였다. 이 때 이산해와 정언신 등이 이순신을 세번째 순위로 추천하였던 것이다.

비록 조정중신들의 반대로 인해 우여곡절을 겪었지만 이순신은 1591년 2월 종6품인 정읍현감에서 정3품인 전라좌도수군절도사로 7단계를 승진하는 행운을 얻게 되었다. 이순신의 평소 인품과 능력을 익히 알고 있던 고향친구 서애 유성룡(西厓 柳成龍: 1542~1607)이 선조를 설득하여 인사를 단행하게 하였던 것이다. 우리 민족을 위해서는 그야말로 천행인 셈이었다.

이렇게 볼 때 이순신은 새로운 관점에서 다시 읽혀져야 한다고 생각한다. 다시 말해 이제부터는 고원한 위치에 있는, 그래서 평범한 우리들로서는 감히 범접할 수 없는 추상적인 '성웅 이순신'이 아니라 우리 가까이에서 늘 볼 수 있는 평범한 '인간 이순신'이 어떻게 해서 우리 모두가 그토록 우러러보는 위대한 민족적 영웅으로 탄생하게 되었는지에 대한 구체적인 내용과 과정에 관심을 가져야 한다는 말이다.

의롭지 못한 관료들을 증오했고 이유없는 질책이나 처벌에 대해서는 분노하면서 강력히 저항하였던 이순신의 인간적 면모를 확인하는 것부터 시작하여, 우리는 그를 우리 주변 가까이로 다시 모시고 와야 한다. 우리가 결코 흉내낼 수 없는 초인간적인 이순신이 아니라 그 어느 누구라도 바로 지금 이순신을 본받아 따르고자 한다면 그와 같은 위대한 인물이 될 수 있다는 꿈과 희망을 줄 수 있는 인물로 그를 이해하는 것이야말로 400여 년 전의 이순신을 진정 오늘에 되살릴 수 있는 일일 것이기 때문이다.

현대는 전문화시대로 접어든 지 이미 오래이다. 이제 이순신 읽기에서도 또한 이와 같은 관점이 적용될 때가 되었다고 본다. 단순히 '성웅 이순신'이 아니라 '위대한 수군장수', '탁월한 군사전문가 이순신'의 재조명을 통해 그가 왜 성웅인지를 확인하는 길이야말로 이순신의 위대성을 드높이는 데 매우 효과적인 방법일 것이기 때문이다. 이를 통해 이순신에 대한 단순 영웅화에서 초래된 편견과 오해를 제거하고 우리 가까이에 있는, 그래서 본받아 따르고 싶은 민족적 영웅으로 재탄생시키고자 하는 것이 이 글의 목적이다.

2. 이순신, 다른 관점으로 읽어야 한다

1592년(임진년) 4월 13일에 임진왜란이 발발하자 왜군의 파죽지세에 밀리던 조선 지상군과는 달리 이순신의 지휘 밑에 있던 조선수군은 남해의 제해권을 장악하고 왜의 본토와의 연락거점이요, 군수지원 본거지인 부산포까지 공격하여 왜군의 조선침략 계획에 막대한 차질을 가져다주었다. 또한 전쟁이 진행되면서 왜 육군은 조선의 수도인 한양을 점령하고 북쪽으로는 함경도까지 진출하였는데, 조선조정의 원조요청에 의해 명나라 구원병이 파병되고 전국 각지에서는 의병이 일어나 조직적으로 항전함에 따라 왜의 북쪽 진출은 난관에 봉착한다.

이 과정에서 조선육군의 진주대첩과 행주대첩이 있었지만 그것은 어디까지나 수세적·방어적인 전투국면에서의 승리였다는 사실을 고려해 볼 때 전쟁의 주동권은 어디까지나 왜군에 있었다. 그러나 이순신이 지휘하는 조선수군의 해전에서의 승리는 처음부터 끝까지 조선수군이 주동권을 가졌을 뿐만 아니라 수세적이 아니라 공세적인 전투국면에서 성취되었다는 점에서 진주대첩이나 행주대첩과는 의미를 달리한다.

그러나 앞에서 이미 언급한 것처럼 이순신의 영웅적 면모와 초인적 능력의 관점에서 보면 그가 보여준 20여 회의 해전승리를 상식의 관점에서 논리적으로 설명하는 것은 별 의미가 없다. 왜냐하면 어차피 우리와 같은 보통사람들이 흉내낼 수 없는 초인적인 역량을 지닌 영웅의 족적이요 자취일 수밖에 없기 때문이다. 그러나 관점을 바꾸어보면 이제까지 그의 추상적인 영웅의 면모에 가려졌던 이순신의 구체적인 위대성, 군사전문가로서의 역량이 확연히 드러난다.

전쟁은 과학이지 신화가 아니다. 이순신이 조선수군 통합함대를 이끌고 왜 수군과 벌인 해전에서 모두 승리할 수 있었던 것은 승리할 수 있는 객관적 조건을 갖추고 있었기 때문이지 결코 요행이나 운이 따랐기 때문이 아니다. 전쟁에서 요행은 한 번으로 족하다.

지금까지 대부분의 이순신 연구는 추상적인 영웅의 면모에 초점을 맞추었기 때문에 그 위대성의 구체적인 내용이 생략되기 일쑤였다. 예를 들어 임진왜란 3대 대첩으로 꼽히는 한산해전의 경우 조선함선 54척, 왜군함선 72척이라는 단순한 전투함선의 척수비교에 기초하여 열세한 상황에서 독창적이고 신비의 진형인 학익진을 펼치고 용전분투하여 승리를 이룩해냈기 때문에 이순신이 위대하다는 식의 해석과 같은 것이 그것이다. 곧 이순신의 승리는 열세한 상황에서 쟁취해낸 승리이기 때문에 위대한 승리요, 영웅적 승리라는 것이다. 이것은 보통사람과는 다른 그의 영웅적 면모에 초점을 맞춘 이른바 영웅사관의 관점에서 임진왜란의 해전을 보는 시각이다.

이제 이순신을 바라보는 관점을 바꾸어보자. 이순신은 언제나 절대 열세의 불리한 상황 속에서 해전을 승리로 이끈 것이 아니라 이길 수밖에 없는 *싸움*을 벌여 손쉽게 승리를 얻었다는 관점으로의 전환이 그것이다. 혹자는 이와 같은 관점의 전환이 이순신의 영웅적 면모를 폄하하거나 손상시키는 일이라 하여 분개할지도 모른다. 그러나 그러한 태도는 병법을 모르는 무지의 소치임을 깨달아야 할 것이다. 쓸데없는 오해를 없애기 위해 그 이유를 잠시 밝히는 것이 좋을 것 같다.

『손자병법』을 읽다 보면 "싸움을 잘하는 자는 쉽게 이길 수 있는 싸움에서 승리하는 자이다[善戰者, 勝於易勝者也]"라는 구절이 있다. 그렇다면 거꾸로 싸움을 가장 못하는 사람은 어떻게 싸우는 사람인가? 그것은 이길 수 없는 어려운 싸움에 임하여 요행히 승리하기를 구하는 사람일 것이다. 이순신은 전자에 속하는 장수인가, 아니면 후자에 속하는 장수인가? 필자는 이순신이 『손자병법』에서 언급하고 있는 전쟁승리의 원칙을 일관되게 실천하기 위해 노력했던 장수라고 확신한다.

따라서 앞으로 이순신 연구에서 보다 심층적으로 규명되어야 할 것은 왜 수군에 비해 전체적인 전투역량이 열세였던 조선수군을 지휘하여 그가 어떻게 불리한 국면을 유리한 국면으로 전환하였는지, 그래서 조금 과장하면 '식은 죽 먹기식'의 쉬운 해전을 벌여 무패의 승리신화를 남겼는지를 규명하는 일이다. 이 작업은 이순신의 추상적인 영웅의 면모에 구체적 내용을 첨가하는 일이 될 것이다.

3. 이순신이 위대한 이유는 여기에 있다

혼자 싸워 10명, 100명을 이기는 것은 결과적으로는 영웅적 행위가 될지는 모르지만 사실은 무모한 도박이다. 혼자서 10명 또는 100명의 적과 대적해야 하는 상황에 처했을 때는 회피하여 도망가는 것이 병가(兵家)의 상책이다. 그러나 전쟁은 결코 우리가 원하는 방식대로 진행되지 않으며 회피할 수도 없고, 회피해서도 안되는 어쩔 수 없는 경우가 다반사이다.

이순신이 명량의 협수로와 조수를 이용하여 13척의 함선을 가지고 133척 이상의 왜 함선을 맞아 승리한 명량해전은 절대열세한 상황에서는 어떤 병법을 사용해야 하는지를 보여준 대표적 해전이다.

명량해전을 제외한 모든 해전에서 이순신은 단 한번도 1:10 또는 1:100의 불리한 해전을 벌이지 않았다. 아니 거꾸로 그는 항상 10:1 또는 100:1의 절대 유리한 싸움을 벌였다. 따라서 싸움의 결과는 항상 일방적이고도 완전한 승리로 귀결되었다. 그야말로 토끼몰이식, 식은 죽 먹기식의 싸움을 벌여 전투준비에 노고를 아끼지 않은 병사들에게 승리의 잔칫상을 차려주었던 것이다.

이순신은 해전에 임할 때마다 이른바 "우세한 전투형세를 조성하여 승리하기를 구하지 결코 병사 개개인의 전투역량에 의존하지 않는다〔求之放勢, 不責于人〕"는 승리의 원칙을 지키기 위해 노력하였다. 해전을 할 때마다 1:100의 절대열세의 전투상황을 만들어놓고 병사들에게 싸워 이기라고 한다면 어떻게 전승무패(全勝無敗)라는 승리의 신화를 만들 수 있었겠는가?

이순신은 부하병사들에게 그와 함께 하는 해전이라면 언제나 승리할 수 있다는 확신을 심어주었다. 철저한 사전 전투준비 태세의 확립과 훈련, 싸움에 임해서는 치밀한 작전계획에 의한 완전한 승리의 쟁취, 어느덧 조선의 수군병사들은 이순신에게 자신의 모든 것을 맡기고 있었다. 이순신과 함께 하는 출동이라면 나약하고 겁 많은 병사들도 용기와 힘이 넘쳐났다.

우세한 전투형세의 확보는 철저히 장수, 즉 지휘관의 몫이다. 그것은 고정된 것이 아니라 적군과 아군의 객관적 전투역량, 그리고 전장의 공간적·시간적 조건을 매개변수로 하여 지휘관의 지휘역량에 의해 인위적으로 조성되는 것이다. 이것이 전쟁에서 지휘관의 역할이 중요한 이유이다.

결론적으로 이순신은 이와 같은 지휘관의 역할을 완벽하게 수행하였다. 이순신이 수군장수로서 위대한 점은 객관적 전투력이 적에 비해 절대열세의 상황에서 용전분투하여 승리했다는 데 있는 것이 아니라 어떠한 상황에서도 우세한 전투태세를 인위적으로 조성할 수 있었던 그의 탁월한 지휘역량에 있다고 해야 할 것이다.

이렇게 볼 때 오늘날 군의 기간인 장교·지휘관들에게 필요한 가장 중요한 역량은 상황 상황에 적합한 전략·전술을 자유자재로 구사할 수 있는 군사전문가적 역량, 이른바 지적 역량으로 대변되는 실력이다. 장수의 자질론에서 제기되는 덕장(德將)과 용장(勇將)의 요소는 지적 역량이 뒷받침되지 않으면 아무런 소용이 없다. 올바른 정세판단에 따른 적절한 작전계획이 수립되지 않은 상황에서 지휘관이 가지는 덕장·용장의 역량이 어떤 힘을 발휘할 수 있겠는가?

이 때문에 『손자병법』의 저자인 손무도 장수의 자질 가운데 으뜸을 군사전문가로서의 지적 역량, 이른바 지모(智謀)라고 했던 것이다. 칼과 창, 그리고 활을 주무기로 하던 고대의 전쟁에서도 지휘관, 즉 장수의 지모에 의해 전쟁의 승패가 결정되었는데, 첨단무기체계를 다루는 현대의 전쟁에 있어서임에랴!

4. 이순신 연구, 이렇게 해보자

앞서 살펴본 대로 지금까지의 이순신 연구는 많은 경우 그가 항상 불리한 상황을 극복하고 해전을 승리로 이끌었으며, 결과적으로 풍전 등화의 우리나라를 구했기 때문에 위대한 영웅이라는 등식 아래 이루 어졌다. 그것은 온갖 환란을 극복하고서야 비로소 탄생되는 우리의 전 통적 영웅관(英雄觀) 또는 위인관(偉人觀)의 전형이기도 하다. 이러한 영 웅사관적 관점에서 임진왜란을 보면 그 승리에 대한 대부분의 공은 이 순신 개인에게로 돌아갈 수밖에 없으며 반면에 임진왜란의 우리측 주 체인 조선조정은 비난받아 마땅한 악역의 주인공이 된다.

□ 1980년대 허선도(許善道) · 이정일(李貞一) 등에 의해 임진왜란을 영웅사관적 관점에서 만 보아서는 안된다는 주장이 제기된 이래 임진왜란에 대한 객관적 시각의 연구가 이미 많이 축적되었다.

아울러 왜구의 침입에 대비하여 고려 말 이래 꾸준히 발전해 온 수 군의 전통이나 조선술, 나아가 무기체계 등이 해전의 승리에 미친 영향 등에 대한 관심은 자연히 소홀해질 수밖에 없다. 그러나 임진왜란 때의 해전상황을 자세히 분석해 보면 조선수군의 해전에서의 연전연승은 단순히 이순신의 지휘역량에만 의존하여 쟁취된 것이 아니라 왜 수군에 비해 보다 잘 갖추어진 조선수군의 조직과 편제, 천자(天字)·지자(地字)·현자(玄字)·황자(黃字) 등의 총통으로 대변되는 첨단무기체계, 왜군함선을 능가하는 조선수군의 함선성능 등이 승리에 큰 역할을 했음을 알 수 있다.

따라서 앞으로의 이순신 연구나 임진왜란의 해전에 관한 연구는 이러한 객관적 사실에 기초하여 진행되는 것이 마땅할 것이라고 생각된다. 그 연장선상에서 이순신에 대한 연구도 이제는 추상적으로 우상화·영웅화하던 시각으로부터 벗어나 위대한 군사전문가로서의 사실적 모습에 초점을 맞추어 진행되어야 할 것이다.

그래야만 오랜 전통을 가지고 있는 조선수군의 참모습과 더 거슬러 올라가 화약제조술을 익히고 함포를 만들어 운영할 수 있게 했던 최무선(崔茂宣), 화포를 이용하여 남해의 관음포에서 왜구를 격멸시켰던 정지(鄭地) 등 선각자들의 노력이 긍정적인 역사적 평가를 받을 수 있게 될 것이다.

이러한 시도가 자칫 이순신을 폄하한다는 비난의 시각을 다시 한번 경계하고자 한다. 이와 같은 이순신 다시 읽기는 그를 폄하하거나 평가절하하기 위한 것이 아니라 오히려 그의 구체적인 위대성을 들어내고자 하는 데 그 목적이 있음을 아울러 밝혀둔다.

이러한 연구목적을 위해 가능하면 구체적이고도 실증적인 사료를 사용하여 논지를 전개할 것이다. 임진왜란 때에 이순신의 병법운영을 가장 잘 확인해 볼 수 있는 자료는 그가 친히 써서 올린 「장계(狀啓)」와 『난중일기』이다. 따라서 이 책에서는 「장계」와 『난중일기』를 1차자료로 쓸 것이며, 아울러 『선조실록』이나 『징비록』 등을 그 보조자료로 취할 것이다.

논의의 순서는 다음과 같다.

먼저 제2장에서는 이순신의 생애를 개관할 것이다. 여기서 필자는 이순신의 생애를 탄생에서 죽음까지 전체적으로 미리 개관함으로써 임진왜란 때 그가 한 역할을 포함하여 그의 구체적인 위대성을 확인하는 데 이해를 돕고자 하였다.

제3장에서는 이순신의 인생관과 역사의식을 살펴볼 것이다. 이순신은 유학의 나라 조선에서 배출한 위대한 인물이며 그의 인생관과 역사의식은 철저히 유학적 세계관에 기초하고 있음을 밝힐 것이다.

제4장에서는 조선수군의 전통과 이순신의 수군전략에 대하여 살펴볼 것이다. 임진왜란을 당하여 해전에서 연전연승할 수 있었던 것은 우리 민족의 해양적 전통, 그리고 그것의 종합적 결정체인 조선수군이 있었기에 가능한 것이었음을 확인해 볼 것이다. 아울러 조선수군을 지휘한 이순신은 어떤 전략으로 해전에 임했는지도 살펴볼 것이다.

제5장에서는 이순신의 병법을 본격적으로 다룰 것이다. 여기서는 이순신이 지휘한 조선수군의 승리가 결코 우연이 아니었다는 사실을, 그가 구사한 일곱 가지 병법의 원리를 중심으로 살펴볼 것이다.

제6장에서는 이순신의 장재를 살펴볼 것이다. 여기서는 역대 주요

병법서에 나타난 장재론(將材論)에 견주어 이순신의 장수로서의 자질을 조망해 볼 것이다.

제7장에서는 이순신의 지휘통솔법을 여섯 가지로 정리하여 살펴볼 것이다. 여기서는 이순신이 여러 해전에서 구체적으로 보여준 지휘통솔의 사례를 중심으로 논의를 전개할 것이다.

제8장에서는 이순신의 지휘통솔법을 토대로 지휘통솔법의 단계를 9가지로 제시하여 보았다.

제9장에서는 병법의 관점에서 불가사의한 해전으로 꼽히는 명량해전의 승리요인을 규명해 볼 것이다. 제4장부터 제8장까지 살펴본 이순신의 병법과 지휘통솔법을 명량해전이라는 한 전투에 적용하여 승리요인을 분석해 봄으로써 수군장수로서의 위대한 면모를 재확인할 것이다.

2
이순신의 생애개관

1. 32세에 무과에 급제하다

이순신의 본관은 덕수(德水)이며 고려왕조에서 중랑장을 지낸 이돈수(敦守)의 12대 손이다. 1·2·3대 조상은 모두 무인으로 장군을 지냈는데 조선이 개국한 이후인 4대조 할아버지부터 문과과거와 인연을 맺은 이래 7·9대 할아버지가 문과에 급제하였으니 이순신이 탄생할 무렵에는 문신집안의 가풍을 이어가고 있었다.

이순신은 1545년 3월 8일, 현재의 서울 인현동인 건천동(乾川洞)에서 아버지 이정(貞)과 어머니 초계변씨(草溪卞氏)와의 사이에서 4형제 가운데 셋째로 태어났다. 점치는 사람이 이르기를 "나이 50이 되면 북방에서 대장이 되리라" 하였으며, 이순신이 태어나기 전 어머니 변씨의 꿈에 조부인 참판공(參判公)이 나타나 "이 아이가 반드시 귀하게 될 것이

<그림 4> 이순신의 옛집

충남 아산군 염치면 백암리 현충사 경내에 있다.

니 이름을 순신(舜臣)이라 하여라" 하였으므로 이를 따라 '순신'이라 이름을 지었다고 한다.1)

이순신은 어려서 진 짓는 놀이를 하며 놀았는데 매번 대장을 맡은 것으로 보아 무인(武人)의 자질이 있었던 것으로 보인다. 그러나 유년기·청년기에는 두 형을 따라 유학(儒學)을 공부하였다. 그는 재주가 있어 문과급제를 통해 성공할 만도 했으나 문과를 그만두고 무인이 되기를 갈망하였다. 아마도 문과급제를 통해 집안을 일으키기를 바라는 부모님의 권유와 무인이 되기를 갈망하는 자신의 희망 사이에서 갈등하는 청년기를 보낸 것이 아닌가 생각된다.

그러나 이순신의 유년기와 청년기에 걸친 유학공부는 그가 문무를 겸비하여 위대한 장수가 되도록 하는 데 커다란 영향을 끼친 것으로 판단된다. 여하튼 이순신은 22세가 되던 해인 1566년에 문과에서 무과로 진로를 바꾸어 본격적으로 무예를 익히기 시작했다.

이순신의 성격은 과묵한 편이었다. 그는 농담하기를 즐기지 않았으며, 매사에 신중하고 치밀한 성격의 소유자였다. 아울러 그는 무인에게 걸맞은 자질도 지니고 있었다. 그는 보통사람들보다 팔힘이 세었으며 말타기·활쏘기에도 능했다. 임진왜란이 발발하고 삼도수군통제사가 되었을 때 전투가 없는 날이면 여가시간을 이용하여 틈틈이 수하장수들과 활쏘기 시합을 한 기록이 자주 보이는데, 거의 진 적이 없는 것으로 보아 이순신의 활쏘기 실력은 수준급이었던 것 같다.

무과시험을 준비한 지 6년째인 28세(1572)되던 가을에 처음으로 훈련원 별과(訓鍊院別科)에 응시했다. 그런데 말을 달리다 말이 거꾸러지는

<그림 5> 전쟁놀이를 즐기던 모습

<그림 6> 과거시험시 낙마하여 골절된 뒤 다시 말 고삐를 잡는 모습

바람에 떨어져 왼쪽 다리뼈가 부러지는 중상을 입었다. 구경하던 모든 사람들이 이순신이 죽었을 것이라 생각하고 있을 적에 한쪽 발로 일어나 버드나무 가지를 꺾고 그 껍질을 벗겨내어 다친 곳을 싸매니 모두들 감동했다고 한다.

이순신은 다시 4년 동안 무과시험 준비에 열중하였으며 1576년 32세가 되던 병자년 봄의 과거에서 병과에 합격하여 처음으로 관계에 진출하게 된다. 무과 과거시험에는 『육도(六韜)』·『삼략(三略)』·『손자(孫子)』 등 무경(武經)의 중요내용을 암송하는 시험이 있었는데 이순신은 대부분의 과목을 무난히 통과하였다. 그런데 황석공(黃石公)이 지은 병서를 암송하는 데 이르러 시험관이 장량(張良)에 관한 질문을 던졌다.

장량이 적송자(赤松子)를 따라 놀았다 했으니 장량이 과연 죽지 않았을까?[2]

이 질문의 요점은 장량이 만년에 신선술에 정통한 적송자를 따라 놀았다는 말이 있는데 그렇다면 장량이 신선이 되어 죽지 않은 것이 아니냐는 것이다. 장량이 누구인가? 그는, 중국을 최초로 통일한 진(秦)나라가 망하고 초나라의 항우(項羽)와 한나라의 유방(劉邦)이 쟁패할 때 유방을 도와 한나라를 건국하는 데 지대한 공을 세운 사람이다.

결국 시험관은 동양의 전통종교인 도교(道敎)에서는 불로장생술(不老長生術)을 수련하면 영원히 살 수 있는 신선이 될 수 있다고 주장하는데, 이에 대한 이순신의 견해는 어떤지를 물어본 것이다. 이순신은 대답하였다.

사람이 나면 반드시 죽는 것이요. 『강목(綱目)』에도 "임자 6년에 유후(留侯) 장량이 죽었다"고 하였으니 어찌 신선을 따라가 죽지 않았을 리가 있겠습니까. 그것은 다만 신선술에 심취한 사람들이 끌어다 붙인 말에 불과합니다.[3]

이순신은 장량이 신선이 되었다는 설에 대하여 두 가지 관점에서 논박하였다. 하나는 '사람은 태어나면 반드시 죽는다'는 것이요, 또 하나는 주희(朱熹)가 지은 『통감강목(通鑑綱目)』이라는 역사서적의 기록에도 장량이 죽었다는 말이 있으니 장량이 죽은 것은 명백한 사실이라는 것이다.

사실 시험관은 이순신을 시험해 보고자 이 질문을 던졌던 것이다. 아무리 무경(武經)에 정통하였다 하더라도 무인인 이상 이 정도의 질문에는 쉽게 대답하지 못할 것이라는 판단하에 던진 질문이다. 추측컨대 시험관은 유학경전을 체계적으로 공부한 문신이었을 가능성이 매우 높다.

유학적 세계관에 의하면 사람은 이 세상에 태어난 이상 반드시 죽게 되어 있다. 따라서 영원히 살려는 것은 인간의 욕망에 불과하며, 자연의 이치를 거스르는 행위일 뿐이다. 따라서 유학에서의 인생의 목표는 신선이 되어 영원토록 살거나 또는 죽은 다음에 천국에 가서 영원한 삶을 사는 것이 아니라 살아 있는 동안 인간의 이치에 합당한 삶, 이른바 옳음[義]과 이치[理]에 충실한 삶을 사는 것이다.

이순신은 시험관의 질문에 대해 유학적 세계관에 부합하는 답변을 정확히 하였을 뿐만 아니라 『통감강목』이라는 역사서적의 기록을 근거로 장량의 죽음을 확인하면서 진리는 상상이나 억측이 아니라 정확한 사실에 근거해서 논의되어야 한다는 주장을 당당하게 펼친 것이다. 시험관들은 서로 돌아보면서 "이것은 무사로서는 알 수 없는 것이다"[4]라고 하며 감탄하였다고 한다.

<그림 7> 과거급제 합격증

이러한 사실로부터 우리는 이순신이 유학경전에 얼마나 정통해 있었는지를 짐작할 수 있다. 과거에 합격한 이후 이순신의 관리생활도 이러한 유학적 세계관의 범주를 결코 벗어나지 않았다. 그는 무신이었지만 유학에서 지향하는 인생의 가치를 실천하려고 부단히도 노력한 유자(儒者)였던 것이다.

2. 순탄치 않은 관료생활을 하다

이순신은 무과과거에 급제하던 해인 1576년(32세) 12월 함경도 동구비보의 권관(權官: 종9품)으로 부임하여 2년 조금 넘게 근무하다가 35

세가 되던 1579년에 서울로 돌아와 훈련원 봉사(奉事: 종8품)가 되었다. 이후 충청병마절도사(忠淸兵使) 군관이 되었다가 36세 되던 1580년 7월에 전라좌수영 예하의 발포(鉢浦)만호(萬戶: 종4품)로 임명되었다.

발포만호는 이순신이 전라좌수사로 임명되기 전 남해연안에서의 유일한 수군지휘관 경력이다. 이 경험은 후일 전라좌수사 겸 삼도수군통제사 직책을 수행하는 데 매우 큰 도움이 되었으리라 생각된다.

이순신의 관료생활은 평탄치가 않았다. 그의 올곧은 성격과 기질, 그리고 유학적 가치관의 원칙적 적용은 늘 주변 상관들과 마찰을 초래하였다. 함경도 근무를 마치고 훈련원에 봉직할 때 병조정랑(正郎)으로 있던 서익(徐益)이 와서 자신과 친분관계에 있는 사람을 승진시키려 하자 담당관으로 있던 이순신은 이를 용납하지 않았다. "아래에 있는 자를 건너뛰어 올리면 당연히 승진해야 할 사람이 승진하지 못하게 되니 이것은 공평하지 못할 뿐만 아니라 법규 또한 고칠 수 없다"5)는 것이 그의 생각이었다.

이 사건으로 서익은 이순신에 대해 깊은 악감정을 가지게 되었다. 발포만호로 근무하던 1582년 이순신은 군기(軍器)를 점고하러 온 경차관(敬差官)이 군기를 보수하지 않았다고 장계하여 파직되는데, 그 경차관은 바로 훈련원 봉사로 봉직할 때 인사압력을 가하였던 서익이었다. 그 때의 일을 앙갚음한 것이다.

유학에서는 의리를 생명보다 소중히 여긴다. 공자는 "군자는 의(義)에 밝고, 소인은 이익에 밝다"6)라고 하여 이상적 인간의 행동기준을 '의'에 두었으며, 맹자 또한 인간이 짐승과 구별되는 것은 인간의 마음

<그림 8> 이순신이 만호로 근무했던 발포포구 전경

속에 본래적으로 의(義)와 리(理)를 추구하는 특성이 있기 때문이라고 하였다. 이순신은 이와 같은 유학적 가치관을 현실적 삶 속에서 충실히 실천하고자 노력하였다. 이러한 삶의 태도는 많은 고난과 시련을 가져다주었다.

이순신은 발포만호에서 파직된 지 4개월 만인 1582년 5월에 다시 훈련원 봉사에 복직되었다. 다음해인 1583년 7월에는 함경남도절도사 이용(李庸)의 군관으로 있다가 10월에 함경도 건원보 권관(乾原堡權管: 종9품)으로 임명되었는데 이 때 오랑캐 두목 울지내(鬱只乃)를 잡아죽인 공로로 11월 훈련원 참군(參軍: 정7품)으로 승진하였다. 그러나 그 달 15일에 아버지 덕연군(德淵君)이 돌아가셨으므로 벼슬을 그만두고 3년간 상(喪)을 치렀다.

42세가 되던 1586년 1월 사복시 주부(司僕寺主簿: 종6품)에 임명되었는데, 이 때 북쪽에서 오랑캐가 난리를 일으키자 조정에서는 이순신을

<그림 9> 녹둔도 전투모습

조산보(造山堡) 병마만호(종4품)에 임명하였다. 다음해인 1587년 8월에는 녹둔도 둔전관(鹿屯島屯田官)을 겸하게 되었는데, 이순신은 이 섬이 외롭고 내지에서 멀리 떨어져 있기 때문에 위태로움을 직감하고 군사를 더 파견해 달라고 상부에 건의했다. 그러나 직속상관인 병마절도사 이일(李鎰)은 끝내 이 제의를 받아들여 주지 않았다.

결국 오랑캐의 대대적인 침범을 받았고, 방어에 임하던 많은 병사들이 희생되었으니 이순신의 용전분투로 적의 두목을 활로 쏘아 죽이는 등의 전과를 올리고 섬을 지킬 수 있었다. 이 때 직속상관인 병마절도사 이일은 자신의 과실을 은폐하기 위해 이순신의 잘못으로 패전했다고 장계하였으며 조정에서는 이순신에게 죄를 물어 백의종군하라는 명령을 내렸다.

이순신은 10여 년간의 관리생활 동안 권세있는 집안에 드나들지 않았으며 오해의 여지가 있는 행동은 결코 하지 않았다. 훈련원 봉사시절 일가인 이조판서 이율곡이 서애 유성룡(柳成龍)을 통하여 한번 만나보기를 희망했지만 이순신은 "나와 율곡이 같은 성씨라 만나볼 만도하나 이조판서로 있는 동안에 만나보는 것은 옳지 않다"[7]고 하여 끝내 응하지 않았다.

또한 병조판서 김귀영(金貴榮)이 자신의 서녀(庶女)를 이순신의 첩으로 시집보내기를 희망했다. 그러나 "벼슬길에 갓 나온 내가 어찌 권세있는 집에 발을 들여놓을 수 있을까 보냐!"[8] 하고 중매인을 돌려보냈다.

이와 같은 이순신의 올곧은 처세는 결국 10여 년의 벼슬살이를 함경도에서 전라도까지 변방을 전전하면서 보내게 하는 결과를 초래하였다. 서울에 와서는 훈련원 봉사나 참군 같은 직책을 맡는 것이 고작이었다.

1588년 44세 때에 백의종군을 끝내고 집에서 쉴 적에, 선조가 조정중신들에게 무신중에 차례에 구애되지 말고 쓸 만한 인재를 천거토록 하였다. 이 때 이순신은 세번째 순위로 천거되었다. 비록 말단관직을 전전했지만 이순신의 능력과 인품, 그리고 명성이 조정 내외에 알려져 있었고, 서애 유성룡 같은 훌륭한 관료가 조정에 있었기 때문이었다. 유성룡은 이순신과 어릴 적 친구였는데, 그는 늘 이순신이 장수가 될 재목이라고 생각했으며, 실제로 평생 동안 이순신의 후견인 역할을 하였다.

45세 되던 1589년 2월 이순신은 전라순찰사 이광(李洸)의 군관이 되었다. 평소 그의 재주를 아끼던 이광의 건의로 전라도 조방장(助防將)까지를 겸하게 되었다. 이어 그 해 11월에는 무신으로서 선전관(宣傳官)을 겸하러 상경했다가 12월에 다시 정읍현감(종6품)에 임명되었다. 그 이듬해인 1590년 7월에는 평안북도 고사리 첨사(高沙里僉使: 종3품)로 임명되었으나 대간(臺諫)들의 반대로 무산되었고, 8월에는 당상관으로 올려 만포(滿浦) 첨사로 임명되었는데, 이 또한 대간들이 너무 빨리 승진시킨다고 반대하여 그 자리에 유임되었다.

47세가 되던 1591년 2월 진도군수(珍島郡守: 종4품)에 임명되었고, 부임하기도 전에 다시 가리포진(加里浦鎭) 수군첨사(종3품)에 임명되었다가 또다시 부임하기도 전인 2월 13일 전라좌도수군절도사(節度使: 정3품)로 임명되었다. 임진왜란이 일어나기 1년 2개월 전의 일이다.

이순신이 전라좌수사로 발탁된 데는 몇 가지 이유가 있었다.

첫째는 관직생활을 원리원칙대로 하면서 10여 년 동안 변방과 말단관직을 전전했지만 그 과정에서 수많은 일화를 남기면서 이순신 자신의 능력과 인품을 내외에 널리 알릴 수 있었다는 것이다. 유학의 의리(義理)정신을 최고의 가치로 여겼던 조선 관료사회는 비록 당쟁에 따른 권력다툼과 부정부패 등 많은 문제점을 안고 있었지만 의리적 삶에 충실한 이순신을 진직으로 외면할 수는 없었던 것이다.

둘째는 직급에 관계없이 유능한 인재를 등용할 수 있도록 개방적으로 운영되었던 조선시대 관료인사제도의 선진성이다. 비록 조선조정에서 왜군의 침략에 대해 체계적이고 조직적인 준비를 하지 않았던 것은 사실이지만 그렇다고 아무런 위기의식이나 조치가 없었던 것은 아니다. 이순신이 종6품인 정읍현감에서 하루아침에 정3품인 전라좌수사로 일곱 단계를 승진할 수 있었던 것은 왜적의 침입에 대비하여 변방 특히 남해연안의 방비를 위해 유능한 장수를 배치해야 한다는 공감대가 조정에 널리 형성되었기 때문이었다.

이렇게 해서 이순신은 우리 민족의 역사를 장식하는 주인공으로 등장하게 되었다. 결과적으로 조선조정은 임진왜란을 대비하기 위해 이순신을 남해안 해역방위의 일부를 책임진 전라좌도수군절도사로 임명하는 매우 중요하고도 훌륭한 조치를 취했던 것이다.

3. 전라좌수사가 되어 전쟁을 준비하다

이순신이 전라좌수사로 임명되었을 때 어떤 친구가 꿈을 꾸었다. 높이는 하늘을 찌를 만하고 뻗어 있는 가지가 빽빽한 큰 나무가 있는데 그 위에 몇천 명이나 되는지 알 수 없을 만큼의 많은 사람들이 올라가 몸을 기대고 있었다. 사람들의 무게를 지탱하기가 어려워 장차 그 나무가 뿌리째 뽑혀 쓰러지려고 하는 차에 어떤 사람이 홀연히 나타나 몸으로 그것을 떠받들어 세우기에 자세히 보았더니 그가 다름 아닌 이순신이었다.[9]

이 꿈이야기는 우리 민족의 역사에서 이순신이 지니는 위상과 역할을 상징적으로 나타내 준다. 왜적의 침략 앞에서 풍전등화와 같았던 국난을 극복하고 5천 년 역사를 면면히 이어가게 한 이순신의 역할과 업적을 매우 잘 묘사하고 있기 때문이다.

이순신의 일생을 자세히 고찰해 보면 마치 그가 임진왜란의 극복을 위해 태어난 것이 아닌가 하는 생각이 들 정도로 소설 같은 우연한 일들과 빈번히 마주친다. 변방과 서울의 말단관직을 맴돌던 이순신은 앞에서도 언급했듯이 정확히 임진왜란 1년 2개월 전에 전라좌수사로 부임하였다. 그것도 정읍현감의 직책을 1년여 수행하던 중 고사리첨사·만포첨사·진도군수·가리포첨사 등 수없이 많은 관직의 임명과 취소 소동을 거듭한 끝에 당시로는 파격적인 전라좌수사로 승진하여 부임하게 된 것이다.

1591년 2월에 전라좌수사로 부임한 이순신은 마치 왜적이 침략해 올 것을 확신이라도 한 듯이 예하 5관(官) 5포(浦)에 대한 초도순시를 통해 전투태세를 점검하였다. 그 과정에서 성곽과 무기, 전함의 정비 및 보수상태를 점검하여 전비태세 확립을 위해 최선을 다하였다. 그 가운데 가장 눈에 띄는 것이 거북선 건조이다.

거북선은 기존의 판옥선(板屋船) 위를 판자로 덮고 그 위에는 칼과 송곳을 꼽아 적이 올라와도 발붙일 곳이 없도록 하고, 배 앞에는 용머리 모양으로, 그리고 뒤는 거북이 꽁지처럼 만들었는데, 그 모양이 거북형상을 하고 있었으므로 거북선이라는 이름을 붙였다. 거북선에는 앞과 뒤에 각각 1문씩, 그리고 좌우에 각각 6문씩 총 14문의 총통이 배치되어 있어 당시로서는 가히 최첨단의 돌격선이었다.

<그림 10> 전라좌수영 전경

그리고 임진왜란이 발발하는 해인 1592년 2월 19일부터 27일까지 9일 동안 예하 백야곶(현재의 여천)·여도(呂島)·고흥(高興)·녹도(鹿島)·발포(鉢浦)·사도(蛇渡)·개이도(介伊島)를 순시하였으며 이 과정에서 전비태세가 소홀한 군관이나 관리들에 대해 엄격한 처벌을 단행했다.10)

3월 27에는 여수본영 동쪽의 소포(召浦)에 쇠사슬 가로지르는 일을 감독하고 거북선에서 총통을 시험발사하였다.11) 4월 11일에는 거북선에 쓸 돛을 만들어 달았고, 4월 12일에는 모든 전투태세를 마친 거북선을 끌고 나가 '지자(地字)'·'현자(玄字)' 등의 총통 발사시험을 완료하였다.12)

이순신이 전라좌수사로 부임하여 1년 2개월 동안 이렇게 분주하게 성곽과 각종 무기의 보수, 전선이 정박할 포구의 개축 및 쇠사슬 설치, 거북선 건조 등을 통해 전비태세를 확립하고 최종적으로 새로 건조된 거북선에 돛을 달고 나가 사격훈련을 완료한 시점은 정확히 임진왜란 발발 하루 전이었다.

4. 임진년 해전을 완전한 승리로 이끌다

이순신은 1592년(임진년) 4월 15일 경상우수사였던 원균으로부터 왜적이 부산포에 상륙하였다는 공문을 처음으로 접수하였으며, 16일에는 부산진(釜山鎭)이 함락되었다는 소식에 접하였다. 이순신은 전라좌수영 내 모든 진과 포구의 장수들에게 공문을 보내 전투준비 태세를 명령하였다. 그리고 다른 한편으로는 어떻게 왜적을 섬멸할 것인지를 고민하였다. 드디어 5월 1일 이순신은 전라좌수영 산하 모든 전선을 여수본영에 집결시켰으며, 경상우수영 그리고 전라우수영의 수군과 함께 왜적을 무찌르기로 약속하고 5월 4일 첫 출동에 들어갔다. 판옥선 24척과 협선 15척, 그리고 포작선 46척이 이순신 예하 전라좌수영의 총 수군세력이었다.

임진년에는 총 4차례의 출동이 있었으며 이 과정에서 총 11차례의 해전을 치렀다. 5월 4일부터 5월 9일까지의 1차출동에서는 옥포(玉浦)·합포(合浦)·적진포(赤津浦) 해전이 있었는데 이 때 이순신 지휘하의 조선수군은 완전한 승리를 거두었다. 특히 5월 7일에 있었던 옥포해전은 임진왜란 발발 이후 조선의 첫 승리였다는 점에서 그 의미가 매우 크다.

첫 해전인 옥포해전을 앞두고 수군병사뿐만 아니라 지휘관인 이순신 또한 매우 긴장하고 있었다. 왜냐하면 어느 누구도 상대인 왜 수군의 해전전술이나 주요 무기체계에 대하여 정확하게 알지 못했기 때문이다. 이 때 이순신은 부하병사들에게 "함부로 움직이지 말고 조용하기를 태산같이 하라"[13]는 엄명을 내린다. 1차출동의 결과는 이순신과 조선 수군병사들에게 매우 큰 자신감을 주었다. 조선 수군은 단 1명의 전사자도 내지 않았고 함선피해 또한 전무하였던 데 반해 왜군전선은 무려 42척이나 격파되었으며 그 배에 타고 있던 거의 모든 왜군들이 사살되었기 때문이다.

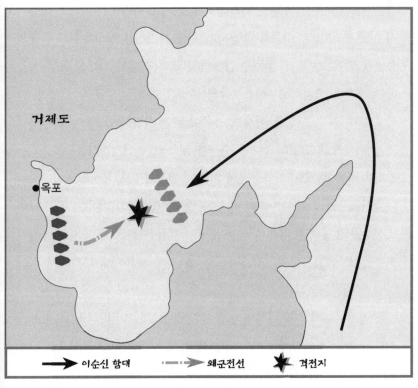

거제도

●옥포

→ 이순신 함대   ┈┉▶ 왜군전선   ✸ 격전지

<지도 1> 옥포해전

5월 29일부터 6월 7일까지의 2차출동에서는 사천(泗川)·당포(唐浦)·
당항포(唐項浦)·율포(栗浦) 등에서 해전이 있었는데, 특히 사천해전에서
는 거북선이 처음 투입되어 돌격선으로서의 위력을 유감없이 발휘하
였다.

　왜적들은 1차출동에서 많은 희생을 당했는 데도 불구하고 자신들
의 세력을 믿고 서남해안으로 근거지를 넓혀가면서 본격적으로 노략

질을 일삼았는데, 그 형세가 거제(巨濟)를 지나 사천·곤양(昆陽) 등에까지 이르게 되었다. 이들을 응징하기 위해 이순신은 경상우수사 원균의 공문을 받은 즉시 2차출동을 감행하였다. 사천에서 거북선 등을 이용하여 13척을 격파하고 다시 지금의 통영 옆에 있는 당포에서 21척, 당항포에서 26척, 그리고 거제도 동쪽에 있는 율포에서 7척을 격파하여 거제 서쪽으로 진입해 온 왜 수군을 모조리 격멸시켰다.

2차출동 때에도 조선의 전선피해는 전무하였으나 사천해전에서는 이순신을 포함하여 다수의 부상자가 발생하였다. 그 이유는 왜 수군이 조선수군의 공격을 피해 함선을 포구에 계류해 놓은 채 육지로 올라가 조총을 쏘아대는 상황에서 왜군함선을 격파하기 위해 무리하게 접근하였기 때문이었다.

7월 6일부터 7월 13일까지의 3차출동은 왜군이 바다와 육지로 전라도를 침범할 조짐이 있다는 정보에 따라 이를 저지할 목적으로 단행되었다.

조선수군의 1·2차 출동 때는 왜군이 해전을 염두에 두지 않고 육지에 상륙하여 노략질을 일삼고 있었기 때문에 상대적으로 우세한 상황에서 전투를 벌일 수 있었다. 반면에 3차출동은 조선수군과의 전면적인 결전을 각오한 왜의 정예수군과의 한판 승부였다.

총 54척의 판옥선을 주축으로 한 이순신 지휘하의 조선 삼도수군 통합함대가 출동하여 당포에 이르러 잠시 휴식을 취하고 있을 즈음에 73척으로 구성된 왜 수군 정예함대는 견내량(見乃梁)에 정박하고 있었다. 왜 수군 또한 조선수군을 찾고 있었던 것이다.

상대를 먼저 발견한 것은 조선수군이었다. 7월 7일 저녁 그 지역에 살던 김천손(金千遜)이라는 사람이 와서 왜 수군의 정박현황을 상세히 설명하였다. 1·2차 출동을 통해 왜 수군과 해전을 치른 경험이 있는 이순신은 승리를 확신하였다. 이순신은 해전의 전과(戰果)를 극대화하기 위해 밤을 새워 골몰하였다.

7월 8일 새벽, 드디어 전투가 시작되었다. 이순신은 판옥선이 움직이기 어려운 견내량의 좁은 해역으로부터 한산도 앞 넓은 바다로 왜 수군을 끌어내려는 유인술을 구사하였다. 그리고는 학익진을 펼쳐 전면전을 시도하였다. 이른바 함대결전 수군전략을 구사한 것이다.

그 결과 조선수군은 또 한번의 완전한 승리를 거두었다. 왜 전선 73척 가운데 47척을 격침시키고, 12척을 나포하였다. 그것도 왜의 주력전투함인 대선(大船) 총 36척 가운데 단 1척을 제외한 35척을 격파시키는 전과였다. 주력전투함인 대선은 조선수군 판옥선만한 크기다.

다음날인 7월 9일 조선함대가 가덕도(加德島)를 향해 막 출발하려 할 때 안골포(安骨浦)에 왜군함선 42척이 정박하고 있다는 정보가 탐망군으로부터 입수되었다. 하루동안 휴식을 취하면서 전투태세를 재정비한 조선수군은 7월 10일 왜군함선이 정박하고 있던 안골포로 향하였다.

그러나 안골포 포구에 정박해 있던 왜 수군은 이미 견내량에서의 참패소식을 들었는지 배를 포구에 댄 채 감히 나와서 대응하려 하지 않았다. 조선수군은 하루종일 포구를 드나들며 천자·지자·현자 등의 총통 및 장편전(長片箭)을 발사하며 왜선을 공격하였다. 결과는 30여 척을 격파하는 전과였다. 반면에 조선수군은 10여 명이 전사하고 100여 명이 부상을 당했다. 조선수군에 사상자가 발생한 것은 사천해전에서처럼 포구에 정박해 있던 왜 함선을 공격하기 위해 무리하게 접근했기 때문이었다. 조선수군은 3차출동을 통해 왜 함선 100여 척을 격파 및 나포하는 개전 이래 최대의 전과를 올렸다.

8월 24일부터 9월 2일까지의 제4차 출동은 이전의 출동과는 매우 다른 전략하에서 이루어신 출동이었다. 1·2·3차의 출동이 왜군의 서진(西進)을 막기 위한 수세적 성격을 띠었다면 4차출동은 후퇴하여 본국으로 도망하려는 왜군의 퇴로를 차단하여 응징하기 위한 목적을 지닌 이를테면 공세적 성격의 작전이었다.

명나라의 참전과 조선관군의 정비, 그리고 의병의 활약에 힘입어 전쟁은 일방적이 아닌 평형국면에 접어들었다. 그러자 왜군은 남해연안으로 모여들어 진지를 구축하고 있었는데, 이러한 움직임을 조선조정에서는 왜군이 바다 건너 본국으로 도망하려는 것으로 판단하였다. 이순신은 이와 같은 내용이 포함된 경상우도관찰사 김수(金晬)의 공문을 받고, 8월 24일 왜군의 퇴로를 차단하여 섬멸한다는 작전계획하에 제4차 출동을 개시한 것이다.

삼도통합함대는 남해의 관음포(觀音浦)·사량(蛇梁)·당포를 거쳐 견내량을 통해 거제 내해(內海)를 통과하였다. 그리고 8월 27일에는 웅천 땅 제포(薺浦)에 이르러 하룻밤을 보냈다. 8월 28일, 이순신은 고성(固城)·진해(鎭海)·창원(昌原)에 머물고 있던 왜적이 모두 도망갔다는 탐망군의 보고를 듣고 함대를 양산(梁山)과 김해(金海) 앞바다로 이동하였다.

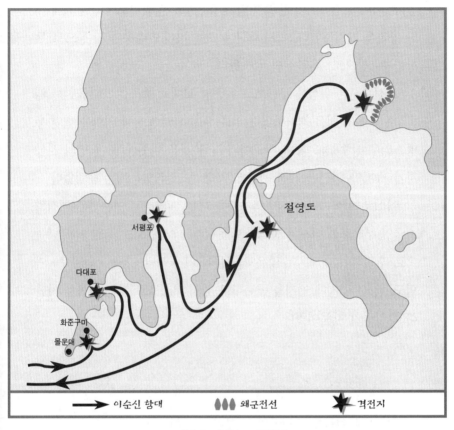

<지도 2> 부산포 해전도

8월 29일 장림포(長林浦)에서 왜선 6척을 만나 불태웠으며 가덕도(加德島)에서 휴식을 취한 뒤 9월 1일에 다시 출동하여 화준구미(花樽龜尾)에서 5척, 다대포에서 8척, 서평포(西平浦)에서 9척, 절영도(絶影島)에서 2척을 만나 모두 격파하였다. 그리고 탐망선을 부산 앞바다로 내보내 정탐시켰는데, 과연 부산포에는 470여 척의 왜군함선이 정박하고 있

었다. 이미 작전계획이 세워져 있던 조선수군은 곧바로 적군함선에 대한 공격을 개시하였다. 역시 왜군은 배를 버리고 총통과 활 등으로 무장한 채 산으로 올라가 반격해 왔다.

조선수군은 위험을 무릅쓰고 온종일 교대로 포구를 드나들면서 왜군함선 100여 척을 격파하였다. 비록 이순신의 오른팔 역할을 했던 용맹스러운 장수 정운(鄭運) 장군이 전사한 것을 비롯해 30여 명의 사상자가 났시만 임신년 해선 가운데 가장 큰 전과였음에는 틀림없다.

아쉬운 일이지만 임진년 4차출동 때를 제외하고 이순신은 왜적의 소굴인 부산포를 다시는 공격하지 못했다. 계사년(1593) 6월 이후 남쪽으로 후퇴하여 내려온 수많은 왜군들이 거제 북단 · 웅천 · 안골포 · 가덕도 · 양산 등지에 진지를 구축하고 있어 부산포로 가는 길목을 차단하고 있었기 때문이었다.

5. 왜군의 퇴로를 차단하라는 명령을 수행하다

임진년(1592) 4차례 출동으로 11번의 해전을 승리로 이끈 삼도수군에게 수시로 왜적의 퇴로를 차단하라는 조정의 공문이 도착하였다. 조정의 의도는 적의 퇴로를 차단하여 보급지원을 원활치 못하게 함은 물론 그들의 근거지를 없애버리라는 것이었다. 선조가 내린 유서(諭書)

하나를 소개하면 다음과 같다.

명나라 군사들이 이미 평양에서 승리한 기세로 몰아치매, 숨이 붙어 있는 흉한 적들은 서로 뒤이어 도망가므로 서울에 있는 적들도 또한 반드시 도망해 돌아갈 것이다. 그대는 수군을 이끌고 나가 합세하여 모조리 무찌름으로써 한 척의 배도 돌아가지 못하도록 기약하라.14)

그런데 1593년(계사년)이 되자 상황은 급변하고 있었다. 임진년 제4차 출동 때 부산포를 공격할 수 있었던 것은 서울을 공격했던 주력부대들이 명나라의 파병으로 후퇴하고는 있었지만 아직까지 남해안 연안에 집결하지 않은 상태였고, 남해연안에 있던 왜 수군 또한 3차출동 때 벌어진 견내량해전과 안골포해전 당시에 거의 섬멸되었기 때문에 가능한 일이었다.

어쨌든 이순신은 어명을 받들지 않을 수 없었으므로 계사년(1593) 2월 2일 출항, 2월 7일 견내량에서 경상우수사 원균과 합세하고, 다시 2월 8일에는 전라우수사 이억기(李億祺)와 합세한 다음 2월 10일에 웅천에 도착하였다. 그런데 왜적은 포구에 견고한 진지를 설치하고 배를 감추어둔 채 나와 싸우려 하지 않았다. 적을 유인해 내려는 조선수군의 온갖 노력에도 불구하고 그들은 요지부동이었다. 왜적들이 조선수군을 두려워하여 이에 응하지 않았던 것이다.

2월 12일에 이르자 이순신은 어쩔 수 없이 위험을 무릅쓰고 웅천포구로 들어가 왜군을 공격하였다. 이어서 2월 18일, 20일에도 웅천포구

안에 있던 왜적을 공격하였다. 왜적은 산기슭에 성을 쌓고 철환(鐵丸)을 쏘면서 결사적으로 저항하였다. 그런 어려움 속에서도 조선수군은 왜 전선 10여 척을 격파하고 100여 명의 왜군을 사살하는 전과를 올렸다.

웅천의 왜군을 그대로 놓아둔 채 부산을 공격하기란 매우 위험천만한 일이었다. 왜냐하면 조선수군이 웅천의 왜군을 우회하여 부산을 공격할 경우에는 부산·김해·양산의 왜군과 웅천의 왜군들에게 포위되는 꼴이 되고 이에 따라 앞뒤로 적을 맞아야 하는 진퇴양난에 빠질 수 있기 때문이다. 따라서 무엇보다 시급한 일은 포구 안 육상에 진지를 구축하고 숨어 있는 왜적을 바다 쪽으로 내모는 일이었다. 수륙협공이 절실히 필요했다. 이 때부터 이순신은 경상우도순찰사와 긴밀히 연락하는 한편 수륙협공을 위한 지상공격 지원을 거듭 요청하였다.

그러나 조선육군은 그럴 여력이 없었다. 어쩔 수 없이 이순신은 자체병력으로 안골포와 제포(薺浦)에 상륙작전을 전개하여 결진(結陣)하는 한편 함선을 포구로 진입시켜 화포와 활 그리고 비격진천뢰(飛擊震天雷)를 쏘아대었다. 그럼에도 진지 속에 웅크린 채 대항해 오는 왜적의 저항은 완강했고, 수군만으로 그들을 섬멸하기에는 역부족이었다.

3월 말까지 웅천 부근에서 왜적과 대치하고 있던 조선수군은 명나라 육군의 지원소식도 없고 바다로 도망하는 왜군함선도 발견되지 않자 결국 여수본영으로 회군할 수밖에 없었다. 이제 전쟁은 장기전으로 돌입할 기미를 보였다. 1년 가까이 전쟁을 치르면서 비축해 두었던 군량미 등 군수 지원물자도 거의 소진되어 갔다. 때문에 식량확보 등 군수물자의 장기적인 공급을 위한 대책이 필요하게 되었다.

4월에는 "부산과 동래 사이에 왜선이 많이 도착하여 군사력을 증가시키고 있으니 매우 걱정스럽다. 그대는 수군을 정비하여 쳐부숨으로써 왜선이 제멋대로 상륙하지 못하게 하라"[15)는 임금의 유서를 또 받았다. 임금의 뜻을 받들어 이순신은 함대를 출동시켜 5월 8일 견내량에 도착했는데, 왜군동태를 탐망하니 웅천의 적들은 여전히 그 곳에 웅거하고 있었다. 이순신은 수군만으로는 웅천의 적을 섬멸할 수 없으므로 육군의 지원을 다시 요청하고 다른 한편으로는 충청수군의 증원을 조정에 건의하였다. 그러나 7월이 다 되도록 육군과의 합동공격은 성사되지 않았다.

6월 15일에는 창원에 있던 왜적이 함안(咸安)으로 돌입하였고, 6월 16일에는 800여 척이나 되는 왜군함선이 부산과 김해로부터 웅천·제포·안골포 등지로 옮겼으며, 6월 23일 밤에는 웅천과 제포에 있던 적선들이 거제도의 영등포(永登浦)·송진포(松津浦)·하청(河淸)·가리(加里) 지역까지 진출하였다.

수군과 육군이 합세한 왜군은 본격적으로 서쪽 전라도 지경을 침범할 태세를 보였다. 이순신은 전라우수사 이억기, 경상우수사 원균 등과 의논한 끝에 왜적과 일전을 치를 준비를 하였다. 우선 호남으로 가는 길목인 거제도 내해 견내량과 한산도 바다를 가로막아 진을 치는 방안이 수립되었다.

6월 26일에는 왜 수군선봉 10여 척이 견내량으로 향하여 오다가 매복하여 있던 조선수군의 복병선에 쫓겨 도망갔다. 이 때 이후 왜선은 견내량을 침범하지 못했다. 자연스레 견내량을 기준선으로 하여 조선수군과 왜 수군이 대치하는 상황이 조성된 것이다. 그러나 육지 쪽은 평양과 서울에서 명나라 군대에 패퇴한 왜군의 주력이 남해안 연안에 모여들어 부산으로부터 웅천·거제 동북지역에 이르기까지 토성을 쌓고 집을 지어 웅거하면서 호시탐탐 서쪽을 도모할 기회를 엿보았다.

이렇게 되자 부산으로부터 거제도 동북지역까지의 제해권은 완전히 왜 수군의 수중에 들어갔다. 이제 임진년 때처럼 웅천을 거쳐 부산포를 공격하는 것은 사실상 불가능하게 된 것이다. 만약 부산포를 공격하려 한다면, 먼저 부산포로 가는 길목인 거제·웅천·제포·안골포·김해 등지에 포진해 있던 왜적을 격멸시켜야 가능한 상황이 된 것이다.

이순신은 부산포를 공격할 수 없는 상황에서 조선수군이 할 수 있는 차선책은 견내량을 분기점으로 하여 왜 수군의 호남진출 길목을 차단하는 것이라고 생각하였다. 생각이 이에 미치자 이순신은 1593년(계사년) 7월 16일 한산도로 진을 옮긴다.

가만히 생각해 보니 호남은 나라의 울타리입니다. 만약 호남이 없다면 이것은 나라가 없는 것입니다. 이런 까닭에 어제 진을 한산도로 옮겼습니다.16)

같은 해 8월 3일 이순신은 삼도수군통제사를 겸하라는 교지(敎旨)를 받았다. 왜적과 대적하기 위해서는 삼도의 수군을 일사불란하게 운영할 수 있는 지휘권의 통일이 필요했기 때문이다. 그러나 설상가상으로 병영에 전염병이 번져 500여 명의 병사가 사망하여 전력에 큰 손실이 발생하였다.

또한 해전이 소강상태에 이르자 수군소속 고을에서 육군병사를 징발해 가는 일이 빈번해졌다. 이에 따라 전선을 움직일 격군(格軍)과 전투원인 사부(射夫)를 확보하는 데 어려움이 가중되었다. 이 때문에 이순신은 부산포를 공격하여 왜군의 퇴로를 차단하라는 조정의 명령을 더욱 실행할 수가 없게 되었다. 이러한 상황은 이순신이 통제사에서 파직되는 1597년(정유년)까지 지속되었다.

6. 한산도에서 길목을 막아 왜적의 서진을 차단하다

1594년(갑오년)부터 통제사에서 파직되어 서울로 압송되는 1597년(정유년) 2월 말까지 이순신은 한산도의 길목을 막아 왜군의 서쪽 진출 기도를 원천봉쇄하는 데 주력하였다. 조정에서는 계사년(1593)에 했던 것처럼 부산포를 공격하여 적의 퇴로 및 지원로를 차단하라는 명령을 계속 보내왔다. 하지만 조선수군이나 육군의 전투력만으로는 계사년 6월 이래 남해연안에 웅거한 왜군을 치기란 불가능한 일이었다.

이순신은 삼도수군에 명하여 해전이 없는 겨울철에 전선을 추가로 건조토록 독려하였다. 자신도 여수로 돌아와 전라좌수영에 할당된 전선건조의 진두지휘에 들어갔다. 갑오년(1594) 1월 15일에는 세자 광해군으로부터 왜군들이 호남을 침범하여 우리 곡식을 군량미 삼아 한양으로 공격하여 올라가려 하니 "수군을 격려해 거느리고 나아가 길을 막아 무찌르라"[17]는 명령을 받았다. 이순신은 전투준비를 위해 삼도로 귀환시켰던 수군을 다시 불러모아 한산도에 집결시켰다.

<그림 11> 한산도 제승당 전경

1594년 2월에는 거제 및 웅천의 적들이 점차 진해와 고성 등지를 때없이 출입하면서 여염집들을 불태우고 백성들을 죽이고 있으며 재물을 약탈하고 있다는 첩보가 입수되었다. 이순신은 출동에 앞서 정확한 정보를 입수하기 위해 각처에 탐망군(探望軍)을 보내 거제도 동쪽의 왜적동태를 파악하였다.

같은 해 3월 3일 이순신은 왜 함선이 고성지역 당항포로 향했다는 정보를 입수하고 삼도수군을 총출동시켰다. 조선수군 함대는 견내량을 통해 거제도의 영등포 앞바다로 나아갔다. 진해에서 왜선 10척을 격파한 조선수군은 당항포에서도 또 21척의 왜선을 격침시켰다.

왜 함선을 모두 격파했지만 왜군병사들이 배를 버리고 뭍으로 도망하였기 때문에 많은 수의 왜병을 사살하는 데는 실패하였다. 고성 등의 육지는 왜군이 전세의 주도권을 잡고 있었기 때문에 적군병사들이 육지로 도망할 경우 수군의 힘으로는 어찌해 볼 도리가 없었다.

견내량을 경계선으로 길목을 막고 있던 조선수군이 수군함선을 거

<그림 12> 한산도에서의 이순신 집무 모습

제 안쪽 연안인 고성·진해 주변까지 진출시켜 왜 수군을 공세적으로 축출한 것은 전쟁국면에서 매우 중요한 의미를 지닌다. 왜냐하면 조선 수군이 건재해 있는 한 왜 수군은 결코 호남을 침범할 수 없으며, 호남을 장악하지 못하는 한 왜군은 조선침략의 목표를 달성하는 데 커다란 제약을 받을 수밖에 없다는 사실을 안팎으로 인식시켰기 때문이다.

1594년(갑오년) 9월에는 최초로 조선단독의 수륙 협공전략이 구사되었다. 이순신은 곽재우·김덕령과 함께 9월 29일 거제도 장문포(長門浦)로 들어가 왜 전선 2척을 격파했지만, 왜적의 주력은 험준한 요새에 숨어든 채 나오지 아니하므로 곽재우·김덕령 휘하의 의병들이 거제도에 상륙하여 수륙협공을 시도하였던 것이다. 그러나 비정규군인 소규모 의병전투력만으로는 역부족이어서 큰 전과를 거두지 못하고 작전이 종료되는 아쉬움을 남겼다.

이후 이순신 지휘하의 조선수군은 웅천 동쪽으로 진출하지 못했다. 거제 북단의 영등포와 장문포에는 여전히 왜적들이 진을 치고 있었고 또한 웅천·안골포 등에도 새로이 견고한 진영을 설치했던 때문이다. 이와 같은 상황은 1595년(을미년)·1596년(병신년)·1597년(정유년) 1월까지 지속되었다. 전선이 소강상태로 접어들자 이순신은 소금을 굽게하고, 농사짓고, 전선을 새로 건조하는 등 군수지원 및 전투준비 태세에 만전을 기하도록 했다.

7. 다시 통제사가 되어 명량의 물목을 막다

1594년(갑오년) 이후 1597년(정유년)까지 조선수군은 이렇다 할 해
전을 치르지 않았다. 따라서 전세에 결정적 영향을 미칠 전과를 획득
하지 못했다. 그것은 앞에서 살펴본 대로 웅천·안골포의 왜군을 제압
하지 않은 상태에서 부산포를 공격할 경우 자칫 앞뒤의 협공을 받을
염려가 있었으므로 움직일 수 없었기 때문이다. 또한 부산을 공격하기
위해 출동했다가 예기치 않은 폭풍이나 파도라도 만나면 가덕도나 웅
천·안골포 연안항구로 대피해야 하는데, 이미 그 곳은 왜군이 견고한
성을 쌓고 지키는 소굴이 되어 있었기 때문이었다.

1597년(정유년) 1월 조정에서는 가등청정(加藤淸正)의 제거방안이 논
의되고 있었다. 바로 이 즈음 왜국에 가 있던 가등청정이 바다를 건너
조선으로 온다는 정보가 입수되었다. 이 정보는 뒤에 이중간첩임이 판
명된 요시라(要時羅)가 제공한 것으로 경상우병사 김응서(金應瑞)가 입수
하여 조정에 보고한 것이다. 선조는 통제사 이순신에게 가등청정을 해
상에서 요격하라는 명령을 내렸다. 그러나 이순신은 선조의 이러한 어
명에 응할 수가 없었다.

바닷길이 험난하고 또한 적이 반드시 여러 곳에 복병을 숨겨두고 기다릴

것이니, 배를 많이 거느리고 간다면 적이 알지 못할 리 없고, 배를 적게 거느리고 가다가는 도리어 습격을 당할 것입니다.[18]

한 마디로 정확하지 않은 정보에 기초하여 수군을 움직일 수는 없다는 것이 이순신의 입장이었다. 조선의 최후보루가 수군이며, 1592년(임진년) 이후 전세를 이 정도로 유지시키는 데 결정적 역할을 한 것도 수군인데, 신뢰하기 어려운 정보를 믿고 함부로 움직이다가 큰일이라도 당하면, 그 곤경을 극복할 대책이 없다는 것이 이순신의 생각이었다.

그러나 가등청정이 바다를 건너왔다는 사실이 보고되자 조정에서는 이순신에 대한 징계절차를 밟기 시작하였다. 이순신은 1597년 3월 13일 통제사에서 파직되고 한양으로 압송 하옥되었다. 그런데 실제상황을 추적해 보면 이순신의 생각은 올바른 판단이었다. 가등청정이 바다를 건너올 것이라는 요시라의 정보가 김응서를 통해 조정에 보고된 것은 1597년 1월 13일이었는 데 반해, 가등청정은 이미 하루 전인 1월 12일에 당도해 있었다. 결국 이순신을 제거하기 위한 왜군의 반간계(反間計)에 조선조정이 놀아난 꼴이 된 것이다.

이순신의 파직 후 원균이 새로운 통제사에 임명되었다. 조정에서는 수군을 이끌고 부산포로 나가 적의 해상로를 차단하라는 명령을 거듭해서 내려보냈다. 그러나 원균 역시 수군 단독으로 부산포를 공격한다는 것이 얼마나 무모한 작전인지 잘 알고 있었다. 따라서 원균은 수륙합공으로 안골포와 가덕도의 왜적을 섬멸하고 난 연후에야 비로소 부산으로 출동해야 한다는 장계를 몇 차례에 걸쳐 조정에 보냈다.

그러나 부산포 공격을 명한 도원수 권율로부터 명령불이행에 따른 징벌이 있자, 원균은 7월 14일경 자포자기라도 한 듯 조선의 모든 수군을 이끌고 부산포로 나아갔다. 조선 수군함대는 부산포 입구에 이르러 대마도에서 부산포로 들어오는 수송선단 1천여 척과 조우하였다. 그러나 왜 선단이 접전을 회피하여 도망하는 바람에 조선수군은 공격다운 공격 한번 제대로 가하지 못하였다. 설상가상으로 풍랑을 만나 함선을 보전하기에도 어려운 지경에 이르렀다.

천신만고 끝에 가덕도에 이르러 전선을 정박시키려 했으나 섬은 이미 적의 소굴이 되어 있었다. 마른 목을 축이기 위해 앞다투어 상륙했던 조선수군 400여 명이 매복하고 있던 왜군에 의해 희생되었다. 조선수군은 다시 거제의 영등포를 거쳐 칠천량으로 진을 이동하였다.

이 때 조선수군의 이동상황을 예의주시하고 있던 왜군은 수륙에 걸쳐 매복하고 있다가 7월 15일 밤부터 7월 16일 새벽 사이에 조선수군을 야간 기습공격하여 치명적이고도 결정적인 타격을 가했다. 원균 또한 이 전투와중에 전사하고 말았다.

1597년(정유년) 8월 3일 조정에서는 이순신을 삼도수군통제사에 재임명하였다. 임지에 당도한 이순신은 우선 경상우수사 배설(裵楔)이 이끌고 도망쳐 온 전선 12척을 회령포에서 수습하여 전열을 가다듬었다. 이 때 조정에서는 10여 척의 수군세력으로는 이순신도 어쩔 수 없을 것이라는 판단 아래 수군을 파하고 육지전투(陸戰)에 참가하라는 명령을 내렸다. 이순신은 조정에 장계를 올려 수군의 역할과 전략적 가치

<그림 13> 명량해전 장소인 울돌목 전경

를 피력하였다.

저 임진년으로부터 5·6년 동안에 적이 감히 충청도·전라도를 곧바로 돌
격하지 못한 것은 우리 수군이 그 길목을 막고 있었기 때문입니다. 이제
신(臣)에게 전선 12척이 있사온바 죽을힘을 내어 항거해 싸우면 막아낼 수
있을 것 같습니다. 이제 만일 수군을 전폐한다는 것은 적이 만번 다행으로
여기는 일이고 [적은] 충청도를 거쳐 한강에까지 도달할 수 있을 것이니,
이것이 신이 걱정하는 바입니다.[19]

이순신이 1592년(임진년)부터 파직되는 1597년(정유년)까지 한산도
의 견내량을 경계선으로 하여 물목을 지킨 것은 왜군의 서진을 차단하
기 위한 것임은 이미 살핀 바 있다.

왜의 서해진출 차단은 크게 세 가지 의미가 있다. 첫째는 호남과
충청을 보존하여 군량미를 확보함으로써 장기전을 치를 수 있는 식량
을 공급할 수 있다는 것이다. 둘째는 부산에서 남해 그리고 서해를 따
라 한양으로 올라가는 왜군의 군수물자 및 병력지원 물길을 차단함으
로써 왜군의 전략전술 구사에 막대한 타격을 가할 수 있다는 것이다.
셋째는 견내량의 길목을 막고 있다가 틈을 보아 대마도와 부산을 오가
는 해상루트에 대한 공격 가능성을 열어놓음으로써 왜군으로 하여금
항상 후방을 염려하게 만들 수 있다는 것이다.

조선수군의 칠천량해전 패배를 기점으로, 왜군은 육상과 해상을 통
해 본격적으로 서진을 재촉했다. 남원성과 전주성이 함락되고 수많은
백성들이 왜적에게 무참히 살해되었다.

장흥 앞바다 회령포(會寧浦)에서 전선 12척을 수습한 이순신은 이진(梨津)·어란포(於蘭浦)를 거쳐 1597년 8월 29일 벽파진(碧波津)에 도착하였다. 상황을 살핀 왜 수군은 조선수군 세력이 단지 전선 10여 척에 지나지 않는다는 사실을 알고 조선수군을 궤멸시키기 위해 혈안이 되어 있었다. 그들은 산발적인 기습공격을 감행하면서 계속해서 추격하여 왔다.

1597년 9월 14일, 왜선 200여 척 가운데 55척이 어란포에 집결하여 공격을 준비하고 있다는 탐망군관 임준영(任俊英)의 보고에 접한 이순신은 명량해전이 일어나기 하루 전인 9월 15일에 진을 우수영으로 옮기고 결전을 준비하였다.

9월 16일, 13척의 전선으로 구성된 조선수군은 명량에서 133척의 왜 수군을 맞아 싸워 승리를 거둔다. 칠천량해전의 패배로 그 동안 경계선으로 형성되었던 견내량 전선이 붕괴되고 결과적으로 호남이 유린되는 상황에 이르러 있었지만, 명량해전을 승리로 이끎으로써 조선수군은 최후의 저지선을 지키는 데 성공하였다.

명량해전을 승리로 이끈 이순신은 통제영을 목포 고하도(高下島)에 잠시 두었다가 다시 완도 앞에 있는 고금도(古今島)로 옮겨 본격적으로 수군재건에 착수했다. 비록 조선수군은 여수 동쪽부터 부산까지 남해 연안의 제해권은 상실했지만 왜군이 서해를 통해 한양으로 가는 길목만은 차단함으로써 임진년부터 담당해 왔던 수군의 역할을 어느 정도 회복할 수 있었던 것이다.

8. '호국의 별' 노량에서 지다

명량해전이 있은 다음해인 1598년(무술년) 2월 17일, 이순신은 수군본영을 고금도로 옮겨 본격적으로 수군재건에 돌입하였다. 또 그 해 여름 7월 16일에는 명나라 수군도독 진린(陳璘)이 수군 5천 명을 이끌고 와서 조선수군과 합세하였다. 조-명(朝明)수군연합함대가 결성된 것이다.

이 때 일본 내의 정치적 상황도 급변하고 있었다. 조선침략의 수괴인 풍신수길(豊臣秀吉)이 1598년 8월 18일에 사망하였던 것이다. 이렇게 되자 조선에 주둔하고 있던 왜군들은 9월 15일을 전후하여 서둘러 본토로 철군하려는 움직임을 보였다. 통제사 이순신과 진린 도독의 조-명수군연합함대는 순천의 예교성(曳橋城)에 있던 소서행장 부대에 대해 해상봉쇄를 단행하였다. 소서행장 부대 1만 5천 명의 퇴로를 차단한 것이다.

조-명연합함대는 절이도(折爾島)해전을 승리로 이끄는 등 소서행장의 부대를 계속하여 압박하였는데, 이와 같은 대치상태는 노량해전(露梁海戰)이 벌어지는 11월 19일까지 계속되었다.

10월 21에는 명나라 장수 유정(劉綎)이 병사 2만여 명을 이끌고 순천의 예교 북쪽에 도착하여 진을 치게 되었다. 바야흐로 소서행장 부

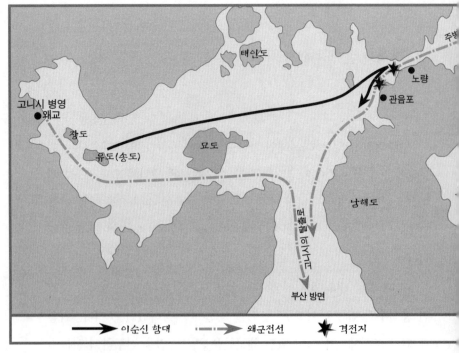

지도 하단 범례:
이순신 함대 ·=·=▶ 왜군전선 ✦ 격전지

<지도 3> 노량해전도

대가 수륙협공의 상황에 처하게 된 것이다. 11월 2일 조-명연합군의
수군과 유정의 지상군은 서로 협력하여 왜군을 공격하기로 약속하였
다. 약조대로 연합수군이 출정하여 전선을 배치하였으나 유정은 약조
를 어긴 채 군사를 움직이지 않았다. 그 때문에 많은 피해만을 입은
채 퇴각해야 했다.[20]

□ 이 때 사도(蛇渡)첨사인 이순신의 처종형 황세득(黃世得)이 전사하였으며 명나라 수군도
사선(沙船) 19척이·조수가 바뀌는 바람에 얕은 바다에 걸려 모두 침몰되는 피해를 당했다.

<그림 14> 남해 충렬사 이순신 가묘

왜장 소서행장은 명나라 장수 유정을 뇌물로써 매수하고자 했다.
전투를 피하고 온전히 돌아가고자 하는 생각에서였다. 마침내 유정은
뇌물에 매수되어 청탁을 들어주고야 말았으며 군사를 출동시키지 않
았던 것은 바로 그 때문이었다. 소서행장은 진린과 이순신에게도 뇌물
을 보내며 퇴로를 열어줄 것을 간곡히 부탁해 왔다. 그는 특히 진린에
게 집중적으로 뇌물을 바쳤는데, 이를 위해 왜군의 사자(使者)가 명군진
영을 빈번히 오고가곤 하였다. 마음이 흔들리는 진린을 이순신은 한편
으로는 논리적으로, 다른 한편으로는 의리의 마음에 호소하며 왜군을
격파하는 데 끝까지 최선을 다하도록 촉구하였다.

　11월 17일, 소서행장 부대를 구원하기 위해 곤양(昆陽)·사천(泗川)·
남해(南海) 등지에 있던 왜 수군이 총출동하였다. 다음날 저녁 조-명연

<그림 15> 노량해전 순절도

합함대는 왜 수군이 소서행장 부대를 구원하기 위해 출동한다는 정보를 입수하였다. 밤 10시경 이순신은 진린 도독과 더불어 그 동안의 해상봉쇄를 풀고 노량 쪽으로 출동하였다. 계속해서 예교의 소서행장 부대를 봉쇄할 경우 소서행장 지휘하의 수군과 구원하러 오는 왜 수군을 앞뒤로 맞아 싸워야 하는 불리한 상황이 조성되기 때문이었다. 그날 자정 무렵 이순신은 배 위에 올라 손을 씻고 무릎을 꿇은 채 하늘에 빌었다.

　이 원수를 무찌른다면 지금 죽어도 여한이 없겠나이다.[21]

　새벽 2시경 노량에 도착한 조-명연합함대는 500여 척의 왜 전선을 만나 아침이 될 때까지 크게 싸웠다. 전투는 적군과 아군을 분간하기 어려운 상황이었다. 그 때 수군을 독전하던 이순신이 스쳐 지나가던 적의 탄환에 맞았다. "싸움이 한창 급하다. 내가 죽었다는 말을 입 밖에 내지 마라."[22] 이 말을 마친 뒤 운명하였다. 그 동안 이순신의 장수로서의 능력과 인품에 감복한 진린 휘하의 명나라 수군들도 열심히 싸웠다. 명나라 수군장수인 부총병 등자룡(鄧子龍)이 전사할 정도로 그들 또한 최선을 다한 전투였다.

　이순신의 살신성인(殺身成仁)과 더불어, 200여 척의 왜 함선을 격파하고 헤아릴 수 없이 많은 왜적을 살상하는 전과를 뒤로 한 채 임진왜란은 종막을 고했다. 임진왜란을 극복하기 위해 하늘이 우리에게 내려준 민족적 영웅 이순신을 제물로 삼은 채 고한 종막이었다.

3
이순신의 인생관과 역사의식

l. 인생관 형성의 배경에 유학이 있었다

이순신은 22세 때부터 본격적으로 무과를 준비하였다. 그러나 그
이전까지는 문과에 뜻을 두고 공부하였던 것 같다. 이순신이 다른 무
관들과는 달리 선비처럼 단아한 자태와 품격을 유지할 수 있었던 것은
이와 같은 그의 문관적 소양에 기초한 것으로 판단된다.

조선은 유학의 나라인데, 유학적 인생관의 핵심은 의리지향적 삶이
다. 조선의 지배계층인 양반들의 자제는 어려서부터 유학경전을 읽었
고, 의리에 죽고 의리에 사는 인생관을 정립하였으며 일상사에서 그것
을 실천하도록 교육받으며 자랐다. 연산군처럼 비록 임금이라 하더라
도 인륜에 어그러진 행동을 하면 자리를 보전하지 못하는 나라가 조선
이었다.

이순신이 탄생할 때 그의 집안은 그리 넉넉한 편이 아니었던 것으로 추측된다. 그의 할아버지 이백록(百祿)은 조광조(趙光祖) 등의 신진사림(士林) 세력과 뜻을 같이하다가 기묘사화(己卯士禍)에 연루되어 처벌을 받은 것으로 되어 있다. 아버지 이정(貞)이 벼슬길에 나아가지 못하고 평범한 선비로서 살았던 것도 이 일 때문이었던 것 같다. 이러한 집안의 내력과 가풍은 이순신의 인생관 정립에도 그대로 계승되었다.

이순신은 어린 시절, 놀이를 할 때 항상 활을 지니고 다녔으며 옳다고 여기는 일에는 뜻을 굽히지 않았다고 한다. 어느 날 동네의 한 어른이 사리에 어긋나는 행동을 하자 "아저씨, 그것은 잘못하는 일 아닙니까?"라고 지적하며 활을 당겨 눈을 겨누었다는 일화에서 보이는 것처럼 이순신은 어려서부터 의리지향적인 삶의 자세가 습성화되어 있었다. 이러한 삶의 태도는 무과에 합격하며 시작된 관료생활에서도 그대로 지속된다.

앞서 살펴본 대로 훈련원 봉사시절 상관인 병부랑 서익이 친척 한 사람을 참군(參軍)으로 승진시키려는 청탁을 거절한 일, 발포만호 시절 직속상관인 전라좌수사 성박(成鎛)이 거문고를 만들기 위해 발포의 객사 뜰 안에 있던 오동나무를 베어오라는 것에 대해 "나라의 물건이므로 사사로이 사용할 수 없다" 하여 거부한 일, 병조판서 김귀영(金貴榮)이 자신의 서출 딸을 소실로 삼으라고 중매인을 보내왔을 때 "권세있는 집에 의탁하여 출세하기를 도모하는 것은 옳지 않다"고 거절한 일, 당시 이조판서로 있던 일가어른 이율곡이 유성룡을 통해 만나기를 청하자 "동본(同本)인 까닭에 만나볼 수도 있지만 그가 이조판서 벼슬에 있는 동안은 만나보는 것은 옳지 못하다"고 거절한 일 등은 이순신의 의리지향적 삶의 자세를 보여주는 대표적인 사례다.

이렇게 볼 때 이순신의 인생관 형성의 배경에는 당시 조선의 통치 이념이었던 유학적 세계관이 놓여 있으며 나아가 도학정치 구현의 꿈을 지녔던 할아버지 이백록, 그리고 평생을 깨끗한 선비로 살아온 아버지 이정의 무언의 훈도가 영향을 주었음을 알 수 있다.

2. 인생의 가치를 충과 효에 두다

유학의 나라 조선에서 태어난 이순신은 당시의 지식인·지배계층이 모두 그러했던 것처럼 평생을 충(忠)과 효(孝)로 일관된 삶을 살고자 하였다. 이른바 충과 효는 그의 전생애를 관통하는 삶의 핵심가치였던 것이다.

그는 1597년(정유년) 2월 통제사에서 파직된 뒤 3월 4일 의금부에 하옥되어 문초를 받다가 그해 4월 1일 옥문을 나와 권율막하에서 백의종군하기 위해 아산을 지나는 도중에 어머니의 상(喪)을 당하였다. 이순신의 어머니는 여수의 고음내를 떠나 배편으로 고향인 아산으로 향하던 도중에 돌아가셨던 것이다. 그러나 이순신은 어머니의 장례를 주관하여 치를 수 없는 나라의 죄인이었다. 이순신의 한탄은 그가 평소에 얼마나 충·효를 위해 전념했는지를 반증해 준다.

내가 평생을 충·효에 전심했건만 이제 와서 모두 헛된 일이 되었구나!1)

주희(朱熹)는 『중용장구(中庸章句)』에서 '충'을 "자신의 마음을 다하는 것"2)으로, 『주자어류(朱子語類)』에서는 "성실하여 속이지 않는 것을 이르는 말"3)로 해석하였다. 그리고 이에 앞서 유학의 창시자인 공자는 『논어』 팔일편(八佾篇)에서 "임금은 신하를 예(禮)로써 대하고, 신하는 임금을 충(忠)으로써 섬긴다"4)라고 말한 바 있다.

유학이 우리나라에 전래된 삼국시대부터 신하의 최고덕목이 임금에 대한 충성이라고 논의되어 온 것은 아마도 『논어』 팔일편에 나오는 위의 구절이 근거가 된 것이 아닌가 생각된다. 이른바 성실하게, 지극 정성으로 마음을 다하여 임금을 섬기라는 것이 전통사회에서의 '충'의 의미였던 것이다. '두 임금을 섬기지 않는다'는 불사이군(不事二君)의 절개가 고려·조선을 거치면서 충신들의 모델로 상징화된 것은 바로 유학적 가치관이 봉건왕조 사회와 결합하여 나타난 것이라고 보아도 좋을 것이다. 이순신은 당시 조선사회 양반계층이 지니고 있었던 전통적 가치의 철저한 실천가였던 셈이다.

또한 부모에 대한 '효'는 전통 봉건사회의 가족제도를 유지시키는 핵심적 가치였다. 공자 당시 춘추시대의 원시유학에서는 임금에 대한 충성보다 부모에 대한 '효'가 더욱 중시되었다. 『논어』에 "부모에 대한 효도와 형제자매에 대한 보살핌은 인(仁)을 행하는 근본이다"5)라고 한 데서 드러나듯이 '효'는 가장 비근하게 사랑(仁)을 실천할 수 있는 방법으로 제시되었던 것이다. 가장 가까이 있을 뿐만 아니라 혈연으로 맺어졌으며 자신을 낳고 길러준 부모를 지극한 정성으로 사랑할 수 없는 사람은 한 치 건너 두 치인 이웃이나 사회, 나아가 국가·인류를 결코 사랑할 수 없다는 것이 유학적 인간관의 기본전제이다. 이에 따라 자신의 내면을 닦아 인격을 완성하고, 집안을 화목하게 하며 나아가 나라를 다스리고 천하를 화평하게 한다는 '수신제가치국평천하(修身齊家治國平天下)'라는 유학의 도덕실천방법론이 정립되었던 것이다.

이렇게 볼 때 이른바 '충'과 '효'는 유학을 통치이념으로 했던 나라인 조선을 지탱하는 핵심가치였다. 따라서 조선의 지배계층인 양반들에게 있어서 임금에게 충성을 다하고, 부모에게 효도하는 것이야말로 인생의 최고가치요 목표였던 셈이다. 그러나 앞의 고백에서 알 수 있는 것처럼 이순신은 임금을 위해 충성을 다해 왔고, 부모에게 효도를 하기 위해 무던히도 노력했건만 그에게 돌아온 것은 하옥(下獄)의 고초와 돌아가신 어머니의 장례조차 치를 수 없는 불효의 상황이었던 것이다.

이순신의 나라사랑(忠)과 부모에 대한 효성(孝)에 대해 자세히 살펴보기로 한다.

3. 죽음으로써 '충'을 완성하였다

임진왜란은 1592년 4월 13일 소서행장이 이끄는 1만 8천의 왜군이 상륙하여 부산진(釜山鎭)을 공격하는 것으로부터 시작된다. 경상좌수영 소속인 부산진 첨사 정발(鄭撥)은 1천여 명의 수군병사들과 함께 성을 지키기 위해 끝까지 싸우다 장렬히 전사하였다. 최초의 싸움이 수군예하의 첨사진(僉使鎭)에서 벌어졌다는 것도 음미해 볼 만한 일이다.

경상좌수영 소속의 수군은 수사 박홍(朴泓)이 전쟁 발발소식을 조정에 알린다는 명목으로 수영(水營)을 이탈한 것과 동시에 궤멸되어 임진왜란이 끝날 때까지 재건되지 못했다.

닉동강을 경세선으로 한 서쪽부터 남해까지의 수군부대를 관할하는 경상우수영의 상황 또한 개전 초기에는 특별한 차이가 없었다. 왜적의 침략소식을 들은 경상우수영 관할하의 장수들은 왜군과 조우하기도 전에 스스로 함선을 불태우고 무기와 화포 등을 바다에 수장시킨 채 도망하기에 바빴던 것이다.

거제도 가배량(加背梁)에 수군본영을 둔 경상우수사 원균조차 왜적이 공격하기도 전에 옥포만호 이운룡(李雲龍), 영등포만호 우치적(禹致績)과 함께 전선 3척을 이끌고 곤양(昆陽)으로 피신하였다. 심지어 왜군이 근접하지도 않은 남해 평산포(平山浦) 등의 만호들까지 모두 도망하였으니, 경상우수영 관할 수군부대 역시 개전 초기에 무력화된 것은 마찬가지였다.

경상우수사 원균은 왜적의 침략소식을 접하자 몸을 피신하는 한편 부하장수인 소비포 권관(所非浦權官) 이영남(李英男)의 건의를 받아들여 전라좌수영 수사 이순신에게 공문을 보내 그 사실을 알렸다. 이순신은 공문을 접한 즉시 직할부대에게 전투준비 태세를 명하고 전라좌수영 관할인 5관(官) 5포(浦)에 산재되어 있던 함선세력을 여수본영 앞바다

로 집결시키도록 조치를 취하였다. 그리고 부하장수들과 향후의 군사
행동에 대하여 논의를 거듭하였다.

대부분의 부하장수들은 당시의 방위전략인 진관체제(鎭管體制)의 전
시규정에 따라 전라좌수영 관할해역을 지키는 것이 옳다고 주장하였
다. 이 때 이순신의 군관이었던 송희립(宋希立)이 나서서 말했다.

큰 적들이 국경을 무너뜨리고 그 형세가 마구 뻗쳤는데 가만히 앉아서 외
로운 성만 지킨다고 혼자 보전될 리도 없으니 나가 싸우는 것만 같지 못합
니다. 그래서 다행히 이기면 적들의 기운이 꺾일 것이고 또 불행히 전쟁에
서 죽는다 해도 신하된 도리에 부끄러움이 없을 것입니다.6)

당시의 진관체제 전시규정에 따르면 자신의 관할구역이 아닌 타지
역으로 병력을 이동할 때는 조정의 명령이나 허락이 있어야 했다. 그
러나 적들이 이미 상륙하여 국토가 유린되고 있는 상황에서 그러한 책
임소재를 따지고 앉아 있을 수만은 없으니 나아가 싸우자는 것이 군관
송희립의 주장이었다. 이러한 주장에 대하여 녹도(鹿島)만호인 정운(鄭
運)도 거들었다.

신하로서 평소에 나라의 은혜를 입고 국록(國祿)을 먹다가 이런 때에 나라
를 위해 죽지 않고 어떻게 감히 앉아서 보고만 있을 것이오.7)

정운은 강직하고 용맹한 장군으로서 임진년 초기 해전에서 이순신
의 오른팔 역할을 한 용장(勇將)이다. 그는 매 해전마다 항상 선봉에 서

서 싸워 임진년 1·2·3차 출동에서 큰공을 세웠는데 4차출동 중에 부산 포해전에서 장렬히 전사하여 이순신을 슬프게 했던 장수이다.

영남해역의 출동문제에 대한 부하장수들의 갑론을박을 듣고 있던 이순신은 이 두 장수의 이야기를 듣고 난 뒤 매우 기뻐하며 큰 목소리로 명했다.

> 적의 기세가 마구 뻗쳐 국가가 위급하게 된 이 때 어찌 다른 도(道)의 장수라 핑계하고 물러나서 제 경계만 지키고 있을 것이냐. 내가 시험삼아 물어본 것은 우선 여러 장수들의 의견을 들어보자는 것이었다. 오늘 우리가 할 일은 다만 나가서 싸우다가 죽는 일밖에 없다. 감히 반대하는 사람이 있다면 목을 베리라.8)

이순신은 현재의 상황이 조정명령을 기다리거나 관할해역 문제를 놓고 왈가왈부할 때가 아닌 국가의 존망이 걸린 위급한 상황으로 해양방위를 책임진 수군은 마땅히 나아가 싸우다 죽는 길밖에 없음을 분명히한 것이다. 그는 이러한 우국충정(憂國衷情)의 심정을 송나라 역사를 읽으면서 다시금 다짐하였다.

> 무릇 신하된 자로 임금을 섬김에는 죽음이 있을 뿐이요. 다른 길이 없나니, 이 때야말로 종사의 위태함이 마치 터럭 한 가닥으로 1천 근을 달아올림과 같아 신하된 자 마땅히 몸을 버려 나라의 은혜를 갚을 때요. 도망친다는 말은 진실로 마음에 생각도 못 낼 말이거늘, 하물며 어찌 입 밖으로 낼 수가 있을까 보냐.9)

위의 글에 나타난 것처럼 '무릇 신하된 자로 임금을 섬김에는 죽음이 있을 뿐이요'라는 구절은 이순신의 비장한 각오와 충성심의 극치를 보여주는 것이라고 할 수 있다.

그는 말뿐이 아니라 자신의 일생을 통해 행동으로 이를 실천하였다. 나아가 그는 부하병사들의 마음이 흔들리고 임금과 나라에 대한 충성심이 희박해져 가는 것에 대해 매우 안타깝게 생각하면서 그들의 충성심을 일깨우기 위해서도 노력하였다.

이제 임금께서 선전관(宣傳官)을 보내 "도망가는 적들을 막아 죽이고 또 한 척의 배도 돌아가지 못하게 하라"라는 분명한 하교가 닷새 만에 두 번이나 내렸다. 마땅히 충의(忠義)로써 몸을 잊어버릴 때이거늘. 어제 적을 만나 지휘할 무렵 혹은 도망가려 하고 혹은 머뭇거리는 꼴들이 많았음은 극히 통분한 일이었다.[10]

이순신은 임금의 명령에 대해서는 한 치의 오차도 없이 충실히 실행하려고 노력하였다. 또 퇴로를 막아 한 척의 적선도 돌아가지 못하게 하라는 임금의 명령을 이순신이 금과옥조(金科玉條)로 삼았던 것은, 그것이 임금의 명령일 뿐만 아니라 곧 그 자신의 신념이었기 때문이었다. 마지막 노량해전에서 그는 소서행장 부대에 대한 해상봉쇄를 실시하고 끝까지 공격함으로써 이를 실천하였으며 결과적으로 자신의 생명을 던져 이 과업을 완수하였다.

임진왜란이 종료되는 해요, 이순신이 전사하는 해인 1598년(무술년)

명나라에서는 진린(陳璘) 도독을 대장으로 삼아 수군 5천 명을 원병으로 파병하였다. 이에 따라 전라남도 고금도(古今島)에 조-명연합수군함대 본영이 설치되었다. 처음에는 양국 수군 사이에 갈등이 심했으나 이순신의 인품과 수군장수로서의 실력에 감탄한 도독 진린이 지휘권의 상당부분을 이순신에게 이양함으로써 원만한 관계가 유지되었으며 결과적으로 전투력이 배가되었다.

그러나 시간이 흐름에 따라 조선 수군병사들의 마음이 해이해지는 조짐이 보이자 이순신은 병사들을 다그쳤다.

> 명나라 군사들은 1만 리 밖에서 와서 풍상에 시달려도 오히려 원망하지 않고 마음을 다해서 적을 무찌르는 일에 죽음으로써 기약하는데, 본국사람으로서 적의 환해(患害)를 입은 것이 조석으로 박두하였는데도 분풀이할 생각은 하지 않고 제 몸 편안할 꾀만 내고 있으니 너희들의 의향은 참으로 우스운 것이다.11)

명나라 군사들은 자기 나라가 아닌 1만 리 밖 타국의 전쟁에 참여해서도 불평없이 전쟁임무를 수행하는데, 본국의 수군병사로서 제 몸의 안일만을 꾀하는 행동에 대해 질책을 가한 것이다. 이와 같은 이순신의 논리적 설득과 추궁은 어떤 병사도 쉽게 반박할 수 있는 것이 아니었다.

이순신은 1592년(임진년) 5월 1차출동을 승리로 이끌고 경상우수사 원균(元均)과 차기작전을 논의하고 있던 중에 임금이 한양을 버리고 피난길에 올랐다는 소식을 들었다. 죽음으로써 임금을 섬기겠다는 각오로 살아가는 이순신으로서는 커다란 충격이 아닐 수 없었다.

원균과 함께 계획을 논의하고 별도로 기묘한 계획을 짜내어 나라의 치욕을 씻으려 하던 차에 본도(本道)의 도사 최철견(崔鐵堅)의 첩보가 뜻밖에 도착하여 비로소 대가(大駕)가 관서(關西)로 옮아가신 기별을 알게 되었습니다. 놀랍고 통분함이 망극하여 종일토록 서로 붙들고 있음에 오장이 찢어지는 듯하여 울음소리와 눈물이 한꺼번에 터졌습니다.12)

이순신은 피난길 떠난 임금소식을 들을 때마다 절통한 심정을 억누를 수 없었다.13) 그에 따라 나라걱정에 잠 못 이루는 날들도 많았다.14) 꿈속에서조차 나랏일을 걱정했다는 기록이 일기에 종종 보인다.

새벽 꿈에 커다란 대궐에 이르렀는데, 마치 서울인 것 같고, 기이한 일이 많았다. 영의정이 와서 인사하기에 나도 답례를 하였다. 임금이 피난가신 일에 대하여 이야기를 하다가 눈물을 뿌리며 탄식할 적에 적의 형세는 벌써 종식되었다고 말하였다.15)

이순신은 통제사에서 파직된 뒤 도원수 권율 막하에서 백의종군하다가 1597년(정유년) 8월 3일 다시 통제사에 임명된다. 이 때 회령포(會寧浦)에서 수습한 조선수군의 세력은 고작 전선 12척이었다. 세력의 불리함을 느낀 부하장수들은 겁에 질려 있었다. 칠천량해전 패전의 악몽이 부하병사들의 뇌리에 깊이 박혀 있었던 것이다. 이순신은 예하장수들을 불러모아놓고 일장 연설을 했다. 평소의 그의 신념과 같이 죽을 각오로 싸워 나라와 임금의 은혜에 보답하자는 것이 주요내용이었다.

우리들이 임금의 명령을 같이 받들었으니 의리상 같이 죽는 것이 마땅하다. 그런데 사태가 여기까지 이른 다음에야 한번 죽음으로 나라에 보답하는 것이 무엇이 그리 아까울 것이냐? 오직 죽은 뒤에야 은혜를 갚는 일을 멈출 것이다.16)

이 말을 들은 장수들은 감동하지 않는 이가 없었다. 그러나 조선수군 서열 2위의 경상우수사 배설(裵楔)은 중과부적임을 알고 적에 대한 공포를 떨쳐버리지 못한 채 끝내 도망쳐 버렸다.

□ 이순신은 회령포(會寧浦)－이진(梨津)－어란(於蘭)을 거쳐 정유년 8월 29일 벽파진(碧波津)으로 진을 옮겼는데, 3일 뒤인 9월 2일 새벽에 경상우수사 배설이 도망하였다. 명량해전이 벌어지기 14일 전이었다.

경상우도의 함대사령관인 배설이 도망할 정도로 명량해전에 임하는 조선수군의 세력은 외롭고 허약했다. 그러나 이순신의 탁월한 지휘 하에 '필사즉생(必死卽生)'의 정신으로 굳게 뭉친 조선수군은, 비록 1∶10 이상의 열세한 상황이었음에도 불구하고 울돌목의 지리적인 이점 등을 활용하여 명량해전을 승리로 이끌었다. 나라와 임금을 욕보인 왜적에 대해 이순신은 멸사봉공(滅私奉公)·살신성인(殺身成仁)·필사즉생(必死卽生)의 각오와 신념으로 끝까지 그 죄를 묻고자 했던 것이다.

노량해전에서의 죽음은 그의 인생관의 총결산이었다. '한 척도 돌아가지 못하게 하라는 임금의 명령'·'나라와 임금을 욕보인 왜적에 대한 적개심'·'무고한 조선백성을 도륙하고 국토를 유린한 왜적의 패륜적

행위는 반드시 응징해야 한다는 투철한 역사의식'·'신하는 충성의 마음
으로 임금을 섬겨야 한다는 유학의 가치관' 등등이 어우러져 이순신은
죽음으로써 임금과 나라와 민족을 위해 몸을 던졌다. 그의 죽음은 곧
'충'의 완성이었다.

4. 이순신에게도 '효'는 백행의 근본이었다

　이순신은 32세 되던 해인 1576년 함경도 동구비보(童仇非堡) 권관(종
9품)을 시작으로 벼슬길에 나갔는데, 오래도록 벼슬이 오르지 않았다.
올곧은 그의 성정(性情)과 원리원칙에 충실한 직무태도는 직속상관들과
자주 마찰을 빚었는데, 결과적으로 이것이 원인이 되어 그의 승진에
많은 지장을 초래하였다.
　39세 되던 해인 1583년에 건원보(乾原堡) 권관이 되었다. 그 해 겨
울 11월 15일에 아산의 부친이 세상을 떴다는 소식을 이듬해 정월에서
야 전해 들었다. 효(孝)의 나라 조선에서는 부모의 상(喪)을 당할 경우
관직에 종사하는 자식이 복상(服喪)을 할 수 있도록 휴직제도를 두고 있
었다. 이순신은 소식을 접함과 동시에 벼슬을 휴직하고 아산으로 출발
하였다.
　이 때 재상이었던 정언신(鄭彦信)이 함경도를 순시하다가 이순신이
복상을 치르러 쉬지 않고 달려가고 있다는 소식을 듣고 혹 몸이 상할까

염려하여 여러 번 사람을 보내 성복을 하고 가라고 권유했는데, 이순신은 잠시도 지체할 수 없다 하고 집에 도착해서야 성복을 했다고 한다.17)

□ 성복(成服)은 상례(喪禮)절차의 하나로 망자(亡者)가 죽은 지 4일째 되는 날 망자와의 관계에 따라 상복을 입는 것을 말한다.

42세가 되던 해 1586년(무술년) 정월, 이순신은 부친의 3년상을 마치고 복직되어 사복시(司僕寺) 주부[종6품]로 임명되었다가 16일 뒤에 다시 함경도 조산보(造山堡) 만호[종4품]가 되었다. 이후 직속상관이던 병마절도사 이일(李鎰)의 무고로 파직되어 백의종군을 하는 등 우여곡절을 겪다가 45세가 되던 1589년 12월에 정읍현감[종6품]이 되어 부임하였다.

정읍이 고향인 아산에서 가까운 까닭으로 이순신은 어머니를 임지에 모시는 한편 일찍 세상을 뜬 두 형의 자녀들도 함께 돌보았다. 어떤 사람이 "관리로서 식구를 너무 많이 데리고 다닌다"라고 비난하자 이순신은 눈물을 흘리며 "내가 식구를 많이 데리고 온 죄를 질지언정 이 의지할 데 없는 것들을 차마 버리지는 못하겠다"18)고 비통한 심정을 토로하기도 하였다. 이 때 주변에서 이 말을 듣던 사람들이 모두 속으로 이순신을 의롭게 여겼다고 한다.

앞서 언급했지만 부모를 사랑으로 섬기는 효(孝)와 형제자매를 공경하는 제(悌)는 유학의 핵심 도덕실천 방법이다. 혈연으로 맺어진 부모와 형제를 사랑할 수 없는 사람은 결코 나라와 백성을 사랑할 수 없다는 것이니, 이렇게 볼 때 '효'와 '제'는 임금과 나라에 대한 충성심을 유발시키기 위한 전제조건인 셈이다.

<그림 16> 이순신 효행도

이순신은 '효'와 '제'의 충실한 실천가였다. 그의 임금과 나라에 대한 충성심은 지극한 '효'와 '제'의 실천에 기초한 것이 아닌가 생각된다. 많은 가족들이 함께 살았던 정읍현감 시절의 1년 4개월은 이순신이 벼슬길에 나온 이후 가장 행복한 시간이었다.

47세가 되던 1591년(신묘년) 2월에 진도군수(종4품)·가리포(加里浦) 첨사(종3품) 등으로 발령이 났는데, 부임하기도 전에 다시 전라좌도 수사(정3품)로 임명되어 정읍으로부터 여수본영에 이르러 부임하였다. 그런데 남쪽 끝 여수(麗水)로 부임하니 여러 여건상 어머니를 모시지 못하게 되었다. 이순신은 걱정이 태산 같았다.

> 새벽에 아우 여필(汝弼)과 조카 봉(菶)과 아들 회(薈)가 와서 이야기했다. 다
> 만 어머님을 떠나서 두 번이나 남도(南道)에서 설을 쇠니 간절한 회포를 이
> 길 길이 없었다.19)

> 아산[어머님]에 문안차 나장(羅將) 2명을 내보냈다.20)

> 아산에 문안갔던 나장이 들어왔다. 어머님이 평안하시다는 소식을 들으니
> 다행 다행이다.21)

> 아산으로 문안보냈던 나장이 돌아왔다. 어머님이 평안하시다는 소식 들으
> 니 다행 다행이다.22)

> 아침에 어머님께 보내는 물건을 봉했다. 늦게 여필(汝弼)이 떠나가고 홀로
> 객창 아래 앉았으니 온갖 회포가 끝이 없었다.23)

> 이날은 어머님 생신이건만. 적을 토벌하는 일 때문에 가서 축수의 술잔을
> 드리지 못하게 되니 평생 유감이다.24)

위의 내용은 1592년(임진년) 1월부터 1593년(계사년) 5월 4일까지
어머니에 대한 일기의 일부다. 이를 분석해 보면 이순신은 정읍현감으
로부터 전라좌수사로 부임한 이래 2년 동안 어머니를 뵙지 못했음을
알 수 있다. 그래서 이순신은 어머니의 안부를 묻기 위해 주기적으로
나장이나 가족들을 아산에 보냈으며 때로는 어머니에게 필요한 물품
을 보내드렸다.

<그림 17> 여수 고음내 이순신의 어머니 기거지

어머니에 대한 그리움과 나라를 위해 애쓰던 이순신의 나이 어언 49세(1593), 어느덧 그의 머리에 흰 머리칼이 나기 시작하였다.

아침에 흰 머리털 여남은 오래기를 뽑았다. 흰 머리털인들 무엇이 어떠랴 마는 다만 위로 늙으신 어머님이 계시기 때문이었다.25)

이순신뿐만 아니라 조선의 전통사회에서는 자식이 어머니 앞에서 흰 머리칼을 보이는 것이 불효라고 생각하였다. 왜냐하면 자식의 머리에 난 흰 머리칼을 보면 어머니가 슬퍼하실 것이 분명하며 어머니를 슬프게 하는 것은 부모에 대한 도리가 아니기 때문이다.

전라좌수영에 부임한 지 2년 4개월이 되는 1593년(계사년) 6월에 이순신은 어머니를 여수 전라좌수영 근처인 고음내[古音川]에 모셨다.

그러나 이순신은 한산도에 있는 통제영에서 수군을 지휘하였기 때문에 어머니를 가까이 모셔두고도 직접 모실 수 있는 상황이 아니었다. 여수에 있는 좌수영과 한산도의 통제영은 바다를 사이에 두고 거리가 꽤 멀리 떨어져 있기 때문이다. 이렇게 되자 이순신은 주기적으로 고음내에 사람을 보내거나 탐후선 편에 어머니의 안부를 여쭈었다.

> 봉(菶)과 변유헌(卞有憲) 두 조카를 본영으로 보내 어머님의 안부를 알고 오게 하였다.26)

> 아침에 아들 회(薈)가 들어왔다. 그래서 어머님이 평안하시다는 소식을 들으니 다행이다.27)

> 윤간(尹侃)과 조카 이뇌(蕾)와 해(荄)가 와서 어머님의 평안하시다는 소식을 전했다.28)

이순신은 1594년(갑오년)의 설을 전라좌수영인 여수본영에서 어머니를 모시고 보낼 수 있었다.29) 그야말로 임진왜란 발발 이후 3년 만에 비로소 모자가 상봉한 셈이다. 그러나 그것도 잠시뿐, 설날아침을 어머니와 함께 보낸 이순신은 다시 통제영이 있는 한산도로 돌아왔다. 그리고는 열흘 뒤인 1월 11일 다시 어머니를 뵙기 위해 여수본영 근처에 있는 고음내를 찾았는데, 그 때 일을 일기로 쓰고 있다.

아침에 어머님을 뵈옵기 위해 배를 타고 바람을 따라 바로 고음내에 대었다.… 어머님께 가니 아직 주무시고 계시어 일어나지 않으셨다. 웅성대는 바람에 놀라 깨셨는데, 기운이 아주 가물가물해 앞이 얼마 남지 않으신 듯 하니 다만 애달픈 눈물을 흘릴 뿐이다. 그런데 말씀하시는 데 착오는 없으셨다. 적을 토벌할 일이 급하여 오래 머무르지 못했다.30)

고음내에서 여수본영으로 돌아와 밤을 지낸 이순신은 그 이튿날인 1월 12일 아침에 다시 어머니를 찾아 하직인사를 고했다. 이순신의 어머니 또한 위대한 수군장수의 어머니답게 의연한 모습을 보였다. 행여나 자신이 나라의 중책을 수행하는 아들의 짐이 될 새라 태연한 모습으로 아들과 이별하면서 나라의 치욕을 씻으라는 당부를 잊지 않았다.

아침을 먹은 뒤에 어머님께 하직을 고하니 "잘 가거라. 나라의 치욕을 크게 씻어라" 하고 두번 세번 타이르시며 조금도 이별하는 것으로 탄식하지는 아니하셨다.31)

이후 갑오년(1594) 연말까지 여수 고음내로 어머니를 직접 찾아뵌 기록이 일기에 없는 것으로 보아 이순신은 아마도 인편으로 어머니의 문안을 여쭈었던 것 같다. 일기에 어머니 안부와 관련된 내용이 있다.

조카 봉(菶)이 오는 편에 어머님이 평안하시다는 소식을 들으니 기쁘고 다행한 일이었다.32)

본영 탐후선이 들어왔는데 어머님께서 안녕하시다 했다. 다행하고 다행한 일이다.33)

탐후선이 들어와 어머님께서 편안하신 줄 알았다. 다행한 일이다.34)

새벽에 탐후선이 들어와 어머님 평안하심을 살펴 들으니 다행 다행한 일이다.35)

그 다음해인 1595년(을미년) 설날도 어머니와 함께 하지 못했다. 설날 저녁에 쓴 일기에 "촛불을 밝히고 혼자 앉아 나랏일을 생각하니 모르는 사이에 눈물이 흐른다. 또 병드신 팔십 노친을 생각하며 뜬눈으로 밤을 새웠다"36)라고 되어 있다. 나라에 대한 충성심과 어머니에 대한 그리움이 절절이 배어 있는 내용이다.

이순신은 1595년 1년 내내 어머니를 직접 만날 기회가 없었던 것 같다. 이에 따라 그의 조카 이봉(菶)과 아들인 이울(蔚) 등이 고음내와 통제영을 오가며 어머니와 이순신의 안부를 전달하곤 하였다. 5월 4일이 어머니 생신인데, 을미년(1595) 역시 축하술잔을 올리지 못하게 된 것을 그는 매우 안타깝게 여기고 있었다.37)

이순신은 며칠만 어머니의 소식을 듣지 못해도 안절부절못했다.38) 그는 급박한 전투상황이 아니거나 중요한 작전일정, 나라와 관계되는 중요사안이 없을 때는 언제나 어머니에 대한 내용으로 일기를 채웠다. '어머니가 평안하시다'는 안부에 대한 기다림과 어머니에 대한 그리움, 그리고 어머니를 위한 효도야말로 이순신의 삶의 최대행복이요 가치였던 듯하다.

오늘은 필시 본영에서 누가 오긴 하겠지마는 미처 어머님 안부를 몰라 답답했다. 종 옥이(玉伊)와 무재(武才)를 본영으로 보냈다. 고래고기와 소어(蘇魚)젓갈·어란쪽들을 어머님께 보냈다.39)

1595년(을미년) 6월에 모친이 이질이 걸렸으나 이순신의 어머니에 대한 지극한 정성에 효험이 있었는지 점차 회복되었다는 내용이 있다.40) 또 다음해인 1596년(병신년) 초하루 설날은 다행히 어머니와 함께 보낼 수 있었다는 일기도 보인다.

1594년, 어머니를 여수본영 근처인 고음내에 모신 이래 거의 2년 만의 일이다. 한산도 통제영과 뱃길로 그리 먼 곳은 아니었지만 군무(軍務)에 바쁘고, 또 전쟁의 와중이라 오랫동안 어머니를 찾아뵙지 못했던 것이다. 이날도 새벽 2시가 되어서야 고음내에 계신 어머니를 찾아 갔는데 그 밤에 다시 여수본영으로 돌아왔다. 병신년(1596) 어머니 생신 때도 이순신은 어머니와 함께하지 못했다. 이 때도 이순신은 어머니께 술잔을 올리지 못하게 된 것을 매우 애통해하였다.41)

남해 바닷가는 8월에 동풍이 많이 분다. 동풍이 강하게 불면 여수본영에서 한산도 통제영으로 배를 띄우기가 매우 어려웠던 것 같다. 이 때문에 여수본영과 한산도를 정기적으로 오가던 탐후선이 한동안 내왕하지 못하는 일이 종종 발생하였다.

맑았으나 동풍이 크게 불었다. 동쪽으로 가는 배가 도무지 내왕하지 못했다. 오랫동안 어머님 안부를 듣지 못하여 답답했다.42)

이후 일주일 뒤에야 비로소 본영으로부터 탐망선이 들어와 어머니 소식을 알게 되었는데, 이순신은 안도의 심정을 일기에 적고 있다.

송의련(宋義連)이 본영으로부터 들어왔다. 울(蔚)의 편지를 가지고 왔는데 어머님이 내내 평안하시다니 다행 다행이다.[43]

이 해 윤8월 11일부터 이순신은 순천에 온 체찰사 이원익(李元翼)을 수행하여 관할부대를 순시하게 된다. 이 때 체찰사(體察使)를 만나러 순천으로 가던 도중에 잠시 여수본영에 들러 어머니를 볼 수 있었다. 전쟁와중에 어머니와 아들이 만나 하루를 같이 보내는 지극한 광경을 일기에서 인용해 본다.

종일 노를 저어 밤 10시쯤에 어머니 앞에 이르렀다. 백발이 부수수한 채 나를 보고 놀라 일어나시는데, 기운이 흐려져 아침·저녁을 보전하시기 어렵다. 눈물을 머금고 서로 붙들고 앉아 밤이 새도록 위로하여 그 마음을 풀어드렸다.[44]

모시고 옆에 앉아 아침 진짓상을 드리니 대단히 즐거워하시는 빛이었다. 늦게 하직인사를 드리고 본영으로 돌아왔다.[45]

이순신은 여수본영으로 돌아와 곧바로 배를 타고 노를 저어 지금의 광양인 두치(豆恥)를 거쳐 순천으로 떠났다. 그는 순천에서 체찰사를 만나 함께 낙안(樂安)·흥양(興陽)·녹도(鹿島)·장흥(長興)·해남(海南)을 거쳐 가리포(加里浦: 현 완도)와 우수영을 순시하고, 다시 해남·영암(靈岩)·

나주(羅州)·무안(務安)·임치(臨淄)·함평(咸平)과 영광(靈光)·고창(高敞)·장성(長城)·광주(光州)·능성(綾城: 현재의 화순)·보성(寶城)·낙안(樂安)을 거쳐 순천으로 돌아왔다. 1595년(병신년) 8월 15일 순천을 출발하여 9월 25에 돌아왔으니 약 40일 동안 전라좌우수영 관할의 진과 포를 순시한 셈이다.

순시가 끝난 병신년 9월 27일부터 10월 10일까지 2주일 동안 이순신은 여수본영에 머물면서 공무를 처결하고 어머니도 자주 찾아뵈면서 즐거운 나날을 보냈다. 이 때가 임진왜란 발발 이래 이순신과 어머니에게 가장 행복했던 시절이 아니었나 생각된다. 그는 전라좌수사가 된 뒤 한번도 여수본영으로 어머니를 모신 적이 없었는데, 이 때 처음으로 어머니를 본영으로 초대하여 잔치를 벌였다. 그 동안 생신을 제대로 챙기지 못한 송구스러움 때문이었을까. 당시를 기록한 일기도 그 송구함이 절절하다.

새벽에 어머님을 모시고 일행을 데리고 배에 올라 본영으로 돌아와서 종일토록 즐거이 모시니 다행 다행이다.[46]

비바람이 크게 일어나 이날은 잔치를 차리지 못하고 이튿날로 물렸다.[47]

맑고 따스했다. 일찍이 어머님을 위한 수연(壽宴)을 베풀고 종일토록 즐기니 다행 다행이다.[48]

어머님께서 평안하시니 다행 다행이다.[49]

종일토록 어머님을 모셨다. 내일 진중으로 돌아가는 것을 어머님이 퍽 서운해하시는 기색이었다.50)

정오에 어머님을 하직하고 오후 2시께 배를 탔다. 바람 따라 돛을 달고서 밤새도록 노를 재촉해 왔다.51)

『난중일기』의 기록에 의하면 이순신은 이후 어머니를 직접 뵙지 못했다. 아마도 이 때의 민남이 이순신과 그 어머니의 마지막 해후가 아니었나 싶다.

이순신은 그 다음해인 1597년(정유년) 2월 통제사에서 파직되고, 서울에 끌려가 3월 4일 하옥되었다가 28일 만인 4월 1일에야 특사로 방면되어 옥문을 나올 수 있었다. 그는 도원수 권율(權慄) 휘하에서 백의종군(白衣從軍)을 하기 위해 경상도로 가던 도중, 아산 근방에서 어머니의 부음(訃音)에 접한다. 어머니는 여수에서 아산으로 향하는 선상에서 운명했다고 한다. 이순신은 뒤에 기록한 일기에서 그 날의 슬픔을 다음과 같이 적었다.

종 순화(順花)가 배에서 와서 어머님의 부고를 전한다. 뛰쳐나가 가슴을 치고 뛰며 슬퍼하는데 하늘의 해조차 캄캄하다. 곧 해암(蟹岩: 충남 서산군 근흥면)으로 달려가니 배가 벌써 와 있었다. 가슴이 미어져 다 적을 수가 없도다.52)

이순신은 백의종군을 해야 하는 죄인의 신세라 장례를 주관하여 치를 수가 없었다. 이순신은 어서 빨리 길을 가자고 재촉하는 금부도사(禁府都事)의 성화에 못 이겨 어머니의 빈소를 떠날 수밖에 없었다. 이순신은 죄지은 불충의 몸에다 어머니의 장례조차 모시지 못하는 불효까지 저지른 자신의 처지를 한탄하며 통곡하였다.

일찍 길을 떠나며 어머님 영전 앞에 울면서 하직을 고하였다. 천지간에 나 같은 사정이 또 어디 있을 것이랴. 어서 죽는 것만 같지 못하구나.53)

그가 인생의 최고가치로 여기고 지향했던 목표의 한 축이었던 어버이에 대한 '효'가 좌절되는 순간이었다. 임금으로부터 버림받고 어머니의 장례조차 치를 수 없게 된 일생일대의 불효 앞에 이순신은 삶의 가치와 목표를 일순간 상실하고 말았던 듯한 내용이다.

그러나 이러한 극단적인 좌절을 딛고 이순신은 칠천량해전의 패배로 궤멸된 조선수군을 수습하여 정유재란의 위기를 극복해야만 했다. 설상가상으로 정유재란 와중에 그가 깊이 사랑했던 아들 이면(葂)이 고향인 아산에서 전사하는 처절한 상황에 빠진다. 그럼에도 좌절을 딛고 분연히 일어서서 자신을 버렸던 임금을 위해, 아니 이 나라 조선과 백성을 위해 마지막 충성을 불태우고자 하였던 것이다. 이 같은 살신성인(殺身成仁)·멸사봉공(滅私奉公)의 위대한 나라사랑 정신은 그가 일생을 통해 인생의 목표로 삼고 실천했던 어버이에 대한 지극한 효심에서 기인된 것임을 우리는 주목해야 할 것이다.

이순신으로부터 지극한 섬김을 받았던 그의 어머니가 아들과 헤어지면서 당부한 "잘 가거라, 나라의 치욕을 크게 씻어라"라는 가르침은 바로 조선이라는 나라가 가족윤리의 핵심인 '효'와 국가공동체 윤리의 핵심인 '충'을 어떻게 조화시켰는지를 잘 보여준다. 어버이에게 진정으로 효도할 수 있는 사람만이 임금과 나라를 위해 충성을 다할 수 있다는 유교의 도덕이론은 위대한 수군장수, 민족의 성웅인 이순신을 통해 그 진가가 확인되었다. 이른바 '효'는 백행(百行)의 근본임을 그는 자신의 전생애를 통해 우리에게 생생히 가르쳐 주고 있는 것이다.

5. 나라와 백성을 위해서 죽는 것은 최고의 영광이다

앞의 '제2장 이순신의 생애개관'에서 살펴본 것처럼 무경(武經)을 외우는 시험을 치를 때 시험관이 이순신에게 '적송자(赤松子)를 따라 신선술을 익혔다는 장량(張良)이 과연 죽지 않았을까'라는 질문을 던졌다. 이 질문은 '사람이 과연 영원히 살 수 있을까'에 관한 것이다.

동서를 막론하고 죽음의 문제, 인간의 유한성 문제는 해결하여야 할 인류의 영원한 숙제이다. 대부분의 평범한 사람들은, 심지어 지식인들까지도 영원한 삶을 보장받기 위해 절대자에 귀의하거나 도교(道教)에서처럼 불로장생술(不老長生術)을 배우고자 한다.

사실 그 시험관의 질문은 과거시험과는 별로 관계가 없는 것이었다. 그런데 이순신은 잠시의 주저함도 없이 그것은 사람들이 만들어낸 말이며 '사람이 태어나면 반드시 죽는다'는 유학적 세계관의 관점에서 답하고, 『통감강목(通鑑綱目)』이라는 역사서적의 기록에 근거하여 장량이 죽은 것이 분명하다는 결론을 제시하였다. 한 마디로 이순신은 유학적 세계관과 인생관으로 철저히 무장된 지식인이었던 것이다.

42세가 되던 1586년(병술년) 정월 이순신은 부친의 삼년상을 마치고 사복시 주부가 되었는데 16일 뒤 다시 조산보(造山堡) 만호로 발령이 났다. 당시 그 지역 변방오랑캐들이 극성을 부리자 조정에서는 이순신에게 이를 평정케 하면서 녹둔도(鹿屯島) 둔전관의 임무까지 겸임하게 하였다. 이순신이 임관하여 현지를 둘러보니 녹둔도까지 방어하기에는 군사의 수가 너무 적었으므로 여러 번에 걸쳐 병력증원을 건의하였다. 그러나 직속상관 병마절도사 이일(李鎰)은 끝내 허락하지 않았다.

예상했던 대로 오랑캐들이 쳐들어와 백성들을 포로로 잡아갔을 뿐만 아니라 진(鎭)의 목책(木柵)을 포위한 채 관아를 공격하여 왔다. 어지러운 와중에 이순신이 붉은 옷을 입은 두목으로 보이는 자를 활로 쏘아 맞히자 적들이 놀라 후퇴를 하였는데, 이순신은 이 기회를 놓치지 않고 오랑캐를 추격하여 포로로 잡혀갔던 60여 명의 백성을 구출하여 돌아왔다. 부하장수 이운룡(李雲龍)과 함께였다.

한편 병마절도사 이일에게 이 일은 후환거리였다. 병력증원을 거절한 것은 전후사정으로 보아 분명히 잘못된 처사였다. 그는 자신의 잘못을 은폐하기 위해 이순신에게 초기 패전의 책임을 물어 심문하려 하였다. 그가 심문을 받으러 들어갈 때 친구인 선거이(宣居怡)가 울면서 "술 한 잔 마시어 마음을 가라앉히시오"라며 울분을 달래주었다. 그러자 이순신이 말하기를 "죽고 사는 것이 천명(天命)인데 술은 마셔서 무엇하겠는가?" 하고 이일의 심문에 당당히 응하였다.

내가 병력이 약하기 때문에 여러 번 수비병을 더 보내달라고 청했으나 병마절도사가 허락하지 않았음은 공문에 분명히 남아 있을뿐더러 힘써 싸워 적을 물리치고 우리 사람들을 도로 찾아왔는데 패군으로 단정하는 것은 무엇에 의거한 것이오?[54]

이순신의 논리적이고 당당한 항변은 병마절도사 이일을 궁색하게 만들었다. 이순신은 죽음에 이를지도 모를 극한상황에서도 평소의 소신과 명분을 굽히지 않았던 것이다. 이일은 이순신을 옥에 가두고 그에게 불리한 장계를 꾸며 조정에 올렸다. 그러나 조정에서는 전후 정황과 정상을 참작하여 이순신에게 백의종군하여 공을 세우라는 조건으로 풀어주었다.

또 어떤 기록에 의하면 "이순신이 옥에 갇혀 처벌을 받게 될 적에 한 아전(衙前)이 말하기를 '뇌물을 쓸 길이 있는데, 그대로 하면 죽음을 면할 수 있을 것이오'라고 하자 성내어 꾸짖으며 '죽으면 죽는 것이지 어찌 구차스럽게 면하려 할 것이냐'라고 하며 일언지하에 거절하였다"[55]고 한다.

이순신의 관료생활은 곧 이와 같은 의리적 삶으로 일관하였다. 그는 언제나 관료로서 의리에 합당하게 일을 처리하였을 뿐만 아니라 의리를 따른 결과가 설사 죽음이라 하더라도 결코 포기하려 하지 않았다.

명량해전을 승리로 이끈 그 다음해인 1598년(무술년) 이순신은 고금도에 본영을 설치하고 조선수군을 재건하였다. 이 때에 이르러 호남쪽을 침범하였던 소서행장의 부대가 순천 부근 예교(曳橋)에 진을 치고 있었다. 이순신은 명나라 육군장수 유정(劉綎)과 협력하여 수륙협공으로 이들을 공격하기로 약속하였는데, 유정이 군사를 이끌고 나오지 않아 작전에 차질이 있게 되었다. 결국 이 예교전투에서 이순신의 처종형 황세득(黃世得)이 전사하였는데, 휘하의 여러 장수들이 와서 조상(弔喪)하면서 슬퍼하니 그가 말하기를 "세득은 나랏일로 죽었으니 그 죽음이 영광스럽다"[56]고 하였다. 나라에 쓰임을 받아 관직에 나간 사람은 목숨을 바쳐 나라를 위해 일을 해야 하며, 그렇게 해서 죽는 것은 영광스러운 일이라는 것이다. 이것이 이순신의 사생관이었다.

이순신은 평소에 늘 말하기를 "대장부가 세상에 나서 나라에 쓰일진대 죽기로써 일할 것이요. 쓰이지 못한다면 들판에서 농사짓는 것으로 만족할 일이다. 권세에 아첨하여 한때의 영화를 구하는 것은 내가 제일 부끄럽게 여기는 일이다"[57]라고 하였다. 이것도 그의 사생관이 함축적으로 표현된 말이다.

단순히 말로만이 아니라 관료생활의 전과정을 통해 그는 이를 적극 실천했다. 마지막 노량해전을 앞두고 자정에 이순신은 배 위로 올라가 손을 씻고 무릎을 꿇고 하늘에 빌었다. "이 원수를 모조리 무찌른다면 지금 죽어도 여한이 없겠나이다."[58] 목숨을 담보로 한 하늘과의 약속이었다. 이순신은 하늘에 빌었던 대로 그렇게 유명을 달리했다. 그가 평소에 늘 입버릇처럼 말했던 것처럼 임금과 나라를 위해 목숨을 바쳐 임진왜란을 극복하고 왜적의 패륜적 침략행위를 응징하다 죽었던 것이다.

이순신이 전사하자 명나라 수군장수 진린(陳璘)은 그를 제사지내는 글을 지었다.

추억하건대 평시에 사람들에게 말하기를 "나라를 욕되게 한 사람이라 오직 한번 죽는 것만 남았노라" 하시더니 이제 와서 강토를 이미 찾았고 큰 원수마저 갚았거늘 무엇 때문에 오히려 평소의 맹세를 실천해야 하셨던고.59)

명나라 수군장수 진린도 익히 알고 있었을 정도로 임금과 나라를 위해서라면 언제든지 자신의 목숨을 바치겠다는 것이 이순신의 평소 신념이었다.

> □ 죽음으로써 임금을 섬기고 나라를 위해 목숨을 바치고자 했던 것은 이순신의 평소신념이었다. 유학적 세계관으로 의식화되어 있었던 이순신에게 있어서 의리지향적 삶의 핵심 내용인 충·효는 죽음을 초월하는 최고의 가치였다.

6. 이순신은 의리지향적 역사의식의 소유자였다

1) 왜적의 침략에 대한 이순신의 태도와 역사의식

이순신은 왜적이 침략하였다는 소식을 임진왜란 발발 이틀 뒤인 1592년(임진년) 4월 15일 저녁 경상우수사 원균이 보낸 공문을 통해 접하게 된다. 이순신은 즉시 이 내용을 전라도관찰사·전라도병마절도사·전라우도수군절도사에게 통고하고 자신의 관할부대인 전라좌수영 산하 연해안의 고을과 포구에 말을 탄 전령을 보내 전투준비 태세를 취하라고 명령하였다.

또한 4월 20일에는 경상도관찰사 김수(金睟)로부터 적도들이 이미 부

<그림 18> 왜군의 부산진 공격도

산·동래·양산을 함락하고 한양 쪽으로 진격하고 있다는 소식을 전해 듣고 조정에 경상우도 쪽으로의 출전명령을 내려줄 것을 장계(狀啓)하였다. 이 장계에서 이순신은 그 통분함을 다음과 같이 토로하고 있다.

적의 세력이 이처럼 확대되어 "큰 진영을 연이어 함락하고 또 육지 안으로 침범한다" 하니 몹시 통분합니다. 쓸개가 찢어지는 듯하여 할 말이 없습니다.60)

이순신은 왜 수군을 공격하기 위해 경상도 해안으로 출동하는 날짜를 4월 30일로 정하였다. 아울러 경상우수영 관할하에 있는 남해현의 현령·첨사·만호 등과 협력하기로 작정하고 상황을 파악하기 위해 전령을 보냈다. 그런데 전령이 돌아와 한 보고는 "남해현의 수군도 남아 있는 것 없이 모두 궤멸되었다"는 것이었다.

이순신은 원균으로부터 여러 번의 공문을 받았기 때문에 적어도 거제 서쪽의 가배량(加背梁)에 있는 경상우수영과 남해의 평산포(平山浦)·곡포(曲浦)·상주포(尙州浦)·미조항(尾助項) 등 4개 진영은 궤멸되지 않고 남아 있을 것으로 여기고 있었다. 그래서 경상우수영 수군과 협력하여 통합함대를 만들 것을 염두에 두었는데, 이제 그와 같은 전략에 차질이 생기게 된 것이다. 이순신은 부득이 출동날짜를 5월 4일로 연기할 수밖에 없었다.

임진왜란의 발발과 연이은 패전소식을 접한 이순신은 왜적의 침략에 대해 울분을 토로하면서도 다른 한편으로는 왜적의 침략에 속수무

책·수수방관으로 일관하면서 제대로 대응하지 못하는 조선의 수군·육군 장수들에 대해 상당한 유감을 가지게 되었다.

☐ 원균도 예외가 아니었다. 개전 초기 경상우수영 관할의 예하부대를 장악하고 대처하지 못한 원균에 대해 이순신은 상당히 부정적 이미지를 갖게 되었다.

실제로 거제도 서쪽에 있는 경상우수영인 가배량이나 가배량 서쪽에 있는 남해의 경우 1597년(정유년)의 칠천량(漆川梁)해전 이전까지는 왜 수군이 한번도 범접하지 못했다. 이 사실은 경상우수사 원균이 초기대응의 실패에 대한 책임을 면할 수 없는 객관적 증거로, 한 마디로 말해 원균은 관할부대를 제대로 장악하지 못하고 있었음을 말해 주고 있다. 이러한 초기대응 실패에 대한 아쉬움을 이순신은 이렇게 적고 있다.

지난번 부산 및 동래의 연해안 여러 장수들이 배들을 철저하게 정비하여 바다에 가득 진을 벌여 엄격한 위세를 보이면서 정세를 보고 힘을 헤아려 병법대로 진퇴하여 적을 육지로 기어오르지 못하게 했더라면 나라를 욕되게 한 환란이 반드시 이런 극악한 지경에까지 이르지는 않았을 것입니다. 생각이 이에 미치매 분함을 참을 수 없습니다.61)

위의 글은 왜적이 처음 부산에 출몰했을 때 경상도 수군이 평소 훈련해 온 방식대로 대응하지 않았다는 한 증거자료이다. 또 이순신이 분개한 것은 침략자인 왜적들보다도 방위에 책임있는 육군·수군 장졸들에 대한 것임을 알 수 있다. 이순신은 고려 말엽부터 준비해 온 해전주의 전략과 병법을 제대로 적용해 보지 못하고 초기에 궤멸된 경상좌우수영의 수군장수들을 도저히 이해할 수 없었던 것이다.

엎질러진 물은 다시 돌이킬 수 없는 것. 이순신은 기왕에 일이 이렇게 된 이상 이제 남은 일은 "[부산포에 있는] 범의 소굴을 바로 두들겨 요망한 기운을 소탕하여 나라의 수치를 1만 분의 1이라도 씻는 것"62)임을 조정에 아뢰면서 또한 스스로도 이에 대한 각오를 새롭게 하였다. 조정에서 "경상도로 달려가 구원하라"는 명령이 드디어 하달되자, 이순신은 왜적에 대한 전의(戰意)를 불태웠다.

"경상도로 달려가 구원하라"는 전지가 이같이 분명하실 뿐 아니라 신(臣)도 소식을 들은 이래 분노가 가슴에 차오르고 아픔이 뼛속에 사무쳐 적의 소굴을 무찌르기 위해 이 한몸 바치려는 정성이 자나깨나 간절합니다. 수군을 거느리고 우수사와 함께 힘을 합하여 무찔러 적의 무리를 섬멸할 것을 기약하는 바입니다.63)

그러나 1592년(임진년)의 해전에서의 승리에도 불구하고 왜군은 한양과 평양을 차례로 점령하였다. 임금은 할 수 없이 도성을 버리고 의주(義州)로 피난길에 나서게 되었다. 임금과 나라를 충성으로 섬겨야 하는 수군장수 이순신으로서는 참을 수 없는 치욕이요 수모였다.

1593년(계사년)에 이르러 왜군은 조선을 구원하러 온 명나라 군대에게 패하여 한양으로부터 남해연안으로 퇴각하게 되었는데, 이 때 조정에서는 "길을 막아 도망가는 적들을 쳐서 없애고, 또 한 척의 배도 돌아가지 못하게 하라"는 명령을 연이어 내렸다. 그러나 조정의 이 같은 명령에도 불구하고 머뭇거리는 부하장수들을 보게 되자 이순신은 이 전쟁의 의미를 다시 한번 부하장수들에게 설명하고, 또한 그들의 태도를 질책했으며 나아가 충의로써 전투에 임하여 공을 세워줄 것을 당부했다.

천고에 듣지 못한 흉변이 문득 우리 동방예의의 나라에 미쳐, 영남해안 여러 고을이 소문만 듣고도 무너져 적들에게 몰아치는 형세를 만들어 주었다. 임금의 수레는 서쪽으로 옮기시고 백성들은 진창이 되고 세 도성이 연이어 함락되어 종사는 터만 남았다. 우리 삼도의 수군들은 의분으로 죽고자 아니하는 자 없었으나 기회가 없어 뜻을 펴지 못하였다.… "길을 막아 도망가는 적들을 죽이고 또 한 척의 배도 돌아가지 못하게 하라"시는 하교가 닷새 만에 두 번이나 내렸다. 마땅히 충의로써 몸을 잊어버릴 때이거늘 어제 적을 만나 지휘할 무렵 혹은 도망가려 하고 혹은 머뭇거리는 꼴들이 많았음은 지극히 통분한 일이었다.[64]

한 마디로 임진왜란 같은 국난을 당해 신하는 마땅히 온몸을 던져 임금과 나라의 치욕을 갚아야 한다는 이순신의 주장이요 신념이다.

이순신은 왜적을 응징하여 "왜적들로 하여금 역천(逆天)과 순천(順天)의 도리가 무엇인지를 가르치는 것"[65]이 이 전쟁의 진정한 목적이라고 생각하였다. 아울러 그와 같은 목적을 달성하기 위해 '단 한 명의 왜적이나 단 한 척의 왜군함선도 돌려보내지 않는다'는 구체적인 실천방법까지 제시하였다. 그는 이렇게 하는 것이야말로 패륜적 범죄행위를 저지르는 왜적을 응징하여 역사를 바로 세우는 길이라고 생각하였던 것이다. 이순신은 '정의(正義)가 궁극적으로 승리해야 한다'는 유학의 '의리사관(義理史觀)'으로 철저히 무장한 역사의식의 소유자였다.

　□ 역사의식이란 역사에 관통하는 보편적 가치에 대한 인식과 그것을 실천하려는 의지를

일컫는다. 따라서 참된 리더는 올바른 역서의식의 소유자여야 한다. 유학은 의리(義理)·정의(正義)·선(善)이 승리해야 한다는 역사관을 견지한다. 이순신은 유학적 세계관에 기초한 의리지향적 역사의식의 소유자였으며 또한 그것의 철저한 실천가였다.

2) 진린 도독과의 일화에 나타난 역사의식

정유재란(丁酉再亂:1597) 때 원균 지휘하의 조선수군은 칠천량에서 전멸에 가까운 치명적 패배를 당하였다. 왜군은 물길을 따라 임진왜란이 시작된 이래 한번도 장악해 보지 못했던 호남으로 물밀듯 몰려들었다. 임진년부터 이순신의 조선수군 때문에 해로로 진격하려던 전략이 수포로 돌아간 이래 처음으로 호남을 본격적으로 침범할 수 있게 된 것이다.

조선조정에서는 이 난국을 수습하기 위해 이순신을 다시 삼도수군통제사에 임명하였으며 결국 이순신은 경상우수사 배설에 의해 보존된 12척의 판옥선을 수습하여 명량해전에 임했다. 그러나 당시 형편으로 수군만 가지고는 남해의 제해권을 장악할 수 없었다. 이렇게 되자 해로를 통한 왜군의 침략 가능성에 위기의식을 느낀 명나라가 조선에 육군과 수군을 파병하였다.

이 때 호남의 상황을 살펴보면, 육군장수 유정(劉綎)은 묘병(苗兵) 1만 5천을 거느리고 전라도 여천 예교(曳橋) 동쪽에 진을 펼친 채 왜의 소서행장 부대와 대치하고 있고, 수군장수 진린은 5천의 수군을 이끌고 이순신이 지휘하는 조선수군과 연합하여 고금도에 머물면서 소서행장 부대를 바다에서 봉쇄하는 형세였다.

수군의 경우 명나라와 조선수군이 연합하게 되자 군령권(軍令權)은 당연히 진린의 손에 넘어갔다. 진린은 곧 조-명수군연합함대의 사령관이 되었으며 조선수군은 진린의 작전지휘를 받지 않으면 안되게 되었다.

1598년(무술년) 8월, 풍신수길이 죽고 철군하라는 명령이 떨어지자 소서행장을 비롯한 왜장들은 마음이 조급하게 되었다. 조-명연합함대에 의해 바닷길이 봉쇄되었기 때문이다. 소서행장은 화친을 청하는 뜻으로 남몰래 진린과 이순신에게 사람을 보내 뇌물을 바치면서 철군할수 있도록 해상봉쇄를 풀어줄 것을 요청하였다.

이순신은 일언지하에 이를 거절하였다. 그렇지만 진린은 마음이 흔들렸다. 전투없이 보내주면 뇌물도 받고 명나라 병사들도 희생시키지 않은 채 온전히 귀국시킬 수 있다는 일거양득의 이점이 있었기 때문이었다. 이미 순천의 예교 외곽에서 대치 중이던 유정은 진작부터 소서행장의 뇌물을 받고 싸움을 회피하고 있었다. 이순신은 마음이 흔들리는 진린에게 싸워야 할 당위성을 논리적으로 설파하였다.

"이 적들은 우리나라에 있어서는 이미 한 하늘 밑에서 살 수 없는 원수요, 또 명나라에 있어서도 역시 죽여야 할 죄를 지었는데 도독은 도리어 뇌물을 받고 화의를 하려하오" 하니 도독이 부끄러워하며 왜의 사신을 타일러 돌려보냈다.66)

조선국토를 유린하여 임금과 사직(社稷)을 욕보인 왜적은 조선의 원수일 뿐만 아니라 명나라를 치기 위하여 군사를 일으킨 대역무도한 죄인들인데, 뇌물을 받고 화의하려는 것은 의리에 어긋난다는 것이 이순신의 지적이었다.

상황이 이렇게 전개되고 있음이 전해지자, 소서행장은 이순신은 포기한 채, 진린에게 매달려 매수 회유하려고 집요하게 뇌물공세를 펼쳤다. 급기야 진린이 또 마음이 흔들려 "나는 우선 소서행장을 그대로 내버려두고 먼저 남해에 있는 적을 치러 가야겠다"고 하면서 해상봉쇄를 풀려고 하였다. 그러자 이순신은 "남해의 적은 모두 왜적에게 사로잡혀 가서 붙어 있는 우리 백성이지 진짜 적이 아니오. 천자(天子)가 적을 토벌하라 한 것은 우리나라 사람의 목숨을 구원하라는 것인데 그들을 되찾아올 꾀는 내지 않고 도리어 죽여버리려 함은 무슨 일이오" 하니 진

<그림 19> 명나라 수군 전함

린이 비록 화를 내긴 했지만 어쩌지 못했다.[67] 논리와 명분에서 이순신을 당해낼 수가 없었던 것이다.

그러나 이러한 이순신의 대의명분과 논리적 공박에 대하여 진린이 승복했던 데에는 그만한 이유가 있었다. 명나라 수군과 조선수군이 연합함대를 구성하면서부터 진린은 이순신의 장수로서의 자질과 인품에 감복하였기 때문이었다.

1598년(무술년) 7월 18일 녹도(鹿島)에서 해전이 있었을 때였다. 진린 도독이 이끌고 온 명나라 수군부대가 고금도(古今島)에 도착한 지 이틀 뒤이다. 왜선 100여 척이 녹도로 침범해 온다는 정보에 따라 이순신과 진린은 각각 전선을 거느리고 현재의 장흥군에 있는 금당도(金堂島)에 이르렀다. 그런데 왜선 두 척만이 우군함대를 보고 달아날 뿐이므로 이순신과 진린은 하룻밤을 해상에서 지내고 본영으로 돌아왔다. 아울러 이순신은 녹도만호 송여종(宋汝悰)을 남겨두어 판옥선 8척으로 현재의 고흥군 절이도(折爾島)에서 복병케 했는데, 진린 또한 명나라 함선 30여 척을 남겨 만일의 사태에 대비토록 하였다.

그 해 7월 24일, 이순신은 진린을 위하여 운주당(運籌堂)에서 술자리를 열어 분위기가 한껏 고조되었는데, 진린 휘하의 천총(千摠)벼슬 하는 사람이 절이도로부터 와서 "오늘 새벽에 적을 만났는데 조선수군들이 적을 모조리 다 잡고 명나라 군사들은 풍세가 순조롭지 못해서 싸울 수 없었습니다"라고 보고하였다. 그러자 진린은 크게 화를 내며 천총벼슬을 하는 사람을 끌어내라 호령하고 술잔을 던지는 등 매우 불편한 심기를 보였다. 이순신은 그 뜻을 알아차리고 다음과 같이 제안했다.

대감은 명나라 대장으로 와서 해적들을 무찌르는 것입니다. 이 곳 진중의 모든 승첩이 바로 대감의 승첩입니다. 나는 마땅히 베어온 적의 머리 전부를 대감께 드리고자 합니다. 대감이 여기 온 지 며칠도 안되어 황제에게 공로를 아뢰게 된다면 어찌 좋은 일이 아니겠습니까?[68]

이 말을 듣던 진린은 크게 기뻐하여 이순신의 손을 잡고 "내가 본국에서부터 장군의 이름을 많이 들었는데, 과연 빈말이 아니었소"[69]라고 하면서 종일토록 취하며 즐겼던 적이 있다.

이후 진린은 이순신과 함께 생활하며 그의 지휘하는 모습을 곁에서 지켜보았다. 진린은 매번 해전이 있을 때마다 조선의 판옥선(板屋船)을 타고 지휘하였다. 명나라 수군함선이 비록 많다 해도 적을 막아내기 어렵다고 판단해선지 진린은 모든 호령과 지휘를 이순신에게 위임하였다. 앞의 일화에서 살펴본 것처럼 진린이 이순신의 논리정연한 설득을 수용한 것은 이순신의 장수로서의 능력과 인품을 그가 평소에 신뢰하였던 까닭이었다.

이순신을 알아본 진린 역시 훌륭한 장수였다. 육지에서 예교(曳橋)의 소서행장 부대와 대치하고 있었던 유정이 수륙협공을 약속하고도 나아가 싸우지 않았음과 비교한다면 이순신과 같이 시종 전투에 임하는 등 대의명분을 지킨 진린은 위대한 장수로 칭송되기에 충분하다. 그는 유정이 소서행장의 뇌물에 넘어가 남몰래 화친하여 포위를 풀었을 때 배를 타고 육지 가까이에 가서 큰 소리로 외쳤다. "나는 차라리 순천귀신이 될망정 의리상 적을 놓아보낼 수는 없다."[70] 뇌물공세에 넘어가 포위를 풀어준 유정을 비난하며 한 말이다.

결과적으로 육지전투에 파병된 대부분의 명나라 병사들은 싸움을 피하고 온전히 돌아갔던 데 반해 진린 휘하의 명나라 수군은 진심으로 목숨을 던져 싸웠다. 이순신과 진린, 그들은 모두 유교적 세계관으로 무장한 동아시아 일류 지식인으로서 당시 최고의 가치로 추앙되었던 의리를 지키기 위해 최선을 다했던 것이다. 정의가 승리하는 의리적 세계의 구현이야말로 이순신과 진린이 공유했던 공통의 역사의식이었다.

3) 「답담도사금토패문(答譚都司禁討牌文)」에 나타난 역사의식

1594년(갑오년)에 이르자 전쟁은 소강상태로 접어들었다. 한산도에서 왜군의 서진을 차단하는 작전을 전개하던 이순신은 1594년 3월 6일 남해현령 기효근(奇孝謹)으로부터 명나라 선유도사부 담종인(譚宗仁)이 보낸 「왜적을 무찌르지 말라는 패문(禁討倭賊事牌文)」을 접수하였다.

이 패문을 읽고 이순신은 매우 분개하였다. 이 때 이순신은 몸이 몹시 불편하여 앉고 눕는 것조차 어려운 상태였다. 그래서 패문에 대한 답서를 아랫사람에게 준비하도록 하였는데, 글 내용이 영 마음에 들지 않았다. 경상우수사 원균이 아랫사람 손의갑(孫義甲)에게 지시하여 다시 답서를 만들었지만, 이 또한 이순신의 답답한 마음을 풀어주기에는 역부족이었다.

불편함을 참으면서 이순신은 손수 패문에 대한 답서를 지어보냈는데, 이 글에서 그의 임진왜란에 대한 시각과 역사의식을 또 한번 엿볼 수 있다. 이순신은 먼저 이 전쟁이 어떻게 해서 벌어졌는지에 대한 사실규명을 토대로 조선수군의 최고지휘관으로서 이 전쟁에 어떤 태도로 임하고 있는지를 분명히 밝혔다.

왜적이 스스로 흔단(釁端)을 일으켜 군사를 이끌고 바다를 건너와 죄 없는 우리 백성들을 죽이고, 또 서울로 쳐들어가 흉악한 짓들을 저지른 것이 이루 말할 수 없으므로 온 나라의 신하와 백성들의 통분함이 뼛속에 사무쳐 이들 왜적과는 같은 하늘 아래서 살지 않기로 맹세하였습니다.71)

답서에 나타난 이순신의 견해를 정리하면 다음과 같다. 첫째로 왜인들은 아무런 이유없이 군사를 이끌고 바다를 건너와 무고한 조선백성을 죽였다. 둘째로 왜인들은 그것도 모자라 임금이 계시는 서울을 침범하여 온갖 흉악한 짓을 저질렀다. 셋째로 이러한 불의(不義)한 왜적의 행위에 대해 온 조선의 신하와 백성들의 각오는 '통분이 뼛속에 사무쳐 적들과는 같은 하늘 아래 살지 않기로 맹세하였다'는 것이다.

그리고 그 맹세를 실천하기 위해 이순신은 "각 도의 전선들을 정비하여 곳곳에 주둔하고 동·서에서 호응하는 한편 육지의 장수들과도 의논하여 수륙으로 함께 공격하여 잔존왜적들을 한 척의 배도 못 돌아가게 함으로써 나라의 원수를 갚고자 한다"72)라고 스스로의 의중을 밝히고 있다. 아울러 그는 담종인의 패문중에 이치에 어긋나는 내용이 있음을 지적하고 있다. 이순신은 그것을 논리적으로 반박하는 방법으로 담종인의 패문을 준열히 비판하였고, 또한 이를 통해 임진왜란의 의미를 재정립하고자 하였다.

담종인의 패문내용 중 이순신이 문제삼은 몇 가지를 정리하면 다음과 같다. 먼저 이순신은 그의 패문중에 "왜장들이 마음을 돌려 귀환하지 않는 자 없고 모두 병기를 거두어 저희 나라로 돌아가려 하니 너희들 여러 병선들은 속히 각각 제 고장으로 돌아가고 왜군의 진영에 가까이 하여 트집을 일으키지 말도록 하라"[73]고 한 대목을 문제삼았다.

왜인들이 거제·웅천·김해·동래 등지에 진을 치고 있는바, 거기가 모두 다 우리 땅이거늘 우리더러 "왜군진영에 가까이 가지 말라" 하심은 무슨 말씀이며, 또 우리더러 속히 "제 고장으로 돌아가라" 하니 제 고장이란 또한 어디에 있는 것인지 알 길이 없고, 또 트집을 일으킨 자는 우리가 아니오 왜적들입니다.[74]

이른바 왜군은 침략자이며 왜군이 침략하여 현재 점유하고 있는 땅은 모두 조선땅인데 "왜군진영에 가까이 가지 말라"는 것은 그 곳을 왜인의 땅으로 인정하라는 것과 다름이 없으며, 또한 "제 고장으로 돌아가라"는 것은 우리 수군에게 본래 있던 곳으로 돌아가라는 것인데 웅천·김해·동래 등이 본래 우리 수군이 배치되어 있었던 곳으로 우리 고장이니 이 또한 앞뒤가 맞지 않는다는 논리다.

나아가 이순신은 "왜의 장수들이 마음을 돌려 돌아가려 한다"[75]는 말에 대해서도 사례를 들어 논박을 하는데, 여기에서 우리는 왜인들에 대한 그의 생각을 엿볼 수 있다.

왜인들이란 간사스럽기 짝이 없어 예로부터 신의를 지켰다는 말을 들어본 적이 없습니다. 흉악하고 교활한 적의 무리들이 아직도 그 포악스런 행동을 그치지 아니하고, 바닷가에 진을 친 채 해가 지나도 물러가지 아니하고, 여러 곳으로 쳐들어와 살인하고 약탈하기를 전일보다 갑절이나 더 하오니, 병장기를 거두어 바다를 건너 돌아가려는 뜻이 과연 어디 있다 하오리까?76)

이순신은 왜인들이 옛날부터 신의를 지키는 사람들이 아니었다는 것과 현재 계속해서 조선의 백성을 살해하고 약탈을 일삼고 있다는 사실을 증거로 삼아 왜인들이 돌아가려 한다는 것은 속임수에 불과하다는 결론을 내리고 이로써 담종인의 견해를 반박하였던 것이다. 아울러 이순신은 다음과 같은 내용으로 패문에 대한 답서를 끝맺는다.

이제 강화한다는 것은 실로 속임수와 거짓에 불과합니다. 그러나 대인(大人)의 뜻을 감히 어기기 어려워 잠깐 얼마쯤 두고 보려 하오며, 또 그대로 우리 임금께 아뢰려 하오니, 대인은 이 뜻을 널리 타이르시어 도적놈들에게 역천(逆天)과 순천(順天)의 도리가 무엇임을 알게 하시오면 천만다행이겠습니다.77)

위의 이순신의 답서내용을 정리해 보면 '강화하려 한다는 왜인의 말이 거짓임에 틀림이 없지만, 또한 당신의 지시를 함부로 묵살할 수 없으니 얼마동안 참고 공격을 하지 않겠다. 그러나 이러한 내용을 임금인 선조에게도 알릴 것이다. 아울러 담 도사께서는 이러한 조선 수군장수의 뜻과 무엇이 정의이고 무엇이 불의인지를 왜인들에게 알려주기를 강력하게 요청한다'는 것이다.

또한 「답답도사금토패문」에 나타난 왜인들에 대한 이순신의 역사의식을 요약하면 다음과 같다. 첫째로 왜인들은 무고한 이웃나라를 침략하여 죄 없는 백성을 도륙하였다. 둘째로 그럼에도 불구하고 왜인들은 계속해서 속임수를 통해 자신들의 침략목적을 달성하려 하고 있다. 본래 왜인들은 옛날부터 신의를 중시하였던 사람들이 아니다. 셋째로 따라서 역사를 바로잡기 위해서는 왜인들의 반역사적·패륜적 행위에 대해 정의의 심판을 내려야 한다. 그래서 무엇이 정의이고 무엇이 선(善)인지를 바로 보여주어야 한다. 넷째로 원수를 갚고 역천(逆天)과 순천(順天)의 도리를 보여주기 위해서는 단 한 척의 왜군함선도 돌려보내선 안된다. 왜냐하면 적당히 응징할 경우 이와 같은 반역사적·패륜적 행위가 언제든지 되풀이될 수 있기 때문이다.

이것이 마지막 노량해전에서 이순신이 진린과 협력하여 왜 본토로 철수하려는 소서행장의 부대를 끝까지 봉쇄하고 나아가 이를 구원하러 왔던 왜 수군을 끝까지 필사적으로 격파하고자 했던 이유이다. 왜군에 대한 이순신의 상상을 초월한 적개심은 바로 그가 지닌 유학적 역사의식에 기초하고 있었던 것이다.

4) 「독송사」에 나타난 역사의식

『이충무공전서』에는 여러 종류의 글이 있지만 역사서에 관한 것은 「독송사(讀宋史)」 한 편뿐이다. 이 글은 삼도수군통제사에서 파직되고 옥에 갇혀 고초를 겪었던 1597년(정유년)에 쓰여진 것으로 추정된다.

사람들은 역사적 상황에 직면하면서 살 수밖에 없다. 그것도 민초(民草)가 아니라 일정한 리더 그룹에 속한 사람일 경우 자신의 일거수일투족은 어떤 방식으로든 역사에 영향을 줄 수 있다. 역사서는 역사의 흐름에 영향을 끼친 수많은 사람들의 결단과 행동을 기록으로 남겨 우리에게 전해 준다.

이순신은 전쟁의 어려운 와중에도 틈틈이 역사서를 읽었던 것 같다. 이를 통해 그는 어떠한 역사적 상황에 처하여 자신은 과연 어떻게 살아야 하는지를 부단히 되묻는 방식으로 지금까지 견지해 왔던 인생관을 공고히 하고자 하였다. 아래에 소개되는 「독송사」는 중국 송나라 역사를 기록한 『송사(宋史)』에 나타난 한 인물의 행동사례에 대한 자신의 소감을 적은 것이다. 이순신의 인생관과 역사의식이 잘 나타나 있는 작품이다.

어허! 이 때가 어느 때인데 저 강(綱)은 가려는가. 가면 또 어디로 가려는가. 무릇 신하된 자로 임금을 섬김에는 죽음이 있을 뿐이요, 다른 길이 없나니, 이 때야말로 종사의 위태함이 마치 터럭 한 가닥으로 1천 근을 달아 올림과 같아 마땅히 신하된 자 몸을 버려 나라의 은혜를 갚을 때요. 간다는 말은 진실로 마음에 생각도 못할 것이거늘, 하물며 어찌 입 밖으로 낼 수가 있을까 보냐.78)

이 글에서 언급되고 있는 '강'은 남송(南宋)의 초대 재상을 지낸 이강(李綱)이다. 그는 남송이 금(金)나라와 투쟁할 때 주전론을 고집하였는데, 이를 빌미로 반대파의 공격이 있자 재상의 지위를 버리고 낙향하였던 사람이다. 이에 대해 이순신은 위의 인용문에서처럼 그의 태도가 잘못되었음을 지적하였는데, 요약하면 다음과 같다.

첫째로 신하된 자가 임금을 섬길 때는 목숨을 바쳐 섬겨야 한다. 둘째로 나라가 위태로울 때는 그 동안 나라로부터 입은 은혜에 대해 몸을 던져 갚아야 한다. 셋째로 국가의 녹을 먹는 공직자는 나라가 위태로울 때 비겁하게 도피하거나 외면해서는 안되며 문제해결을 위해 적극적으로 참여해야 한다.

그렇다면 이순신 자신이 만약 이강의 위치에 있었다면 어떻게 했겠는가? 이순신은 이 글을 통해 임진왜란에 임하는 자신의 심경을 간접적으로 피력하고 있다. 이순신은 이강을 반면교사(反面敎師)로 삼아 자신의 각오와 결의를 다지고자 했던 것이다.

내가 이강이라면 계책이 무엇일까. 몸을 헐어 피로써 울며 간담을 열어제치고서 사세가 여기까지 왔으니 화친할 수 없음을 분명히 말할 것이요, 아무리 말해도 그대로 되지 않는다면 거기에 이어 죽을 것이요. 또 그렇지도 못하다면 짐짓 화친하려는 계획을 따라 몸을 그 속에 던져 온갖 일을 낱낱이 꾸려가며, 죽음 속에서 살길을 구한다면 혹시 만에 하나라도 나라를 건질 도리가 있게 될 것이다. 그런데 이강의 계획은 이런 데서 내지 않고 그저 가려고만 했으니, 이것이 어찌 신하된 자로서 몸을 던져 임금을 섬기는 의리이겠는가?[79)]

이순신은 자신이 만약 이강이라면 첫번째로는 일의 형세가 여기까지 왔으니 끝까지 싸워야 하는 이유를 논리적으로 적극 주장할 것이요, 두번째로는 아무리 주장을 해도 뜻한 대로 되지 않으면 차라리 죽을 것이요, 세번째로는 만약 죽지도 못하는 상황이라면 화친하려는 계획을 따라가면서 사태를 예의주시하다가 기회가 생기면 나라를 구할 방도를 적극 모색할 것임을 밝히고 있다. 불리한 현실로부터의 도피나 포기가 아니라 현실적 문제상황에 적극적으로 뛰어들어 어떠한 방식으로든 문제해결을 위해 최선을 다하는 것이야말로 신하된 자가 몸을 던져 임금을 제대로 섬기는 방법임을 스스로 확인하고 있는 것이다.

유학은 철저히 현실주의를 표방하고 있다. 유학의 창시자인 공자는 『논어』에서 "불가능한 것을 뻔히 알면서도 행하는 자"80)로 묘사되고 있다. 비록 최선을 다해 노력하더라도 뜻하는 대로 일이 성취되지 않을 수 있지만 그것이 옳고 마땅한 것이기 때문에 행해야 한다는 것이 곧 공자의 가르침이다.

위에서 살펴본 「독송사(讀宋史)」에서 우리는 이순신의 내면 속에 의식화되어 있는 유학적 세계관의 면모를 뚜렷이 확인할 수 있다. 그가 왜적들에 대해 지니고 있던 무한한 적개심은 바로 그의 인생관의 바탕을 이루고 있었던 유학의 의리적 세계관에 기초하였던 것이다.

당시 동아시아의 역사상황 속에서 평화로운 이웃 조선을 아무런 이유없이 침략하여 유린한 왜군에 대해 이순신이 할 수 있는 유일한 길은 그들의 패륜적 침략행위를 응징하여 의리가 무엇인지를 똑똑히 보여주는 것이었다. 이순신은 유학의 나라 조선, 나아가 당시 중국을 포함한 동아시아의 주류적인 세계관이었던 유학의 가치관을 구현한 조선의 대표적 관료요 지식인이었던 것이다.

4
조선수군의 전통과 이순신의 수군전략

1. 조선수군에게는 전통이 있었다

수군의 전투력을 가늠하는 핵심요소를 수군의 '조직과 편제', '무기
체계', '함선의 성능'이라고 한다면, 이 가운데 어느 하나도 하루아침에
이루어질 수 있는 것이 없다. 수군의 조직도 그렇고 무기체계도 그렇
고 함선건조는 더더욱 그렇다.

임진왜란 극복의 일등공신인 이순신이 자신의 임지인 전라좌수영
에 부임한 것은 정확히 임진왜란 발발 1년 2개월 전이었다. 따라서 이
순신이 임진왜란 발발을 정확히 예측하고 전쟁준비에 전면 돌입했다
고 해도 그 기간은 1년 2개월에 지나지 않는다.

□ 이순신은 정읍현감으로 있으면서 고사리(高沙里)첨사·만포첨사·진도군수·가리포(加
里浦)첨사 등으로 임명되었으나 대간들이 너무 빨리 승진시킨다고 하여 모두 유임되었는
데 신묘년(1591) 2월 13일에는 전라좌도수사로 임명되어 정읍으로부터 부임하였다. 임진
왜란이 임진년(1592) 4월 13일에 발발하니 이순신은 부임한 지 1년 2개월 만에 전란을
맞게 된 것이다.

1년여의 기간은 새로운 전선을 만들거나 새로운 무기체계를 도입해서 실전에 배치하기에 너무나도 짧은 기간이다. 『난중일기』를 보면 그는 전라좌수사로 부임한 이래 실로 눈코 뜰 새 없이 업무에 전념했다. 이순신이 부임 이후 1년여 동안 주력한 업무는 기존의 함선과 화포 등을 정비하여 최상의 상태로 유지시킨 일과 수군들의 훈련상태를 최고도로 높인 일로 집약된다. '이순신' 하면 또한 생각나는 것이 거북선의 건조인데, 그것은 판옥선을 개조하여 만든 돌격선이다. 여기에다 총통 등의 공격용 무기를 설치하여 운용하였으니 거북선은 왜 수군과의 해전을 염두에 두고 건조된 이순신의 특허품이라고 보아도 무방할 것이다.

□ 거북선은 해전시 돌격선 역할을 수행하였고 당시 조선수군의 주력선은 판옥선이었다. 거북선에 대한 과소평가도 주의해야 하지만 지나친 과대평가 또한 삼가야 할 것이다. 그러나 이순신이 기존의 판옥선에만 의존하지 않고 돌격선인 거북선을 만들었다는 것은 그가 얼마나 왜 수군의 해전전술에 정통해 있었는지, 그리고 그가 왜군의 침략에 대비하여 얼마나 철저한 준비를 했었는지를 잘 보여준다.

임진왜란시 맹활약한 조선수군의 전통은 아무래도 고려 말엽으로 거슬러 올라가야 할 것 같다. 고려수군이 조직적인 편제를 이루며 상비군화 될 수 있었던 가장 큰 원인은 왜구의 출현이다. 고려시대에 왜구는 고종 10년(1223)에 처음 침입한 이래 고려가 멸망할 때까지 40여 년간 극성을 부렸는데 충정왕(忠定王) 2년간(1350~1351)에 9회, 공민왕(恭愍王) 23년간(1352~1374)에 103회, 우왕(福王) 14년간(1375~1388)에 266회, 창왕(昌王)·공양왕(恭讓王) 3년간(1389~1391)에 15회 등 도합 393회에 이른다.[1]

고려조정은 이와 같은 왜구의 침입에 속수무책이다가 공민왕 말기에 군선을 건조하고 수군을 조직하여 왜구들을 육지에 상륙하지 못하도록 바다에서 격퇴하는 해전주의(海戰主義) 전략을 도입하기 시작하였다. 이 때부터 수군의 편제도 점차 정비되어 공양왕 시대에는 도절제사(都節制使)·절제사(節制使)·수군도만호(水軍都萬戶)·수군만호(水軍萬戶) 등을 임명하여 군선을 관장하게 하였으며 해안지역의 백성들을 대상으로 수군사졸을 확보하는 조치를 취하였다.2)

이러한 고려 말엽의 수군조직과 편제는 조선왕조에 계승되어 점차 완비되어 갔다. 임진왜란 때 육군과는 달리 수군이 개전(開戰) 초부터 맹활약할 수 있었던 가장 큰 이유는 고려 말 이래 200여 년 동안 운용되어 온 수군의 전통에 기인한다. 조선수군은 해전을 염두에 둔 전투조직이었으며 당시의 국방전략인 진관(鎭管)체제와 그것을 발전시킨 제승방략(制勝方略)에 따라 동해와 서해·남해 전해역을 분할하여 방위하고 있었다.

반면에 왜 수군은 해전이 아니라 병력과 군수물자를 수송하는 것이 주요임무였기 때문에 해전을 전문적으로 하는 전투조직으로 편성된 부대가 아니었다. 그런 면에서 왜 수군은 조직과 편제, 그리고 해전과 관련된 노하우 면에서 200여 년의 전통을 자랑하는 조선수군의 상대가 되지 못했다.

임진왜란 시기 조선수군의 주요무기였던 화포 또한 고려의 것을 계승 발전시킨 것이었다. 고려 말 최무선 장군에 의해 개발된 화약과 화포는 왜구섬멸전에서 위력을 발휘하는데 우왕 6년(1380) 8월 나세(羅世)·

심덕부(沈德符)·최무선(崔茂宣) 등이 전선 100여 척을 이끌고 가서 금강 어귀의 진포구(鎭浦口)에 정박해 있던 왜선 500척을 불태운 것이나[3] 우왕 9년(1383) 5월 해도원수 정지(鄭地)가 함선 47척을 이끌고 왜선 120척을 추격하여 남해 관음포(觀音浦)에서 화포로 섬멸한 것[4]은 우리나라 최초의 함포를 사용한 해전이었으며 그것은 세계해전사에서도 선구적인 의미를 지닌다.

<그림 20> 천자총통

<그림 22> 지자총통

□ 김재근은 일본의 黛治夫라는 사람이 그의 저서 『艦砲射擊の歷史』에서 함포가 1410년 영국함정에 처음 실렸다고 하였지만 이미 1380년에 고려수군이 화포를 이용해 왜 선단을 격멸하였다는 사실에 근거하여 우리나라가 함포를 운영한 선구이며 나아가 해상에서 적의 선단을 격멸한 사실은 세계해전사상 처음인 것으로 손꼽을 수 있다고 주장했다.[5]

<그림 23> 현자총통

<그림 21> 황자총통

이후 화약과 화포에 대한 기술은 최무선의 아들인 최해산(崔海山)에 의하여 조선왕조에 전승 발전되었다.[6] 위대한 임금인 세종은 국방에도 관심이 많아 화기의 개량에 노

<그림 24> 중완구   <그림 25> 비격진천뢰

력한 결과 천자·지자·현자·황자 등의 화포의 사정거리를 크게 증진시켰다. 또한 세종 이후 왜구가 다시 고개를 들어 변란을 일으키는 것에 발맞추어 조선에서는 중종 6년 서후(徐厚)가 수전용 벽력포(霹靂砲)를 창제하였고, 그 17년에는 현대의 로켓포와 유사하다고 할 수 있는 신기전총통(神機箭銃筒)이 개발되었으며, 동 20년에는 장군전(將軍箭)과 대포가 만들어지는 등 대대적인 화포주조 및 그 개량사업이 진행되었다.[7]

　앞에서 언급한 대로 임진왜란 때 왜의 풍신수길은 해전을 염두에 두지 못했는데, 그 결과 왜군함선에는 이렇다 할 함선전용의 공격용 무기가 설치 운영되지 못했다. 왜 수군과는 달리 왜적의 침입에 대비하여 무기체계를 꾸준히 발전시켜 온 조선수군은 화력면에서도 왜의 수군을 압도하고 있었다.

　수군함선의 개발 역시 왜구를 상대하기 위한 목적에서 추진되었다. 왜구가 해전에서 주로 사용한 전술은 상대방 배에 올라 칼을 주무기로

하여 백병전을 벌이는 등선육박전술(登船肉薄戰術: boarding tactics)이었다. 함선에 장착한 화포도 어느 정도의 거리를 두고서는 위력을 발휘하지만 일단 접전이 벌어지면 무용지물이 되고 만다. 이에 따라 조선조정에서는 이에 대한 대비책을 마련해야만 했다. 다음 글은 조선시대의 함선이 어떻게 발전되어 왔는지를 상징적으로 잘 보여준다.

남방의 전함은 옛날부터 두어오던 것인데, 지금은 대맹선(大猛船)을 쓸데없다 하여 다 버리고 소선(小船)만 쓰고 있습니다. 소선이 다른 배를 쫓기에는 빠르지만 육박하여 싸우는 데는 적합하지 않으며, 또 전사(戰士)를 많이 태우지 못하고 적군이 기어오르기도 쉽습니다. 만일 어떤 적이 칼을 빼어들고 돌입하면 용맹스런 병사가 많더라도 당해낼 수 없습니다. 대함(大艦)은 높고 가팔라서 기어오르기는 어렵게 되었고 내려다보며 제어하기에는 편리합니다.8)

이것은 병사에 능통한 서후(徐厚)라는 사람이 중종 16년(1521)에 임금에게 아뢴 내용이다. 이른바 대선(大船)개발의 당위성을 설파한 것이다. 이후 중종 39년(1544)에는 판중추부사 송흠(宋欽)도 대선개발의 필요성을 임금에게 상소하고 있다.9) 이러한 논의의 결과 을묘왜변(乙卯倭變)이 일어났던 명종 10년(1555) 9월 드디어 임금이 직접 참석한 가운데 망원정 앞 서강(西江)에서 꿈에도 그리던 판옥선(板屋船)이라는 큰 배가 탄생되었던 것이다.10) 임진왜란 발발 37년 전의 일이었다.

그 뒤로 판옥선은 조선수군의 주력전투함으로 채택되어 본격적으로 건조되기 시작했으며 임진왜란 발발당시에는 이미 충청도·전라도·경상도 등 모든 수영에 실전 배치되어 운영되고 있었다. 이른바 해군전력 증강사업이 조선시대에도 있었던 것이다.

판옥선은 선체 위에 하체의 너비보다 넓은 상장(上牀)을 설치하여 그 사이로 노를 내밀도록 되어 있다. 판옥선의 함선으로서의 특징은 다음과 같다.

첫째로 전투원과 비전투원인 격군을 각각 1·2층의 갑판에 분리시켜 두어 각자의 기능을 최대로 발휘할 수 있게 하였다. 노를 젓는 격군은 아래·위의 갑판 사이에서 안전하게 노역에 종사할 수 있었으며 전투원은 2층 갑판에서 격군의 방해를 받지 않고 화포나 활을 편리하게 조작할 수 있었다.

둘째로 판옥선은 함선 자체가 클 뿐만 아니라 전투원들이 2층 갑판 위에 배치되어 있어서 적을 아래로 내려다보고 공격할 수 있었다.

셋째로 적 특히 왜구가 접근하여 공격하고자 하여도 높이 설치된 2층의 상장으로 말미암아 배에 뛰어올라 공격하기가 매우 어려웠다.11) 왜냐하면 2층 상장이 마치 육지의 성벽과 같은 역할을 하였을 뿐만 아니라 배는 바다의 상태에 따라 끊임없이 움직이는 유동체이기 때문이었다. 그야말로 서후나 송흠 같은 이가 건의한, 모든 문제가 해결된, 함선이 바로 임진왜란의 주력함선인 판옥선이었던 것이다.

조선이 왜구의 침노에 대비하여 꾸준히 함선개발에 진력함으로써 판옥선과 같은 대형함선을 건조하여 실전 배치한 것과는 달리 왜군은 해전을 위한 함선의 건조나 준비에 그다지 관심을 두지 않은 것 같다. 풍신수길이 일본을 통일할 때에도 수군은 다만 군수품과 식량운반과 같은 전투지원만을 주로 담당하였기 때문에 해전을 수행하는 전투세력으로서의 수군발달은 매우 미미하기 그지없었다. 따라서 조선술 역시 보잘것없었다. 그러므로 임진왜란 초기에 풍신수길이 자신의 수군에게 '순풍을 보아서 배를 띄우고 안전하게 해안에 붙어 항해하라'고 재삼 훈시하였는데, 이는 그가 왜 함선의 약점을 충분히 알고 있었기 때문이었다.12)

이렇게 볼 때 왜 수군은 조직과 편제, 무기체계, 함선의 성능과 기능 면에서 200여 년 동안 왜구의 침노에 대비하여 발달해 온 조선수군에 비해 질적인 열세를 면치 못하고 있었다.

그러나 아무리 전투력이 취약하다 하더라도 1천여 척의 수송군단을 형성하여 침노해 들어온 왜군세력은 두려움을 주기에 충분했다. 부산 앞바다 방위를 책임진 경상좌우수영의 조선수군이 혼비백산하여 스스로 무력화되었던 반면에 시간적인 여유를 가질 수 있었던 전라좌수사 이순신은 여러 포구에 분산되어 있던 함선세력을 집결시키는 데 성공하였다.

이 때 동원가능한 전라좌우수영의 함선세력을 추정하면 주력전선인 판옥선만 대략 50~60여 척 정도였다. 임진왜란 발발과 더불은 조선수군의 활약이 전라좌우수영 소속함선들이 주축이 되어 이루어지고 있음을 볼 때 만약 경상좌우수영의 함선 100여 척과 통합하여 조직적으로 왜군의 침략에 대응하였다면 임진왜란은 시작부터 국면이 달라졌을 것이라는 아쉬움이 남는다.

2. 이순신은 수군전략의 대가였다

1592년(임진년) 4월 13일 아침 대마도의 대포(大浦)를 떠난 왜군 선발대는 당일 오후 부산 앞바다에 이르러 포진하였고, 다음날인 4월 14일 상륙하여 부산진성을 공격함으로써 7년간의 전쟁이 시작된다.

이순신의 장계에 의하면 왜군의 출현은 왜구방어를 위해 설치되었던 경상우수영 관할 하의 망루에서 포착되었다. 그러나 처음에는 침략군이 아니라 단지 90여 척의 통상적인 세견선(歲遺船)일 것이라고 판단했다.[13] 또한 한양의 조선조정에서는 4월 17일 경상좌수사 박홍(朴泓)의 보고를 받고서야 비로소 왜군이 침략해 왔다는 사실을 인식했다.

경상우수영 관내 경계초소에서 왜군침입을 발견하였음에도 정확한 판단을 내리지 못했다는 사실은 경상좌우수영 예하 수군이 초기 적정분석에 실패했음을 보여준다. 그 결과 부산지역 해양방위 책임을 맡고 있던 경상좌우수영 수군은 전쟁 초기 왜적에 대해 제대로 대응하지 못하고 궤멸되었는데, 그 자세한 이유는 좀더 연구해 보아야 할 과제이다.

□ 유성룡이 지은 『징비록』에 "경상좌우수영의 전선 100여 척과 화포, 군기 등을 모두 바다 속에 가라앉혀 버렸다(悉其戰船百餘隻及火砲軍器海中沈)"라고 한 기록을 보면 결국 경상좌우수영의 수군은 전쟁 초기에 왜군과의 전투를 포기하고 스스로 자멸했음을 보여준다.

이순신은 4월 15일 오전에 원균으로부터 왜군이 부산에 상륙하였다는 소식을 '세견선으로 보이는 90여 척의 왜 함선이 출현했다'는 내용의 공문과 함께 받았고, 그날 오후에는 '왜선 150여 척이 모두 해운대와 부산포로 향하고 있으며 세견선은 아닌 것 같아 심히 우려된다'는 공문을 다시 받음으로써 왜군의 침략을 확인하였다. 이순신은 공문내용을 분석한 뒤 보통의 세견선이 아니라고 판단하여 군사와 병선(兵船)을 정비하는 한편 관찰사 · 병마절도사 · 전라우도수군절도사에게 급히 사태를 알리는 공문을 보냈으며 예하 연해안의 고을과 포구에도 공문을 보내 전비태세를 갖추라고 명령하였다.14)

4월 16일 원균으로부터 다시 '부산이 점령당했다'는 공문을 받은 이순신은 즉시 상급부대와 인근 및 예하부대에 상황을 전하는 한편 전비태세 확립을 위해 수군 전열정비에 들어갔다. 이후 5월 4일 경상우수영 관내로 출동하기까지 20여 일간 전라좌수영 소속 각 진 · 포에 있는 모든 전선을 집결 정비하여 전비태세에 만전을 기하였다.

이 사이에 조정으로부터 여러 번의 지시가 내려왔고, 경상우수사 원균으로부터도 계속해서 왜군의 정세를 알리는 공문이 접수되었다. 통합작전을 요구하며 이순신에게 보낸 공문을 보면 원균은 이미 경상우수영 관할 하에 있는 전선(戰船)을 이끌어 왜 함선 10여 척을 불태운 것으로 되어 있다.15) 그것이 사실이라면 아마도 임진왜란 개전 이후 최초의 해전승리가 될 것이다.

한편 이순신은 부하군관으로 하여금 남해연안의 상황을 탐문토록 하였는데, 탐문을 마치고 돌아온 순천수군 이언호(李彦浩)는 다음과 같이 보고하였다.

남해현 성 안의 관청건물과 여염집들은 거의 비었고 집안에서 밥짓는 연기
도 나지 않으며 창고의 문은 이미 열려 곡물은 흩어졌고, 무기고의 병기도
모두 없어졌는데, 마침 무기고의 행랑채에 한 사람이 있기에 그 사유를 물
은즉 "적의 세력이 급박하게 닥쳐오자 온 성 안의 사졸들이 소문만 듣고
도망했으며, 현령과 첨사도 마찬가지로 도망하여 간 곳을 알 수 없다"고
대답하는지라.…16)

처음에 이순신은 경상우수영의 함선세력이 어느 정도 잔존해 있을
것으로 판단하고 있었다. 그런데 이 같은 보고를 받았으니 어떤 조치
든지 취해야 했다. 이순신은 군관 송한련(宋漢連)에게 비어 있는 창고와
무기고 등을 불살라 없애라고 명하였다. 이는 왜군들의 역이용을 방지
하기 위한 조치였다.

상황전개가 비관적이었던 것은 비단 경상우수영뿐만이 아니었다.
왜군의 침략소식을 들은 전라좌수영 관할의 백성들과 관원 및 사졸들
또한 동요되어 도망자가 속출하였다. 이순신은 도망자 2명을 적발 처
형하여 군중에 효시하는 등 군의 기강을 바로잡기에 힘썼다.17) 이 때
의 이순신의 심정과 초기 대응전략은 그의 장계에 잘 나타나 있다.

남해에 첨입된 평산포 등 4개 진영의 진장과 현령 등이 왜적들의 얼굴을
보기도 전에 먼저 도피하였으므로 신(臣)의 외로운 객병(客兵)으로는 그 도
(道)의 물길이 험하고 평탄한 것도 알 수 없고, 이미 물길을 인도할 자도
없으며, 또 호응해 줄 장수도 없는데, 경솔하게 출발했다가는 또한 천릿길

에 뜻밖의 염려가 있을까 우려됩니다. 신에게 소속된 전함은 모두 모은 수효가 30척 미만으로 세력이 매우 외롭고 약하기 때문에 관찰사 이광(李光)도 이미 실정을 알고 본도 우수사의 소속 수군에게 명하여 신의 뒤를 따라서 힘을 모아 구원토록 하였습니다. 일이 비록 급하더라도 반드시 구원선이 다 도착되는 것을 기다린 연후에 약속하고 발선하여 바로 경상도로 달려갈 계획입니다.18)

임진왜란 발발 초기에 이순신은 곧바로 경상우수영 관할해역으로 달려가지 못했다. 위의 인용문에 보이는 것처럼 남해 이동(以東)의 해역은 자신의 관할해역이 아니어서 항로나 지형지물에 익숙하지 못하여 경상우수영 수군의 안내를 받아야 하는데 호응하여 안내해야 할 평산포 등 4개 진영의 수군이 이미 무력화되어 안내받을 수 있는 상황이 아니었기 때문이었다. 또 수백 척의 왜 수군에 비해 전라좌수영 관할 하에 있는 함선은 30여 척밖에 되지 않으니 병력측면에서 볼 때에도 중과부적이었다.

결국 이순신은 왜군의 침략소식에 접한 4월 14일부터 제1차 출동이 이루어지는 5월 4일까지 20여 일간 시간을 지체하였다. 그러나 이 기간 동안 이순신은 각 진·포에 분산 배치되어 있던 함선을 모으고 작전계획을 수립하는 등 전투준비태세를 갖추기 위해 온갖 노력을 다하였다.

경상우수영 소속 수군들의 초기 임전태세에 대해 나름대로 상황을 파악한 이순신은 그들의 임전태도에 대해 매우 큰 불만을 가지게 되었으며 결과적으로 최고지휘관인 경상우수사 원균을 불신하기에 이른다. 다음은 부산을 함락한 왜군이 파죽지세로 조령을 넘어 수도인 한양을 육박하고 있는 상황에 대한 이순신의 감회를 적은 장계이다.

신의 어리석은 생각으로는 오늘날 적의 세력이 이같이 덤비게 된 것은 모두 바다에서 막아내지를 못하고 적으로 하여금 제멋대로 상륙하게 하였기 때문입니다. 경상도 연해안 고을에는 깊은 참호와 견고하고 든든한 성이 많은데, 성을 지키던 비겁한 군졸들이 소문만 듣고 간담이 떨려 모두 도망갈 생각만 품었기 때문에 적들이 포위하면 반드시 함락되어 온전한 성이라고는 하나도 없는 것입니다. 지난번 부산 및 동래의 연해안 여러 장수들이 배들을 강하게 정비하여, 바다에 가득 진을 벌여 엄격한 위세를 보이면서 정세를 보고 힘을 헤아려 병법대로 진퇴하여 적을 육지로 기어오르지 못하게 했더라면 나라를 욕되게 한 환란이 반드시 이런 극악한 지경에까지 이르지는 않았을 것입니다.[19]

위의 인용문에는 임진왜란 초기대응 실패에 대한 이순신의 원인분석과 수군전략이 잘 나타나 있다. 이순신은 첫째로 4월 13일 오후에 부산 앞바다에 도래한 왜군을 상륙하기 전에 수군으로 공격하지 못한 점을 지적하였다. 실제로 경상좌우수영에는 최소한 100여 척 이상의 전선이 분산 배치되어 있었음에도 왜군의 상륙저지를 위한 노력을 기울인 흔적은 어디에도 없었다. 그러니 그 책임은 관할지휘관인 경상좌우수사에게로 돌아갈 수밖에 없다. 이순신은 항상 이 점을 매우 아쉽게 생각하였다.

둘째로 연안을 방어하는 군졸들의 기강이 해이해져 있어 견고하게 잘 만들어진 성곽과 깊은 참호 등 싸울 수 있는 기본여건이 잘 갖추어져 있었음에도 불구하고 싸움 한번 제대로 해보지 못하고 모두 겁내어 도주했다는 점을 지적하였다. 이 또한 관할지휘관의 책임영역이다.

셋째로 이러한 정황을 토대로 이순신은 만일 왜군 수송선단이 부산에 도착했을 때 부산 및 동래 인근 수군지휘관들이 예하함선을 총집결시켜 함대진형을 갖추고 병법대로 공격을 하였더라면 이처럼 쉽게 당하지는 않았을 것이라는 견해를 피력하였다. 적이 육지에 상륙하기 전 바다에서 적을 격파해야 한다는 이른바 해전주의형 수군전략이다.

□ 해전주의(海戰主義)형 수군전략이란 바다를 통해 침입해 들어오는 적에 대해서는 바다에서 해전을 통해 섬멸해야 한다는 전략적 방책이다. 고려 말 이전까지는 왜구가 바다를 통해 침입해 오면 그들을 일단 상륙시킨 뒤 육전(陸戰)을 통해 섬멸하는 육전주의(陸戰主義)가 주된 전략적 방책이었다.

이순신은 1592년 5월 4일 판옥선 28척을 포함한 총 91척의 함대를 이끌고 여수를 출발하였다. 5월 7일에 옥포(玉浦)에서 왜 함선을 만나 최초로 해전을 치르고 이어 합포(陜浦)·적진포(赤鎭浦)에서 왜 함선과 싸웠다. 5월 4일부터 9일까지의 1차출동 결과 조선수군은 총 42척의 왜선을 격파 분멸하는 전과를 올렸다. 아군의 함선피해는 전혀 없었고, 사졸 2명만이 부상을 당했을 정도의 완전한 승리였다.

□ 이 전투결과는 임진왜란의 해전을 이해하는 데 매우 중요한 의미를 지닌다. 수많은 사상자가 나올 수밖에 없는 당시의 전쟁양상에 비추어 볼 때 이러한 전투결과는 이순신의 리더십과는 또 다른 관점에서 조선수군의 전투력 즉 함선성능과 무기체계 및 전투방식에 대한 재조명을 요구한다.

승리로 끝맺은 1차출동 이후 이순신은 임진왜란 초기에 수군이 제대로 대응하지 못했던 점에 대해 더더욱 아쉬움을 가진다. 조선수군의 전투력이 왜 수군을 훨씬 능가하고 있다는 사실을 확인하였기에 아쉬움은 더 컸다. 이순신은 5월 10일 옥포승첩을 알리는 장계에서 임진왜란 초기의 패전원인을 "신의 어리석은 생각으로는 적을 막는 방책에 있어서 수군이 작전을 하지 않고 오직 육전에서 성을 지키는 방비에만 전력하였기 때문"20)이라고 분석하였다.

이후 임진년의 당포(唐浦)·한산(閑山)·부산포(釜山浦) 해전 등을 모두 승리로 이끈 이순신은 조정에 올린 장계에서 해전의 유리한 점을 다음과 같이 피력한다.

해전에서는 많은 군졸이 모두 배 안에 있으므로 적선을 바라보고도 비록 도망해 달아나려 해도 도리가 없습니다. 하물며 노를 재촉하는 북소리가 급하게 울리고, 만약 명령을 위반하는 자가 있으면 군법이 뒤를 따르는데 어찌 마음과 힘을 다하여 싸우지 아니하겠습니까.21)

임진왜란이 장기화되면서 수군쪽 전투상황이 소강상태로 접어들자 육군병력을 증강시키기 위해 수군소속의 장병들을 징발하는 일이 종종 있었다. 위의 장계는 이순신이 해전의 중요성과 유리한 점을 들어 수군소속의 장병들을 징발하여 육전에 투입시키지 말 것을 설득하기 위해 조정에 보낸 글이다.

당시 전쟁경험이 없던 군졸들은 틈만 나면 도망가려는 생각을 품은 채 전투에 임했던 것 같다. 그런데 바다에 떠 있는 함선은 그 자체가 배수진(背水陣)과 같은 고립된 전장환경이므로, 비록 오합지졸이라 하더라도 지휘 통솔하기가 쉽고 사졸 스스로도 살아남기 위해서는 최선을 다해 싸울 수밖에 없으므로 최상의 전투력을 발휘할 수 있다는 것이 이순신의 수군옹호 논리였던 것이다.

□ 이것은 『손자병법』에 나오는 "위험한 곳(亡地)에 투입된 뒤에야 보존되고 죽을 곳(死地)에 빠진 뒤에야 살 수 있다(投之亡地然後存, 陷之死地然後生)"는 원리를 원용한 것이다. 수군의 함선은 폐쇄된 공간으로 도망할 수 없는 망지(亡地)나 사지(死地)다. 따라서 병사들은 살기 위해 최선을 다해 싸울 수밖에 없으므로 도주가 용이한 육전(陸戰)보다 전투효율이 높다는 것이 이순신의 수군옹호 논리이다.

나아가 이순신은 수군소속의 징예군사 1명이 능히 100명의 적을 당해낼 수 있다는 자신감을 피력하고 있었지만[22] 수군 단독세력만으로 왜군의 주력을 무력화시킬 수 없다는 사실 또한 잘 알고 있었다. 1594년(갑오년) 이후 왜의 육군주력이 남해연안으로 후퇴하여 성을 쌓는 등 장기전으로 돌입하자 이순신은 더욱 조급하였다. 왜군이 필연코 수륙으로 호남을 협공할 것으로 판단되었기 때문이다.[23] 또한 조선군 가운데 유일하게 자기 몫을 하는 군이 수군인데, 만일 적의 수륙공격을 받아 궤멸된다면 그것은 곧 국가의 존망과 직결되기 때문이다.

이러한 이유로 정유재란이 일어날 때까지 이순신은 왜 수군에 대해 적극적인 공세를 삼갔다. 그렇다면 차선책은 무엇일까? 이순신은 한산도에서 길목을 막아 왜군의 호남침범을 막는 것이 조선수군의 역할이라고 생각했다. 일종의 '현존함대전략'이었다. 그러나 이순신의 이와 같은 '현존함대전략'은 당시의 조정으로부터 신임을 얻지 못하였으며 끝내 요시라(要時羅)의 간계를 계기로 파직과 더불어 백의종군의 길을 걷게 된다.

□ 현존함대(現存艦隊) 전략은 전체 전투력이 열세인 쪽에서 사용하는 해군전략으로서 함대가 존재한다는 것만으로 상대국의 전쟁수행에 막대한 영향력을 행사하는 전략이다. 이순

신은 임진년 다음해인 계사년부터 정유년까지 한산도에서 물목을 막아 왜군이 바닷길을 통해 호남으로 진출하는 것을 차단하였다. 이것이 한산도에 통제영을 둔 이유이다. 비록 조선수군이 해전을 적극적으로 벌인 것은 아니지만 이를 통해 곡창인 호남이 보존되어 조선은 전쟁을 지속할 수 있는 경제적 토대를 마련할 수 있었고 반대로 왜국은 조선침략 전략을 전면 수정하지 않으면 안되었다.

□ 이순신의 이와 같은 현존함대 전략은 조정의 대신들에게 의혹을 샀다. 200여 척의 함대 세력을 보유하고 있으면서도 1594년 이후 정유재란 직전까지 이렇다할 전과가 없었기 때문이었다. 가등청정의 조선재입국에 대한 정보를 받고도 출동하지 않았다는 죄목으로 이순신이 삼도수군통제사에서 파직되고 결국 백의종군하게 되는 연유도 따지고 보면 당시의 군사적 상황을 제대로 파악하지 못한 조정의 무능에 있다고 보아야 할 것이다.

조선조정의 이와 같은 조치는 정유재란을 효과적으로 저지하지 못하는 결과로 드러났고 조선수군 통합함대의 궤멸을 가져왔으며 더 나아가 임진년 이후 보전되었던 호남이 적의 손아귀 속에 들어감으로써 엄청난 인적·물적 피해를 초래하였다. 이후 조선조정은 이순신의 전략적 방책의 정당성을 인정하지 않을 수 없었다. 이순신을 삼도수군통제사에 다시 임명한 것은 임금인 선조가 그 오류를 인정한 명확한 증거이다.

5
이순신의 병법

임진왜란 때 조선수군의 승리요인은 크게 두 가지로 정리할 수 있다. 우선 해전을 염두에 두고 발전되어 온 조선수군의 조직, 천·지·현·황 총통으로 대표되는 첨단 무기체계, 왜구와의 해전을 위해 건조된 판옥선 등으로 요약할 수 있는 강력한 수군력이다. 그리고 둘째는 병법에 대한 해박한 식견을 토대로 항상 우세한 형세를 만들어놓고 해전에 임한 이순신의 탁월한 지휘역량이다.

앞서 살펴본 것처럼 조선수군은 고려수군을 계승한 이후 200여 년 동안 왜구침입에 대응하기 위해 조직 및 함선, 그리고 무기체계를 꾸준히 발전시켜 왔다. 이와 같은 조선수군의 전투력은 적어도 수군을 단지 병력수송 및 군수지원을 위한 수단으로만 생각하고 육전(陸戰)만을 염두에 둔 채 침략해 온 왜 수군의 그것에 비할 바가 아니었다.

그러나 함선의 성능이 우수하다고 해서, 또는 무기체계가 왜 수군을 능가한다고 해서 반드시 해전에서 승리하는 것은 아니다. 똑같은 조선수군의 통합함대를 지휘하면서 항상 승리했던 이순신에 비해 원균은 단 한번의 해전에서 치명적이고도 결정적인 패배를 당한 것이 이를 반증해 준다.

그렇다면 이순신은 어떤 방법으로 전승무패의 신화를 남기게 되었을까? 아래에서는 이순신이 각종 해전에서 구사한 대표적인 병법을 일곱 가지로 요약하여 정리해 보기로 한다.

1. 통합된 세력으로 분산된 열세의 적을 공격하라[兵力集中]

임진년(1592)에 행했던 네 차례의 출동에서 벌어진 해전을 분석해 보면 가장 눈에 띄는 병법이 '병력집중의 원리'이다. 이른바 아군의 통합된 세력으로 분산되어 있는 열세의 적을 공격한다는 것이 그것이다. 『손자병법』에서는 이것을 '아전이적분(我專而敵分)'으로 표현하였다.

다시 강조하지만 전쟁은 과학이지 신화가 아니다. 어떤 전쟁에서든 승리를 하였다면 그것은 곧 전투역량이 전체적으로든, 부분적으로든 우세했다는 것을 의미한다. 그것은 병법의 귀재인 이순신이라 하더라도 결코 예외일 수가 없는 것이다.

☐ '아전이적분(我專而敵分)'은 『손자병법』의 허실(虛實)편에 나오는 것으로 아군은 모든 군사력을 하나로 통합하고, 적은 분산되게 하여 항상 우세한 상태에서 전투를 벌이는 것을

일컫는다. 이 경우 적군에 대한 정보획득이 선결과제이다. 조기경보의 수단이 발달되지 않았던 임진왜란 당시에 조선수군은 왜의 수군에 비해 상대적으로 우월한 정보수집체계를 가지고 있었으며 [조선수군은 백성들을 모두 정보원으로 이용할 수 있었으며, 연안의 지형 과 바닷길에 익숙하였다] 이를 토대로 항상 통합된 세력을 운영하여 분산되어 있는 열세의 왜적을 공격하여 쉽게 격멸할 수 있었다.

이순신은 임진년 4월 15일 원균으로부터 구원요청 공문을 받았음에도 불구하고 곧바로 출동할 수가 없었다. 전라좌수영 소속 연해안의 고을과 포구에 분산되어 있던 수군병력을 집결시키는 데는 어느 정도의 시간이 필요하였기 때문이다.

임진년 5월 4일 제1차 출동 때 함선세력의 규모는 전라좌수영 소속이 판옥선 24척, 협선 15척, 포작선 46척이었으며, 원균 지휘 하의 경상우수영 소속이 판옥선 4척, 협선 2척으로 총 91척이었다. 비록 원균의 함선세력은 보잘것없었지만 어쨌든 전라좌수영과 경상우수영의 통합함대가 결성된 것이다.

조선수군의 통합함대는 5월 7일 옥포(玉浦)에서 최초로 왜 수군과 조우하였다. 이 때 왜 수군은 대·소 함선 약 30여 척 규모였다. 마침 왜군은 포구에 들어가 분탕질을 하던 중이었는데, 조선수군의 갑작스러운 출현은 전혀 예측하지 못했던 돌발상황으로 그들을 당황스럽게 했다. 조선수군은 왜 함선을 향해 총통과 활로써 공격하였다. 이에 대해 왜군은 비록 조총과 활로 저항하기는 하였으나 함선세력과 화력면에서 조선수군의 상대가 되지 못하였다.

옥포해전에서 조선수군은 적의 대선[1] 13척, 중선 6척, 소선 2척, 기타 지원선 5척을 격파한다. 또 오후에는 합포(合浦)에서 대선 4척, 소

제1차 출동 병력집중 상황

구분 해전명	조선수군 함선세력	왜 수군 함선세력	조선수군의 전과	비 고
옥포해전	91척[판옥선 28, 협선 17, 포작선 46]	30여 척[대·중·소선]	26척 격파	조선수군함선 피해 전무
합포해전	상 동	5척[대4, 소1]	5척 격파	상 동
적진포해전	상 동	13척[대·중선]	11척 격파	상 동

선 1척 등 5척을 발견 격멸하고, 이튿날인 5월 8일에 고성땅 적진포(赤珍浦)에서 왜의 대선·중선 13척과 조우하여 그 가운데 11척을 격멸한다. 전과를 종합해 보면 총 68척 가운데 42척을 격파한 셈이다.

임진년 5월 4일부터 9일까지의 제1차 출동에서 조우한 왜 수군의 세력은 총 함선수에 있어서는 조선수군과 비슷한 수준이었다고 평가되고 있다. 그런데 문제는 조선수군은 철저한 해전준비와 아울러 함선세력을 집중하여 운영하였던 데 반해 왜 수군은 전혀 해전의 준비가 되어 있지 않았으며, 설상가상으로 그들은 옥포·합포·적진포 등지에 병력이 분산되어 있었다.

  □ 제1차 출동에서 조선수군의 주력전투함인 판옥선과 크기가 유사한 왜 수군의 대선은 약 30여 척으로 볼 수 있다. 따라서 단순히 함선의 총톤수 측면에서 비교해 보면 조선수군과 왜 수군의 전투력은 거의 비슷한 수준이었다고 볼 수 있다.

설령 왜 수군이 조선수군과 똑같은 성능의 함선과 무기체계를 가지고 있었다 하더라도 병력이 분산되어 있었기 때문에 실제전투에서는 이미 패배할 수밖에 없는 중과부적의 열세에 처해 있었던 것이다.

  □ 임진왜란 발발시 부산 앞바다에 도착한 왜군에 대해 경상좌우수영 관할소속의 100여 척

의 함선이 효과적으로 대응하지 못하고 궤멸된 것 또한 병법의 원리차원에서 보면 병력집중에 실패하였기 때문이다. 경상좌우수영 수군이 제대로 대응하지 못한 것은 조기경보체계의 미흡으로 인한 대응시간의 부족으로 병력을 집중하지 못한데 그 원인이 있다고 보는 것이 옳을 것이다. 이순신도 임진왜란 발발소식을 듣고(4월 15일) 전투준비태세에 돌입하여 최초로 출동하기까지(5월 4일) 20여 일이 소요되었다는 사실은 이를 반증해 준다.

이러한 양상은 임진년 5월 29일~6월 10일의 제2차 출동에서도 똑같이 보인다. 제2차 출동 때 처음에는 제1차 출동과 마찬가지의 함선 세력이었는데, 당포해전 이후 전라우수영의 함대가 합세함으로써 명실상부한 통합함대가 구성되어 함선세력은 판옥선을 기준으로 총 51척에 달했다.

□ 51척을 소속 수영별로 나누어 보면 이순신의 전라좌수영이 23척, 원균의 경상우수영이 3척, 이억기의 전라우수영이 25척이다.

임진년 제2차 출동의 첫 해전인 사천해전에서는 아직 전라우수영의 함선이 합세하지 않은 상태였음에도 왜군함선이 13척에 불과하였으므로 그리 어려운 싸움은 아니었다. 이후 당포(唐浦)해전에서는 왜군함선이 대선 9척, 중선·소선 12척 등 총 21척이었으며, 당항포 해전에서는 대선 9척, 중선 4척, 소선 13척 등 총 26척, 율포(栗浦)해전에서는 대선 5척과 중선 2척 등 총 7척이었다. 특히 당항포해전부터는 전라우수사 이억기가 25척의 판옥선을 이끌고 합류했으므로 조선수군의 통합 함대세력은 더욱 증강되어 막강한 전투력을 보유하게 되었다.

제2차 출동에서 조우한 왜의 함선을 모두 합하면 대선 40여 척, 중선 16척, 소선 15척으로 총 71척이었다. 이는 조선수군과 비슷한 함선 세력이라고도 볼 수 있지만 1차출동과 마찬가지로 조선수군은 '집중되어[專]' 있었고 왜의 수군의 '분산되어[分]' 있었기 때문에 양적으로나 질

해전명＼구분	조선수군 함선세력	왜 수군 함선세력	조선수군 전과	조선수군 피해
사천해전	26척[판옥선]	13척[대선]	13척 격파	함선피해 전무
당포해전	상 동	21척[대선9, 중선10, 소선2]	21척 격파	상 동
당항포해전	51척[판옥선]	26척[대선9, 중선4, 소선13]	26척 격파	상 동
율포해전	상 동	7척[대선5, 중선2]	7척 격파	상 동

적으로 조선수군의 적수가 되기에는 역부족이었다.

임진년의 해전중 그야말로 해전다운 해전은 임진왜란 3대승첩의 하나로 꼽히는 제3차 출동에서의 한산해전이다. 제2차 출동까지의 해전이 경상·전라의 통합된 조선함대 세력인 반면, 왜 수군은 분산되어 있으며, 또한 해전준비가 제대로 되어 있지 않았던 싸움이었다. 반면에 제3차 출동에서의 한산해전은 그야말로 왜의 정예수군과의 한판 싸움이었다.

왜 수군은 2차에 걸친 패배에 설욕을 다짐하고 나름대로 철저하게 준비하였다. 해전의 연패소식에 접한 풍신수길이 육전에 참가중인 수군장수 협판안치(脇坂安治)·구귀가륭(九鬼嘉隆)·가등가명(加藤嘉明) 등에게 명하여 조선수군을 완전히 격멸해 버리라는 명령을 내렸기 때문이다.

왜의 세 수군장수 가운데 가장 먼저 출전준비를 마친 협판안치가 조선수군을 찾아나서 거제와 통영 사이의 좁은 수로인 견내량에 도착함으로써 대해전의 서막이 오르게 된다.

이순신의 해전에 대한 초기연구자들은 대부분 한산해전을 평가하

면서 약하고 불리한 조선수군이 상대적으로 우세한 함선세력을 가진
왜 수군을 격파했다는 점을 강조하였으며, 이를 근거로 이순신의 위대
성과 영웅적인 면모를 부각시키고자 한다.

□ 비교적 객관적 관점에서 『이순신전사연구』를 저술한 조인복도 한산해전에 대해서 조선
수군이 열세한 상황에서 승리했다는 것을 강조하였다. 그는 저술에서 "견내량에서 발견된
왜 수군의 함대수는 대선 36척, 중선 24척, 소선 13척으로 합계 73척에 달했는데, 이에
비해 조선수군의 함대수는 54~55척에 지나지 않았다'고 말하고 있다.2)

그러나 제1·2차 출동의 해전에서 그러했던 것처럼 제3차 출동의
한산해전에서도 이순신은 결코 열세한 싸움을 하지 않았다. 다음은 한
산해전이 포함된 제3차 출동 때의 적·아 함선세력과 피해상황을 나타
낸 표이다.

제3차 출동 병력집중 상황

구분 해전명	조선수군 함선세력	왜 수군 함선세력	조선수군의 전과	조선수군 피해
한산해전	54〔혹은 55〕척 〔판옥선〕	73척〔대선36, 중선 24, 소선13〕	59척 격파〔대선35, 중 선17, 소선7〕	함선피해 전무
안골포해전	상 동	42척〔대선20, 중선 17, 소선5〕	약 30여 척 격파〔대· 중·소선〕	상 동

위의 표에서 한산해전 때의 적군과 아군의 함선세력을 비교해 보면
개전 이래 처음으로 조선수군의 함선이 적어도 수적인 면에서 열세를
보인다. 그러나 일본측 사료에 의하면 조선수군은 대선이 59척, 소선
이 50척으로 기록되어 있다.3) 이를 좀더 자세히 분석하여 볼 필요가

있다. 우선 실제전투력을 고려해 볼 때 왜 수군이 보유한 소선은 주력 전투함이 아니므로 제외시킬 필요가 있다. 그리고 나서 양국 수군의 주력함을 비교해 보면 조선의 판옥선은 54척이고 왜의 대선·중선은 52척이다. 수적인 면에서나 질적인 면에서 조선수군이 결코 열세가 아니었음을 알 수 있다.

이런 상황에서 벌어진 해전의 결과는 왜 수군에게는 참담한 것이었다. 왜 수군은 주력함인 대선 35척을 비롯해 총 59척이 격파 분멸된 반면, 조선의 주력함인 판옥선은 단 한 척도 손상을 입지 않았다. 조선수군의 전투력이 얼마나 막강했는지를 보여주는 좋는 사례이다. 결국 한산해전에 참전한 협판안치(脇坂安治)의 수군과 안골포 해전에 참여한 구귀가륭(九鬼嘉隆) 및 가등가명(加藤嘉明)의 수군이 통합함대를 구성하지 못하여 각개격파된 반면 조선수군은 전라좌수영과 경상우수영의 세력을 집중시켜 일사불란하게 운용함으로써 연전연승을 할 수 있었던 것이다.

이후 임진년 제4차 출동과 1594년(갑오년) 제2차 당항포 해전 등에서도 이순신의 조선함대는 여전히 통합된 세력으로 분산되어 있는 왜의 수군을 각개 격파하였는데 그 상황은 다음의 표와 같다.

다음의 병력집중 상황도를 살펴보면 임진년 제4차 출동중의 부산포해전만 함선척수 면에서 열세이고 나머지 해전에서는 조선수군이 절대우세의 상황이었음을 알 수 있다. 이에 따라 조선수군은 '아전이적분(我專而敵分)'의 상황 속에서 별 어려움 없이 일방적인 전투를 벌여 조우한 왜 수군을 모두 전멸시킬 수 있었다.

제4차 출동 병력집중 상황

구분 해전명	조선 수군함선 세력	왜 수군 함선세력	조선수군 전과	조선수군 피해
장림포해전	166척[판옥선·거북선 등 전선74척, 협선 92척]	6척[대선4, 소선2]	6척 격파	함선피해 전무
화춘구미	상 동	5척[대선]	5척 격파	상 동
다대포해전	상 동	8척[대선]	8척 격파	상 동
서평포해전	상 동	9척[대선]	9척 격파	상 동
절영도해전	상 동	2척[대선]	2척 격파	상 동
초량목해전	상 동	4척[대선]	4척 격파	상 동
부산포해전	상 동	5백여 척[각종 선박, 주로 수송용 함선]	1백여 척 격파	척수 미상 선박파 손[6명 전사]

갑오년(1594) 당항포해전 병력집중 상황

구분 해전명	조선 수군함선	왜 수군함선	조선수군의 전과	조선 수군함선 피해
당항포해전	81척[각종 함선]	31척[대선10, 중선 14, 소선7]	31척 격파	전무

함선의 숫자 측면에서 조선수군이 열세를 보였던 부산포해전은 명실상부한 해전이 아니었다. 포구에 정박해 있던 왜 함선에 대한 조선수군의 공격과 지상에 진지를 구축해 놓고 이를 방어하려는 왜군의 싸움이었으므로 이를 감안한다면 함선척수는 그리 문제가 되지 않는다.

이처럼 조선수군이 임진왜란 초기의 해전에서 연전연승할 수 있었던 가장 큰 이유는 바로 이순신이 구사한 '병력집중의 원리'에 있었다.

'아전이적분'이라는 유리한 상황은 자연적이고 객관적인 전력의 우세로 형성되는 것이 아니라 지휘관의 군사전문가적 역량과 리더십에 의해 조성되는 것이다. 그래서 손무는 장수야말로 국가안위(安危)의 주역이라고 했던 것이다.[4] 왜냐하면 장수의 역량에 따라 전쟁의 승패가 좌우되고 전쟁의 승패는 결국 국가의 존망에 관계되는 중요한 일이기 때문이다.

2. 적의 지휘선이나 주력함에 화력을 집중하라[火力集中]

'병력집중'이 해전 전체국면에서의 병력운영의 원리라면 '화력집중'은 구체적인 전투에서의 화력운영의 원리이다. 이순신은 해전이 벌어지면 적의 지휘선이나 주력함에 병력과 화력을 집중하여 공격함으로써 구체적인 전투국면에서 언제나 유리한 세(勢)를 조성하였다.

'세'는 양적 또는 질적인 전투력 우위에 의해서만 형성되는 것이 아니다. 이는 객관적인 전투력을 바탕으로 장수의 지모와 재능에 의해 구사된 전략 전술이나 지휘통솔법에 의해 인위적으로 만들어지는 것이다. 동일한 병력과 무기체계라 하더라도 그것을 '어떻게'·'어디에서'·'언제' 운용하느냐에 따라 전투력은 배가되기도 하고 극소화되기도 한다. 중국의 병법연구가 도한장(陶漢章)은 '세'를 형성하는 몇 가지 필요조건을 다음과 같이 정리하였다.

첫째로 실력이다. 병력과 병기가 우세한 군대는 항상 유리한 병세(兵勢)를 형성할 수 있다.

둘째로 유리한 지형·지세를 점령한 군대는 통상 유리한 태세를 조성할 수 있다.

셋째로 부대의 훈련. 소질이 양호하고 사기가 왕성한 군대는 항상 유리한 태세를 형성할 수 있다.

넷째로 지휘관의 지혜와 모략이 뛰어나 전투기회를 잘 장악하는 군대는 항상 유리한 태세를 점유할 수 있다.5)

이순신은 전투국면이 전개되면 항상 적의 지휘선이나 주력함을 식별하여 화력을 집중시킴으로써 유리한 '세'를 조성하여 공격효과를 극대화하였다. 다음은 임진년 제2차 출동의 당포(唐浦) 해전을 묘사한 장계인데, 이순신 병법의 핵심 가운데 하나인 '화력집중의 원리'가 잘 구사되어 있다.

왜선은 크기가 판옥선만한 것 9척과 중·소선을 아울러 12척이 선창에 나뉘어 대어 있었는데, 그 가운데 한 대선 위에는 높이가 3·4장이나 될 듯한 높은 층루가 우뚝 솟았고, 밖으로는 붉은 비단휘장을 두르고 휘장의 사면에는 '황(黃)'자를 크게 써놓았습니다. 그 속에는 왜장이 있는데, 앞에는 붉은 일산을 세우고 조금도 두려워하지 않는지라, 먼저 거북선으로 하여금 층루선(層樓船) 밑으로 직충(直衝)하여 용(龍)의 입으로 현자 철환을 치쏘게 하고 또 천자총통·지자총통과 대장군전을 쏘아 그 배를 쳐부수자 뒤따르고 있던 여러 전선들도 철환과 화살을 번갈아 쏘았습니다. 중위장 권준이 돌진하여 왜장을 쏘아 맞히자, 활을 당기는 소리에 맞추어 거꾸로 떨어지므로 사

<그림 26> 견내량 전경

도첨사 김완과 군관 진무성(陳武晟)이 그 왜장의 머리를 베었습니다.6)

이순신은 먼저 돌격선인 거북선을 이용하여 왜 수군지휘관이 타고 있는 층루선을 집중공격하였다. 이 때 사용한 주무기는 총통이다. 그리고 연이어 판옥선들이 뒤따라 들어가면서 철환과 화살로 공격하여 왜군장수를 죽이고 그 머리를 베었다. 이는 전투 초기에 화력을 집중하여 적의 장수를 사살함으로써 지휘체계를 마비시키고, 지휘관을 잃은 적들이 우왕좌왕할 때 일시에 공격을 가하여 궤멸시키는 이순신의 해전전술 패턴이다.

이와 같은 '화력집중 원리'의 적용은 당항포해전에서도 보인다. 당포해전 승리 이후 소소강(召所江) 서쪽 기슭을 순찰하던 이순신 함대는 검은 칠을 한 왜선 30척을 발견하였다. 그 가운데 판자로 된 3층누각의 큰 배가 있었다. 이 때 이순신은 곧바로 공격해 들어가면 왜적이 배를 버리고 산으로 도망할 우려가 있다는 생각에 왜군을 큰 바다로 유인하기로 작정하였다. 그는 적의 퇴로를 열어주도록 신호용 군기를 올리라 했다. 과연 지휘선으로 보이는 층각선이 앞뒤로 다른 배들의 호위를 받으면서 열어준 길을 따라 바다 가운데로 나왔다. 이순신은 이 때를 놓치지 않고 집중공격을 가하도록 했다.

우리의 여러 전선은 사면으로 포위하면서 재빠르게 협력 공격을 하고 돌격 장이 탄 거북선이 또 층각선 밑으로 달려가서 총통을 치쏘아 층각선을 쳐 부쉈습니다. 또 여러 함선이 화전(火箭)으로 그 비단장막과 베로 된 돛을 쏘아 맞히자 맹렬한 불길이 일고 층각 위에 앉았던 왜장이 화살에 맞아 바다로 떨어졌습니다. 다른 왜선 4척은 이 창황한 틈을 타서 돛을 올려 북쪽으로 달아나려 하는 것을….7)

저 유명한 거북선은 바로 돌격선이다. 거북선은 적장이 탄 지휘선이나 주력함을 향해 돌진하면서 총통을 쏘아 격파하기 위해 만든 배였다. 이 배로써 이순신은 예외없이 주요 공격목표로 선정된 지휘선이나 주력함에 화력을 집중하였다. 전투에 돌입하면 거북선은 언제나 최선봉에서 공격에 나섰는데, 그 결과는 매우 훌륭한 것이었다.

임진왜란 3대승첩으로 꼽히는 한산대첩에서 사용한 학익진(鶴翼陣)은 우세한 조선수군의 화력을 적의 핵심전력이나 지휘부에 집중시키기 위한 진형법이다. 이순신은 한산해전에 임해서도 적 수군선봉 2·3척에 화력을 집중하여 순식간에 격파하였다. 이렇게 초전에 승기를 잡은 이순신 함대는 이후 병력과 화력을 그 다음의 주요 공격목표로 단계적으

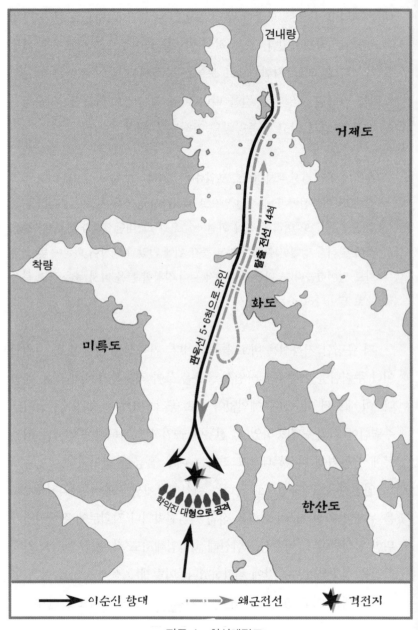

<지도 4> 한산해전도

로 집중시켜, 축차적으로 격파함으로써 모든 전투국면에서의 절대우위를 선점하였다. 한산해전이 끝난 뒤 조정에 보낸 장계내용은 '화력집중의 원리'가 어떻게 구사되었는지를 확인해 볼 수 있는 좋은 자료이다.

먼저 판옥선 5·6척을 시켜 선봉으로 나온 적선을 뒤쫓아 습격할 기세를 보였더니 여러 배의 적들이 일시에 돛을 달고 쫓아 나왔습니다. 바다 가운데 나와서는 다시 여러 장수들에게 명하여 '학익진(鶴翼陣)'을 벌여서 일시에 진격하여 각각 지자·현자·승자(勝字) 등의 여러 총통을 쏘아서 먼저 2·3척을 쳐부수자, 여러 배의 왜적들이 사기가 꺾여 도망하였습니다. 여러 장수나 군사들이 이긴 기세를 뽐내어 앞을 다투어 돌진하면서 화살과 화전을 번갈아 쏘니 그 형세가 바람과 우레 같았습니다. 일시에 적의 배를 불태우고 적을 사살하여 거의 다 없애버렸습니다.[8]

한산해전에서 이순신은 견내량 좁은 해역으로부터 드넓은 한산도 앞바다로 왜 수군을 유인한 뒤, 학익진을 펼쳐 선두의 두세 척을 집중 공격하여 격파함으로써 승기를 잡았던 것이다.

불가사의한 승리로 전해지는 1597년(정유년)의 명량해전에서도 이순신은 '화력집중의 원리'를 구사하였다. 『난중일기』에 묘사된 명량해전을 보면 이순신은 적 수군의 지휘선을 공격하게 하여 왜 수군장수인 마다시(馬多時)를 사살하고 그 시체마저 왜 수군들이 보는 앞에서 토막토막 자르게 하였는데, 결과적으로 적의 사기가 크게 꺾이고 조선수군의 사기는 크게 진작되어, 이후 전세를 반전시키는 계기가 되었다. 유리한 형세는 지휘관의 지휘역량에 의해 조성된다. 『손자병법』에 의하면 "잘 싸우는 자의 태세는 흡사 둥근 돌이 산꼭대기로부터 굴러오는 것과 같아 막을 수 없으니 이것이 세(勢)인져!"[9]라고 하였다. 이순신은 모든 해전에서 항상 유리한 '세'를 조성하였다. 그는 어영담(魚泳潭) 같은 남해연안의 바닷길과 주변지리에 밝은 참모를 휘하에 두고 있었으며, 우수한 함선과 무기체계, 나아가 뛰어난 군사전략가로서의 지모와 재능을 이용하여 조선수군의 강력한 전투태세를 조성하였다.

앞에서 실펴본 이와 같은 '화력집중의 원리'는 국부적인 전투국면에서 유리한 '세'를 조성하기 위한 것으로서 이순신이 벌인 모든 해전에 일관되게 적용되었다.

3. 유리한 장소와 시간을 주도적으로 선택하라[主動權確保]

주동권(主動權)은 바꾸어 말하면 군대행동의 자유권이다. 즉 적과 대치한 상황에서 전쟁국면을 아군이 의도하는 방향으로 주도적으로 이끌어 가는 것을 말한다. 이른바 『손자병법』에서 "적을 이끌고 오지, 적에게 이끌려가지 않는다[致人而不致於人]"고 한 말은 곧 주동권 확보의 중요성을 강조한 것이다. 모든 군사전략과 전술 및 정보전은 전장에서의 주동권을 확보하기 위한 것이며 그것의 확보여부가 전쟁의 승패를 가늠한다는 것은 주지의 사실이다.

□ '치인이불치어인(致人而不致於人)'은 『손자병법』의 「허실(虛實)편」에 나오는 말로 적을 아군의 의도대로 움직이도록 하지, 아군이 적의 의도에 따라 움직이는 상황을 조성하지

않는다는 뜻이다. 이른바 전쟁의 주동권을 확보한다는 의미이다.

주동권 확보의 요체는 승리하기에 유리한 장소와 시간을 어느 쪽이 주도적으로 선택했느냐에 있다. 정유년(1597)에 조정의 출동명령에도 불구하고 이순신이 통합함대의 출동을 거부한 이유는 자칫 거짓정보에 의해 적의 함정에 빠져 주동이 아니라 피동의 국면에 빠질 수 있음을 우려했기 때문이다.

□ 『손자병법』 구변(九變)편에 "군주의 명령이라 하더라도 따르지 않아야 할 것이 있다(君命有所不受)"라는 구절이 있다. 전투현장과 멀리 떨어져 있는 조정의 임금은 현장상황과 어긋난 명령을 할 수 있기 때문에 나온 말이다. 임진왜란 때에 이순신은 이중간첩 요시라의 정보를 토대로 출동하여 가등청정을 잡으라는 조정의 명령을 거부하였다. 그 이유는 정확한 정보에 토대하지 않고 섣불리 출동했다가 실패를 초래할 수 있다는 생각에서였다. 이순신은 승패를 책임진 지휘관으로서 병법의 원리를 충실히 따랐던 것이다. 비록 임금을 기만한 죄로 죽음의 형벌을 받을지언정 무모한 그래서 패배할 수밖에 없는 싸움을 거부했던 것이다.

조선수군의 통합함대는 임진년·정유년 사이의 해전을 통해 오직 한번 칠천량해전에서만 주동권을 빼앗겼는데, 그 결과는 조선수군의 궤멸이라는 치명적 패배였다. 조정의 강제적인 출동명령은 수군지휘관으로 하여금 주동권을 확보할 수 있는 여건을 앗아갔으며 결과적으로 조선수군 통합함대로 하여금 전 출동기간 중 피동의 국면에 처하도록 했다. 조선수군은 싸움 한번 제대로 하지 못하고 왜군의 수륙 협동기습을 받아 궤멸되었으며 우수한 함선과 강력한 화포 또한 파괴되거나 적의 수중에 들어가고 말았다.

사실 주동권을 확보하기 위해서는 함선의 성능, 무기체계, 정보, 지휘관의 리더십, 그리고 병법의 시의적절한 운용이 그 선결조건이다. 이순신이 왜군의 부산상륙 소식을 듣고도 20여 일 동안 출동하지 않은 이유는 여러 가지가 있겠지만 주동권을 장악하기 위한 함선의 정비, 바닷길과 왜 수군의 동태에 대한 정보수집, 통합수군의 진형훈련 등 여러 가지 전투준비태세가 미비했기 때문이다. 특히 적에 대한 정확한 정보가 없었으므로 한 발자국도 움직일 수가 없었다.

제1차 출동중에 벌어지는 옥포·합포·적진포 등의 해전에서 이순신 함대는 항상 사전에 입수한 정보에 따라 왜 수군을 색출하여 격멸하였다. 전혀 해전준비가 되어 있지 않은 왜 수군에 대해 기선을 제압하여 숨돌릴 겨를없이 맹렬하고도 신속히 공격함으로써 왜 수군의 전의를 상실하게 만들었다. 옥포해전을 묘사한 장계가 있다.

> 적도들은 포구에 들어가 분탕질하여 연기가 산을 덮었는데, 우리의 군선(軍船)을 돌아보고는 허둥지둥 어찌할 바를 모르면서 제각기 분주히 배를 타고 아우성치며, 급하게 노를 저어 중앙으로는 나오지 못하고 기슭으로만 배를 몰고 있었습니다. 그 가운데 6척이 선봉으로 달려나오므로 신이 거느린 여러 장수들은 일심분발(一心憤發)하여 모두 죽을힘을 다하니 배 안에 있는 장병들도 그 뜻을 본받아 분발하고 격려하여, 죽기를 기약하며 동서로 충돌하고 둘러싸서 바람과 우레같이 총포와 활을 쏘았습니다. 적들도 총과 활을 쏘다가 기운이 다 되매, 배 안에 있는 물건을 바다에 내던지느라고 정신이 없었으며, 화살에 맞은 자, 바다에 떨어져 헤엄치는 자가 이루 헤아릴 수 없었습니다. 적들은 일시에 무너지고 흩어져 서로 앞을 다투어 바위언덕으로 기어올랐습니다.10)

위의 내용에서처럼 사실 1592년(임진년) 초기의 해전은 조선의 정예

수군과 옥포·사천·당포· 거제 등 남해 연안지역에 상륙하여 노략질을 일삼고 있던 왜군과의 싸움이었다.

조선수군은 왜 수군의 배치상황을 정확히 알고 있었던 반면에 왜 수군은 그렇지 못했으며 설상가상으로 해전을 위한 준비도 미흡했다. 당시 왜 수군은 지상전 승리에 도취되어 있었다. 그들은 자만에 빠진 채 해안 곳곳에서 노략질하기에 여념

<그림 27> 학익진 도형

이 없었던 상황에서 갑자기 나타난 조선수군과 해전을 벌여야 했던 것이다. 왜 수군은 철저히 피동의 국면에 처하게 되었으며, 결과적으로 잘 조직되고 통합된 조선수군과의 해전에서 항상 전멸에 가까운 패배를 당하지 않을 수 없었다. 해전에서 주동권을 상실했기 때문이었다.

3차출동중에 벌어지는 한산해전에서도 이순신은 해전장소를 주도적으로 선택함으로써 주동권을 장악하였다. 이순신은 협판안치(脇坂安治)가 지휘하는 왜 수군의 함대를 넓은 한산 앞바다로 유인하여 격파한다는 작전계획에 따라 좁은 견내량으로부터 그들을 끌어냈다. 그리고 사전에 약속된 전술진형인 학익진을 펼쳐 공격함으로써 대승을 거두었던

것이다.

가장 어려웠던 해전으로 평가되는 명량해전에서도 이순신은 싸울 장소와 시간을 주도적으로 선택함으로써 전장의 주동권을 확보하였다. 비록 전체적인 수군세력에서는 절대열세 상태에 있었지만 명량의 좁은 수로를 이용하여 왜 수군의 전투력은 최소화시키고 수로 입구에서 일자형 횡열진을 펼침으로써 조선수군의 전투력은 극대화시킬 수 있었다. 이순신은 장고 끝에 명량해협 입구를 해전장소로 선택한 뒤 왜 수군이 명량해협을 통과해 오는 시간에 맞추어 함선을 출동시켜 싸우게 하였던 것이다. 명량에서의 주동권 확보야말로 이순신이 13척의 함선으로 130여 척의 왜 수군을 물리친 유력한 승리의 요인이다.

마지막 해전인 노량해전에서도 싸울 장소를 먼저 선택한 쪽은 조선수군이었다. 소서행장 군의 철군퇴로를 봉쇄하고 있던 이순신은 사천·남해·부산 등지에 있던 왜 수군이 소서행장 군을 구하기 위해 전면적으로 출동하였다는 정보를 입수하자 곧바로 봉쇄를 풀고 노량으로 함대를 이동하게 했다. 왜냐하면 계속해서 소서행장 군을 봉쇄할 경우 앞뒤의 적에게 협공을 당하여 피동국면에 처할 위험성이 있었기 때문이다. 결국 마지막 해전에서까지도 이순신은 전투장소를 주도적으로 선택함으로써 전장의 주동권을 확보한 셈이다.

주동권은 고유한 것이 아니어서 쌍방 모두가 쟁취할 수 있다. 불리한 것을 유리하게 변화시키고, 피동을 주동으로 변화시키는 것은 지휘관의 몫이다. 따라서 전쟁에서 지휘관의 중요성은 아무리 강조해도 지나치지 않는 것이다.

4. 지형의 이점을 십분 활용하라[地利利用]

『맹자』에 "천시(天時)는 지리(地利)만 못하고 지리는 인화(人和)만 못하다"11)는 구절이 있다. 전쟁을 승리로 이끄는 데 있어서 시간적 조건[전투시간]은 공간적 조건[전투장소]만 못하고 공간적 조건은 병사 상호간의 인화단결보다 못하다는 말이다. 지형의 이점을 살리는 것은 비록 인화단결보다는 못하지만 전쟁의 승패를 좌우하는 데 매우 중요한 요소임을 강조한 말이기도 하다.

조선수군은 지형의 이점을 살릴 수 있는 바닷길 정보에 있어서 왜수군보다 항상 유리한 여건에 있었다. 이순신은 탐망선 및 지상 정찰부대의 운용, 현지인들을 통한 자발적 정보수집, 포로의 심문 등 다양한 수단을 통해 정보를 수집하였고, 이를 분석하여 언제나 조선수군에게 유리한 장소를 택해 해전을 벌였다.

이순신이 지형의 이점을 이용한 사례 가운데 제일로 꼽을 수 있는 것은 명량해전이요, 두번째가 계사년(1593) 이후 한산도를 중심으로 전개한 호남길목 차단전략이다.

1) 지리적 이점의 활용과 명량해전

1957년(정유년) 7월 15일 조선수군은 칠천량(漆川梁)에서 치명적이고도 결정적인 패배를 당했다. 삼도수군통제사 원균 지휘하의 조선수군은 우세한 화력과 함선성능, 뱃길에 대한 정보와 지형의 이점을 가지고 있었음에도 어느 것 하나도 살리지 못했다. 왜 수군은 도원수 권율(權慄) 장군의 명령에 의해 피동적인 상황에서 출동한 조선수군의 일거수일투족을 예의주시하고 있었던 반면 조선수군은 왜 수군이 어디에 있는지, 무엇을 도모하고 있는지를 전혀 알지 못했다. 결국 조선수군은 칠천량에서 야간기습과 수륙협공을 당해 최악의 피동국면에 처하게 되었다.

주동권을 상실한 결과 조선수군은 싸움다운 싸움 한번 제대로 해보지 못했으며 결국 임진년 이후 이순신이 건설해 놓은 세계일류급의 조선함대는 하루아침에 궤멸되고 말았다. 조정에서는 7월 23일 어전회의를 열어 이순신을 다시 삼도수군통제사에 임명했다. 이순신은 통제사 임명교서를 8월 3일 진주의 굴동(屈洞)에서 전달받았다. 칠천량해전의 패전소식을 접하고 도원수 권율과 상의 끝에 남해연안을 둘러보며 대책을 강구하기 위한 현지답사 중의 일이다. 이순신은 군관과 병사들을 모으고 무기를 수집하는 등 수군재건을 도모하는 데 심혈을 기울였다.

이순신은 8월 13일 거제현령 안위(安衛), 발포만호 소계남(蘇季男)을 만났으며 칠천량해전을 피해 도망쳐 나온 경상우수사 배설(裵楔)과 수군장수들의 행방을 수소문하였다. 8월 17일 장흥에 도착한 이순신은 회령포(會寧浦)에서 전선 12척을 수습하고, 이진(梨津)을 거쳐 8월 24일에 어란포(於蘭浦)에 이르렀다.

조선수군은 8월 27일 어란포에서 첫번째 왜 수군의 전면공격을 받는다. 왜 수군은 조선수군의 전투력이 매우 미약하다는 사실을 알고 조선수군이 세력을 키우기 전에 추격하여 격멸하려는 속셈이었다.

이순신은 왜 수군의 추적을 피해 8월 29일 아침 진도의 벽파진(碧波鎭)으로 다시 진영을 옮겼다. 이날부터 전라우수영으로 진영을 옮기는 9월 15일까지 이순신은 벽파진에 머물면서 무기를 점검하고 병력을 보충하는 등 만반의 전투태세를 갖추는 한편 왜적을 격퇴시킬 전략과 전술을 구상하였다.

□ 이 때 진도의 백성들은 군량미를 대고 자원해서 수군병사가 되었다. 아비와 자식이 함께 명량해전에서 전사하는 사례도 있었다. 그러나 설상가상으로 9월 2일에 경상우수사 배설이 도주하였다. 배설은 이순신 다음 서열의 조선수군의 지휘관이었다.

9월 7일 탐망군관 임중형(林仲亨)이 와서 적의 선발대 13척이 어란포에 이르렀다고 고하였다. 이순신은 즉시 부하장수들에게 경계태세를 늦추지 말 것을 지시하였는데, 오후 4시경 과연 적선 12척이 벽파진으로 공격해 들어왔다. 왜 수군의 공격을 격퇴시킨 이순신은 야간을 틈타 기습이 있을 것을 대비하여 다시 만반의 준비를 갖추도록 명령하였다. 그날 밤 생각했던 대로 왜 수군의 야간기습이 있었는데 이순신은 선봉에 서서 지자포(地字砲)를 발사하며 적을 격퇴시켰다.

□ 이 때 왜 수군은 조선수군의 잔여세력이 10여 척밖에 안되는 것을 알고 각처의 함선을 모아 조선수군을 섬멸하고 서울로 올라갈 계획 하에 이순신 함대를 공격하였다. 이 때문에 명량해전의 승패는 정유재란 전체 전쟁에서 전략상 중요한 의미를 가진다. 왜군에게 사로잡혀갔다 돌아온 김해사람 김중걸(金仲傑)이 먼저 포로되었던 김해사람에게 들은 정보를 이순신에게 전했는데 왜군들이 서로 의논하기를, "조선수군 10여 척이 우리 배를 추격해서 혹은 쏘아 죽이고 또 배를 불태웠으니 극히 통분한 일이다. 각처의 배를 불러모아 합세해서 조선수군을 섬멸해야 한다. 그리고 나서 곧장 서울로 올라가자"[12]라고 하였다고 한다.

9월 14일에는 육지로 탐망을 나간 임준영(任俊英)이 돌아왔는데, 그는 자신이 입수한 정보대로 '왜 함선 200척 가운데 55척이 벌써 어란포에 도착했다'고 보고하였다. 이 보고를 듣고 이순신은 9월 15일 진을 벽파정으로부터 전라우수영으로 옮겼다. 그 이유는 벽파정 뒤에 명량이 있는데 수효 적은 수군으로 명량을 등지고 싸울 수가 없었기 때문이다.[13] 전라우수영으로 옮긴 이순신은 장수들을 모아놓고 일장 훈시를 하였다.

> 병법에 이르기를 "죽기를 각오하고 싸우면 살고, 살려고 하면 죽는다" 하였고, 또 "한 사람이 길목을 지키면 1천 명도 두렵게 할 수 있다"는 말이 있는데, 모두 오늘 우리를 두고 이른 말이다..[14]

명량해협의 폭은 가장 좁은 곳이 200미터 정도의 거리밖에 되지 않는다. 그래서 왜 수군은 조선수군보다 10 : 1 이상의 우세한 함선세력을 가지고 있었지만, 실제로 조선수군과 전투를 벌일 수 있는 함선은 선두의 5~10척 정도가 고작이었다. 결국 선두의 왜 함선 5~10척과 조선수군의 함선 13척이 대적하게 되는 상황이 조성되는 것이다.

좁은 협수로 입구를 차단한 채 횡렬로 벌려서 함선 13척 모두가 화력을 운용할 수 있도록 진세를 펴고, 왜 수군은 선두의 5~10척만 전투에 참여할 수 있게 만듦으로써 실제전투에서의 우세를 확보한다는 것이 이순신의 계산이었다. 결국 이순신은 명량의 좁은 해협을 이용하여 아군은 통합시킨 반면 왜 수군은 분산시키는 상황을 연출하고자 하였던 것이다.

실제 전투상황에서 어란포에 집결한 330여 척의 왜 함선 가운데 133척이 명량의 해협으로 진입하였다. 명량의 좁은 물목 때문에 왜 수군의 대선인 아다케(安宅船)는 어란포에 그대로 머물러 있지 않으면 안 되었고, 대신 중선인 세키부네(關船)가 주축이 되어 투입되었던 것이다. 그러나 명량의 좁은 물목에서는 세키부네 133척도 동시에 전투력을 발휘할 수 없었다. 그들은 30여 척 단위로 부대를 편성하여 조선 수군 함선 13척을 에워쌌다. 결국 이순신은 13 : 330의 절대열세 상황을 명량의 지형적 이점을 활용하여 13 : 133, 나아가 13 : 31의 상황까지 축소시킬 수 있었던 것이다.

조선수군은 수적인 면에서는 비록 1대 3의 열세상황이었지만 방패로 사방을 가린 견고한 판옥선과 천·지·현·황 총통 등의 우수한 무기체계, 그리고 '죽기를 각오하고 싸우면 살 수 있다'는 신념으로 임했던 장병들의 정신자세가 결합하여 수적인 열세를 극복하였다.

임진년 이후 해전상황이 증명하듯이 조선수군과 왜 수군의 1 대 1 싸움에서 왜 수군은 화력면에서나 함선성능면에서 조선수군의 적수가 되지 못하였다. 실제전투에서 명량의 좁은 물목을 이용하여 대등한 전투세력을 형성한 조선수군은 월등히 우세한 화력을 이용하여 공격함으로써 에워싸고 있던 왜의 함선 31척 모두를 격파하였다. 결과적으로 조선수군의 판옥선 1척은 왜군함선 3척을 대적할 만한 전투역량이 있음을 명량해전은 우리에게 보여주고 있다.

이순신은 명량해전을 제외하고는 좁은 물목에서 해전을 벌인 적이 없다. 그는 언제나 우세한 화력과 월등한 함선성능, 그리고 통합된 조선의 수군세력을 운용하여 분산된 열세의 왜 수군을 항상 넓은 대양으로 유인하여 격파 분멸하는 결전형 수군전략을 구사했었다. 한산해전은 그 대표적 사례였다.

명량해전을 승리로 이끌고 재기에 성공한 조선수군은, 정유재란 이후 한양으로의 재진격을 꾀하던 왜군의 전략을 수정하지 않으면 안되게 만들었다. 서해의 바닷길이 차단되었으니 해로를 통한 군수지원이 불가능할 뿐만 아니라 후방의 안전을 생각하지 않을 수 없는 상황이 다시 조성된 것이다.

2) 한산도의 지리적 이점을 이용한 호남길목 차단전략

임진년(1592) 해전 이후 조선수군은 한동안 이렇다 할 해전을 치르지 않았다. 그러나 이순신의 치밀한 전투력 증강사업에 힘입어 1594년(갑오년)이 되자 주력함선인 판옥선이 120척에 이르게 되었다. 임진년의 50~60여 척에 비하면 거의 2배 이상이 증강된 것이다.

□ 이순신의 장계를 살펴보면 갑오년(1594) 1월 조선 수군함선은 전선이 100여 척에 달했으며, 3월에는 120여 척에 달했다.

막강해진 전투력에도 불구하고 이순신은 왜군의 본거지인 부산포를 공격하기 위한 무리한 출동만은 자제하였다. 이것은 이후 1597년(정유년) 통제사에서 파직될 때 임금인 선조를 화나게 한 원인이 되었다. 선조는 막강한 전투력을 보유한 조선수군이 왜군의 본거지가 된 부산포를 공격하지 않는 까닭을 이해할 수 없었다. 다음은 『선조실록』에 기록된 이순신에 대한 선조의 평가다.

이순신은 처음에는 힘껏 싸웠으나 그 뒤에는 작은 적일지라도 잡는 데 성실하지 않았고, 또 군사를 일으켜 적을 토벌하는 일이 없으므로 내가 늘 의심하였다.15)

왜의 두목〔소서행장〕은 손바닥을 보듯이 자세히 가르쳐 주었는데 우리는 실행하지 못하였다.··· 한산도의 장수〔이순신〕는 편안히 누워 어떻게 해야 할 줄을 몰랐다.16)

당초에는 왜적들을 부지런히 사로잡았다던데, 그 뒤에 들으니 태만한 마음이 없지 않다 하였다.17)

이순신에 대한 선조의 불신이 깊어가고 있음을 확인할 수 있는 대목이다. 또한 원균을 지지했던 판중추부사 윤두수(尹斗壽)는 가등청정을 잡으러 출동하라는 어명을 거역한 이순신에 대해 선조 앞에서 다음과 같이 탄핵하였다.

이순신은 조정의 명령을 듣지 않고 전쟁에 나가는 것을 싫어해서 한산도에 물러나 지키고 있어 이번 대계(大計)를 시행하지 못했으니 대소 신하들이 모두 통분하지 않는 이가 없습니다.18)

사태가 이에 이르자 이순신을 천거한 유성룡조차도 그를 변호할 수 없었다. 선조의 서슬퍼런 안색과 자신의 정치적 입지 때문에 이순신을 탄핵하지 않을 수 없었던 것 같다.

신이 〔이순신을〕 수사(水使)로 천거하여 임진년에 공을 세워 정헌대부(正憲

大夫)에까지 이르렀으니 너무 과분합니다. 무릇 장수는 뜻이 차고 기가 펴지면 반드시 교만하고 게을러집니다.19)

　이순신이 조정대신들로부터 탄핵을 받게 된 데는 한 사건이 있었다. 당시 소서행장은 간첩 요시라(要時羅)를 경상우병사 김응서(金應瑞)에게 보내 강화를 하고 싶지만 가등청정의 결전의지 때문에 싸울 수밖에 없는 처지인데, 마침 가등청정이 왜 본국에 갔다가 돌아오는 '모월 모일에 어느 섬에서 잘 것이니 수군을 잠복시키면 사로잡을 수 있다'는 정보를 흘렸다.
　정보를 입수한 김응서는 이를 곧 조정에 보고한다. 이 보고에 접한 선조는 황신(黃愼)을 이순신에게 보내 가등청정을 사로잡을 때라고 비밀리에 명했다. 명령에 접한 이순신은 우려하지 않을 수 없었다. "바닷길이 험난하고 왜적이 필시 복병을 설치하고 기다릴 것이다. 전함을 많이 출동하면 적이 미리 알게 될 것이요, 적게 출동하면 도리어 습격을 받을 것이다."20) 이 판단에 따라 이순신은 함대를 출동시키지 않았다.
　이것이 문제가 되어 결국 이순신은 국왕 선조의 미움을 사게 되고 조정대신들로부터도 탄핵을 받게 된다. 『선조수정실록』에는 이 사건에 대해 "가등청정이 다대포 앞바다에 왔다가 그대로 서생포로 향했는데, 이 일은 소서행장을 중심으로 한 왜군의 지휘부가 조선수군을 유인하여 궤멸시키기 위해 꾸민 것이었다"21)고 서술하고 있다. 왜군의 반간계(反間計)였던 것이다.
　그렇다면 이순신은 1592년(임진년) 이후 1597년(정유년) 1월 통제사직에서 파직될 때까지 무엇 때문에 왜군의 본진인 부산을 공격하지 않고 한산도 지키는 일에만 몰두했는가? 그 이유가 밝혀져야 할 것이다.

1592년 4차례 출동에서 조선수군이 조우한 왜군함선을 모조리 격파 분멸할 수 있었던 까닭은 이미 앞에서도 살펴보았듯이 우수한 무기체계, 양호한 함선의 성능, 그리고 무엇보다도 통합함대를 만들어 전투력을 극대화한 데 있었다. 따라서 전체적인 함선의 척수면에서는 1천여 척이나 되는 왜군에는 미치지 못했지만 분산되어 노략질을 일삼는 왜 수군에 대해서는 언제나 상대적인 우세를 선점할 수 있었다.

그러나 왜군의 본거지요, 군수지원의 거점이 되어버린 부산포에는 늘 700~800여 척의 함선세력이 정박하고 있었다. 특히 임진 해전에서 완패를 당한 왜 수군은 조선수군과 조우할 경우가 되면 배를 버리고 상륙하여 육지에서 조선수군과 대치하는 일종의 '요새함대' 전략을 구사하고 있었다. 이것은 풍신수길의 지시에 따른 것이기도 했다.

□ '요새(要塞)함대'전략은 전투력이 절대열세인 쪽에서 사용하는 해군전략으로서 바다의 해전을 회피하고 요새화된 항구에 피신하여 결과적으로 함대의 생존을 보장받으려는 일종의 수세전략이다.

1592년 조선수군이 제4차 출동으로 부산포를 공격할 때는 부산포에 이르는 동안 조우한 9척의 왜 함선을 만나는 즉시 격파시키고 차례로 분멸할 수가 있었다. 또 당시 임진년만 하더라도 왜군의 조력부대는 평안도와 함경도 공격에 투입되어 있었으므로 부산포로 가는 웅천·안골포 등지의 왜군진지는 본격적으로 구축되어 있지 않았다. 그렇기 때문에 후방을 걱정할 필요가 없었다. 이 때문에 500여 척이 정박해 있던 부산포를 공격할 수 있었고 결과적으로 100여 척의 왜 함선을 격파시키는 전과를 올릴 수 있었다.

그러나 다음해인 1593년(계사년) 이후의 상황은 다르게 전개되고 있었다. 남해연안으로 후퇴하여 진지를 구축한 왜군은 부산포에 이르는 길목인 웅천·안골포·김해·양산 등지에 700~800여 척의 함선과 수많은 병력을 배치하고 있었다. 그 때문에 조선수군이 부산을 공격하는 것은 마치 화약을 지고 불에 뛰어드는 것처럼 위험한 일이었다. 만약 조선수군이 이들을 격파하지 않고 부산으로 진격해 나갈 경우 웅천에 있는 왜 함대와 김해·양산에서 출동할 가덕도 앞바다의 왜 함대에 의해 남·북, 또는 동·서로 협공을 당할 수밖에 없는 형국이 조성되어 있었다.

1593년(계사년) 6월에는 왜군이 거제도에까지 진출하여 영등포·하청·가이 등이 왜군의 관할구역이 되었다. 동쪽으로는 부산에서부터 서쪽의 거제 동편까지 왜 수군의 제해권이 확보되었던 셈이다. 사실 조선수군 통합함대가 한산도에 머물러 있음에도 불구하고 왜군이 거제 동쪽까지 진출할 수 있었던 것은 조선에 비해 상대적으로 막강한 왜 지상군의 지원 때문에 가능한 일이었다.

이순신은 왜군이 조선수군의 통제영을 수륙합동으로 공격하고 나아가 서쪽 호남지경을 침범하려는 데 대해 매우 우려하였다. 이순신이 육지와 접한 곳에 통제영을 두지 않고 섬인 한산도에 통제영을 둔 가장 큰 이유는 왜 지상군의 공격을 염두에 두었기 때문이다. 더불어 서진하려는 왜 수군을 가로막는 데에도 지리적인 이점이 있었으니 당시로서는 최적지였던 셈이다. 거제 안바다(內洋)인 견내량과 바깥바다(外洋)를 동시에 통제할 수 있는 길목에 있는 한산도는 바로 전략상의 요충이었다.

실제로 계사년(1593)에 이르러서는 왜군이 강력한 지상군을 바탕으로 수륙을 통해 동시에 서진하려는 조짐이 곳곳에서 감지되고 있었다.

지난 6월 14일 육지에서는 창원의 적들이 바로 함안으로 돌진하자 함안에 머무르고 있던 각 도의 모든 장수들이 의령 등지로 퇴각하였습니다. 6월 15일 바다에서는 적선 대·중·소선을 아울러서 무려 7·8백여 척이 부산·양산·김해로부터 웅천·제포·안골포 등지로 옮기고 연일 잇대어 이르는 것이 현저히 수륙으로 나누어 침범할 양상이 있는 것 같습니다. 우리 수군들은 거제도 앞바다에 결진하면 바깥바다로 침범해 오는 적을 미처 달려가 가로막지를 못하겠고, 외양에 진을 설치하자니 안바다의 적을 미처 요격하지 못하겠으므로 거제땅 내외양(內外洋)의 두 갈래진 요충지와 작년에 대첩한 견내량과 한산도 등지에서 진을 합하여 길을 막으면서 안팎의 사변에 대응하기로 하였습니다.22)

한산도에 본영을 두고 있던 수군이 조정의 명령대로 부산포에 있는 왜의 주력부대를 공격하기 위해서는 그 곳에 이르는 웅천·안골포·김해 등지의 왜군을 바다로 끌어내어 격파시키는 것이 선결조건이었다. 그러지 않고 작전을 펴는 것은 위험천만한 일이었다. 이순신은 도원수와 체찰사 등에게 육군으로 하여금 먼저 육지에 웅거하고 있는 적을 쳐서 바다로 몰아내 줄 것을 건의하였다.23) 그렇게 되면 수군이 바다에서 왜적을 섬멸할 수 있고, 나아가 후방걱정이 없는 안전한 상황에서 부산포를 공격할 수 있다고 설명하였다.

그러나 육지전황은 더욱 악화되어 있어 오히려 함안에 있던 조선육군이 왜군의 공격을 받아 의령 등지로 퇴각하는 형편이었다. 더 이상 육군에게 의존할 수 있는 상황이 아니었다.24) 이제 이순신이 선택할 수 있는 전략은 오로지 왜군의 호남진출을 막는 일뿐이었다. 정유재란이 일어나기 전까지 이순신은 이 임무를 완벽하게 수행하였으며, 스스로 이러한 사실을 매우 자랑스럽게 생각하였다.

대개 임진년에 적세가 매우 날카롭던 무렵에 영남의 여러 성들이 연달아 무너지고…, 고성·사천·하동·남해는 호남에 인접한 지방으로서 무려 200여 척의 적선이 연속해서 들어왔었는데 우리 수군은 30척 미만의 전선을 가지고서도 용감히 돌진하여 쳐서 무찌르고 하나도 빠져 돌아가지 못하게 하여 그 날카로운 기세를 꺾었던 것입니다. 그 뒤로 전선이 조금씩 더 준비되어 전라좌우도는 모두 80여 척으로써 매번 삼도의 수사 및 여러 장수들과 함께 적을 섬멸할 계획을 세우고, 죽음으로써 맹세하고 물길을 가로막아 전라도로 침범하지 못하게 한 지 3년이 되었습니다. 호남이 보전된 것은 수군에 힘입은 것 같사온데,…25)

전쟁은 장기화되고, 병력 및 군량미를 보충해야 했던 1594년(갑오년)에 이르면서 육군과 수군의 지휘권 및 관할권 시비가 종종 발생했다. 조정에서는 왜군에 비해 취약한 육군을 강화시키기 위해 수군 관할구역에서의 육군징발을 허용하였는데, 이순신은 "수군에 소속된 정예군사 1명이 능히 100명의 적을 당해낸다"26)는 논리를 들어 수군의 관할권과 지휘권을 육군과 분리하여 독립시켜 줄 것을 조정에 건의했다.

이렇게 왜군의 호남진출을 차단하면서, 또 다른 한편으로는 수군 전투세력을 온전히 보존한 전략은 일종의 '현존함대전략'이다. 그것은 곧 "한 명이 길목을 지키면 1천 명이라도 두렵게 할 수 있다", "수군의 정예군사 1명이 능히 100명의 적을 당해낼 수 있다"는 논리에 기초한 것으로 당시의 조선수군이 채택할 수 있는 최상의 전략이었다. 이순신은 이 전략을 택하여 부분적 전투에서는 왜 수군과 과감하게 결전을 시도했지만, 전체적인 수군 운용전략에서는 지형의 이점을 이용한 '현존함대'전략을 구사함으로써 왜군의 조선 침략전략을 무력화 내지는 좌절시키고자 했던 것이다.

정유년(1597) 1월 조선조정은 왜군 지휘부의 반간계(反間計)에 농락당해 6년 동안 왜군의 호남진출 길목을 차단하고 있던 통제사 이순신을 파직시켰다. 그리고 새로 삼도수군통제사가 된 원균에게 부산포를 공격하라고 명령하였다.

결국 원균 지휘하의 조선수군은 부산포로 출동하고, 이 한번의 출동으로 6년여 동안 건설해 놓았던 조선수군 통합함대는 칠천량에서 야간 기습공격을 받아 궤멸되고 말았다. 그 결과 정유년 이전까지 보전되었던 호남이 초토화되었다. 또한 수많은 백성이 적의 총칼 앞에 이슬처럼 사라져 갔다. 정유재란의 결과는 이순신이 한산도의 지형적 이점을 이용하여 구사해 왔던 '호남길목차단전략'이 얼마나 정당하고 효과적인 것이었는지를 반증해 주었다. 그러나 이순신의 '호남길목차단전략'의 정당성을 검증하는 데 치렀던 대가치고는 너무나 큰 희생이었으며 참담한 결과였다.

5. 정확한 정보가 아니면 함부로 움직이지 마라[情報獲得]

『손자병법』에 "적을 알고 나를 알면 백 번 싸워도 위태롭지 않다"[27] 고 했다. 승리를 위한 작전은 적에 대한 정확한 정보로부터 시작되어야 함을 강조한 말이다. 앞에서 살펴본 '병력집중의 원리', '화력집중의 원리' '주동권 확보의 원리' 등도 적에 대한 정확한 정보가 없다면 제대로 구사될 수가 없다. 이렇게 볼 때 '정보획득의 원리'는 어쩌면 모든 병법의 기초인 셈이다. 이순신은 정확한 정보 없이는 결코 함대를 움직이지 않았다.

이순신을 포함한 조선수군들이 임진왜란 전기간 동안에 가장 두려워했던 해전은 첫 전투인 옥포해전이었다. 이순신은 왜란이 발발한 지 20일 뒤인 5월 4일에야 출동했는데, 이렇게 지체된 이유 가운데 가장 중요한 요인중 하나는 왜적에 대한 정확한 정보가 없었기 때문이었다.

왜군침략 직후 경상도관찰사 김수(金睟)로부터 왜 수군을 공격해 달라는 공문을 받은 이순신은 우선 두 가지 조치를 취했다. 하나는 전라좌수영 산하 각 진·포에 있는 전선들을 4월 29일까지 여수본영 앞으로 집결시키라는 것이었으며, 또 다른 하나는 경상우수사 원균에게 "두 도의 수군이 모처에 모이기로 약속하는 내용과 그 도(道)의 물길사정, 적선의 많고 적음과 정박해 있는 곳, 그밖의 대책에 응용할 모든 기밀을 급히 회답하라"[28]고 공문을 보낸 것이다. 병력집중과 정보획득을 위한 조치였다. 임진년 4차례의 출동 가운데 이순신의 정보수집을 위한 노력 및 조치가 해전에 미친 영향을 몇 가지 사례를 들어 정리하면 다음과 같다.

1) 옥포(玉浦)·합포(合浦)·적진포(赤珍浦) 해전

이순신이 지휘하는 전라좌수영 수군은 임진년(1592) 5월 5일 경상우수사 원균과 만나기로 한 당포 앞바다로 출동하였다. 그러나 원균은 나와 있지 않았다. 하루 뒤 이순신의 독촉을 받은 경상우수사 원균은 한산섬으로부터 단지 1척의 전선만을 거느리고 나타났다. 이를 본 이순신은 매우 실망하지 않을 수 없었다. 하지만 또 다른 한편 원균으로부터 왜 수군의 함선세력과 정박장소에 대한 중요한 정보를 입수할 수 있었다.

이순신은 함대가 출동하기 전에 다시금 척후장(斥候將)을 내보내 적의 동태를 살피고 이에 따른 만반의 준비태세를 갖추었다.

초7일 새벽에 일제히 발선하여 적선이 정박하고 있다는 천성·가덕으로 향하여 다가가 정오쯤 옥포 앞바다에 이르자, 우척후장 사도첨사 김완(金浣)과 여도(呂島)권관 김인영(金仁英) 등이 신기전을 쏘아 급변을 보고하므로 적선이 있음을 알고 다시 여러 장수들에게 신칙하여 "함부로 움직이지 말고 고요하고 무겁기 태산같이 하라"고 전령한 뒤에 옥포바다 가운데로 대열을 지어 일제히 전진한즉…29)

최초의 해전인 옥포해전에서도 적을 제일 먼저 발견한 것은 정보수집 임무를 띠고 선두에 배치되었던 척후장이었다. 이날 하오 4시경에는 다시 "멀지 않은 바다에 또 왜의 대선 5척이 지나간다"는 보고를 받고 출동하여 웅천 합포(合浦)에서 남김없이 격파하였다. 이튿날인 초8일 아침에도 이순신은 진해 고리량(古里梁)에 왜선이 정박해 있다는 정보를 입수하고 출동하였다.

이러한 이순신의 정보수집은 임진년 해전의 첫 출동을 승리로 이끄는 중요한 요소가 되었다. 왜냐하면 조선수군은 왜 수군의 함선세력과 활동장소를 훤히 꿰뚫고 있었던 반면에 왜 수군들은 상대적으로 남해연안의 지리에 어두웠고, 설상가상으로 초기에는 경계나 정보수집을 위한 탐망선을 거의 운영하지 않았기 때문이었다. 파죽지세의 지상전 승리에 도취해 있던 왜군은 조선수군의 존재를 염두에조차 두지 않았던 것이다.

2) 당포(唐浦)·당항포(唐項浦) 해전

제1차 출동에서 세 차례의 해전을 승리로 이끈 이순신은 왜 수군과의 해전에 자신감을 갖게 되었다. 1차출동 때의 정황을 숙고한 이순신은 제2차 출동부터는 왜의 수군함대를 색출하기 위한 탐망선을 더욱 적극적으로 운용하였다. 함대의 주력을 출동하기 좋은 위치에 배치하여 진을 설치하고는 동시에 왜 수군의 위치를 파악하기 위해 파견했던 탐망선들이 보내온 정보를 토대로 이순신은 작전을 짜고 함대출동을 준비시켰다.

임진년(1592) 6월 2일 오전 이순신은 왜 함선이 당포 선창에 정박해 있다는 정보를 입수하였다. 대선 9척, 중소선 12척으로 도합 21척이었다. 먼저 거북선을 투입하여 대장선을 공격하는 것을 시작으로 이순신은 전 함선을 동원하여 공격함으로써 21척 모두를 불태워버렸다. 그리고는 곧 다른 지역 왜군의 동태를 파악하기 위해 또다시 탐망선을 풀었다.

초4일 이른 아침에 당포 앞바다로 나아가 진을 치고, 소선(小船)으로 하여금 적선을 탐망하게 하였는데,···30)

이순신의 정보수집을 위한 탐망선 운영은 전방위로 넓어져 갔고 그런 까닭에 적의 동태는 곧 손바닥 안의 일처럼 일목요연해졌다. 또 그는 탐망선 이외에 현지인들에게서도 1급정보를 입수하곤 했다. 다음은 당포해전 다음에 이루어진 당항포해전 직전에 정보를 입수했던 상황에 대한 기록이다.

초5일은 아침 안개가 사방에 끼었다가 늦어서야 걷혔는데, 거제로 도망친 적을 토벌하려고 돛을 올려 바다로 나오는데 거제에 사는 귀화인 김모 등 7·8명이 조그마한 배에 같이 타고 와서 매우 기뻐하며 말하기를 "당포에서 쫓긴 왜선이 거제를 지나 고성땅 당항포로 옮겨 대고 있습니다.···" 하였다.31)

이순신은 정보를 입수한 즉시 함대를 이동하여 당항포 어귀에 정박하고 있던 적선 대·중·소 총 26척을 공격하여 모두 격파하였다. 6월

7일 율포에서 왜선 7척을 만났는데, 이 또한 모조리 격파하였다. 8일 이순신은 조선수군의 주력함대를 증도(甑島)와 남포(藍浦)바다 가운데로 나가 진을 치도록 하고 창원의 마산포·안골포·제포·웅천 등지까지 탐망선을 파견하였다. 9일에는 가덕·천성·안골포 등지로 다시 탐망선을 보내 적의 흔적을 살폈다.

탐망선의 적극적인 운영은 두 가지 면에서 유익하였다. 하나는 전투에 앞서 적세와 위치를 정확히 파악함으로써 사전에 승리할 수 있는 작전계획을 수립할 수 있었다는 점이요, 다른 하나는 모든 함선의 불필요한 기동을 최소화함으로써 노를 젓는 격군(格軍)들의 피로를 감소시킬 수 있었다는 점이다.

3) 한산(閑山)해전

임진왜란 3대대첩으로 꼽히는 한산해전을 조선수군이 승리로 이끌 수 있었던 중요한 원인 가운데 하나는 조선수군이 왜 수군의 함선세력과 위치를 정확히 파악하고 있었던 반면에 왜 수군은 조선수군의 존재조차 전혀 알고 있지 못했던 데 있었다.

이순신이 한산해전이 벌어지게 되는 제3차 출동을 결심한 것은 1·2차 출동을 승리로 이끌어 많은 왜선을 격파 분멸시켰음에도 불구하고 계속하여 "왜적들이 경상우도 해안에 출몰하여 노략질을 일삼는다"는 정보를 획득하였던 때문이었다. 이순신은 왜 수군의 주력부대가 자신이 지휘하는 조선수군을 격파하기 위해 다가오고 있다는 사실을 사전에 전혀 인식하지 못하고 있었다. 다만 이순신은 순찰사로부터 가덕·거제 등지에 왜선이 10여 척 혹은 30여 척씩 떼를 지어 출몰하고 있으며, 전라도 금산지경에도 왜적의 세력이 크게 뻗쳐 수륙으로 나누어 공격해 올 것 같다는 정보를 입수하고 있었을 뿐이다.

이순신의 좌수영 함대는 본영을 출발하여 7월 4일 저녁 전라우수사 이억기 함대와 통합하고, 6일에는 경상우수사 원균의 함대 7척과 합세하여 본격적인 출동에 들어갔다. 그런데 때마침 역풍인 동풍이 강하게 불어 더 이상 전진하지 못하고 미륵도(彌勒島)의 당포(唐浦)에 정박하여 병사들을 휴식토록 했다.

이 때 섬에 들어와 있던 김천손(金千孫)이라는 사람으로부터 "적의 대·중·소선을 합하여 70여 척이 오늘 하오 2시쯤 영등포 앞바다로부터 거제와 고성의 경계인 견내량(見乃梁)에 이르러 머물고 있다"[32]는 정보를 얻었다. 천금 같은 귀중한 정보였다. 이순신은 밤새워 작전계획을 수립하고 전투태세를 갖춘 뒤 다음날인 7월 7일 이른 아침에 왜 수군이 정박하고 있는 견내량으로 진격하여 들어갔다. 이순신은 조선수군의 주력함대는 숨기고 먼저 대여섯 척을 내보내 한산도의 넓은 대양으로 왜 수군을 유인하는 데 성공했으며 결국 학익진을 펼쳐 왜 수군을 대파했다.

이렇게 볼 때 임진왜란 3대승첩의 하나인 한산해전을 승리로 이끌 수 있었던 가장 큰 요인은, 한산해전이 일어나기 전날 밤에 조선수군은 왜 수군의 위치와 함선세력을 정확히 파악하고 있었던 반면에 왜 수군은 조선수군이 코앞에서 완벽하게 전투준비를 갖춘 채 노리고 있었다는 사실을 전혀 눈치채지 못했다는 데에 있다. 이순신은 사전정보에 따라 전투 준비태세뿐만 아니라 왜 수군을 완벽하게 패퇴시킬 전략전술까지도 마련한 상태로 전투에 임했던 것이다.

『손자병법』에 "적을 알고 나를 알면 백 번 싸워 위태롭지 않으며〔知彼知己, 百戰不殆〕, 적을 알지 못하고 나만을 알면 한 번은 이기고 한 번을 진다〔不知彼知己, 一勝一負〕"고 하였다. 조선수군의 동태에 대한 정보를 입수하지 못했던 왜 수군은 싸우기 전에 이미 조선수군에게 지고 있었다.

4) 이순신의 정보수집체계

앞에서 살펴본 대로 이순신은 수많은 탐망선을 운용하여 적의 세력과 위치에 대한 정보획득을 위해 노력하였다. 또한 이순신은 현지인이 제공하는 정보와 포로로 잡혀갔던 사람들의 심문내용을 종합하여 왜군에 대한 정보를 입수하고, 또 이에 근거한 정세보고서를 상세히 작성하여, 이를 주기적으로 조정에 보고하였다.

이순신의 모든 전략전술은 언제나 사전에 획득한 정확한 정보에 기초하여 이루어졌다. 1593년(계사년)의 장계는 이순신의 정보수집체계에 대한 일면을 잘 보여주고 있다. 그의 전승(全勝)신화의 이면에 정보획득이라는 병법원리가 뒷받침되고 있었음을 반증하여 주는 자료이다.

신이 거느린 함선은 전선이 42척이고 정탐용 작은 배가 52척이며, 우수사 이억기가 거느린 함선은 전선이 54척이고 정탐용 작은 배가 54척이며, 전

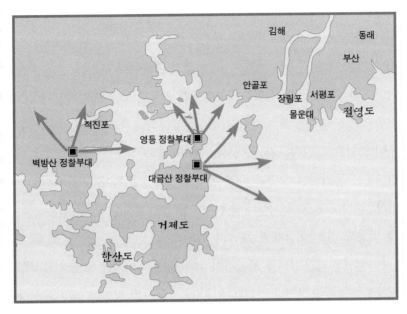

<지도 5> 이순신의 정찰부대 배치도

쟁기구는 배의 척수에 따라 정비하였습니다.[33)]

위의 글을 토대로 1593년(계사년) 기준 전라좌수영의 함선세력을 정리해 보면 총 함선세력 가운데 전투함이 96척이요, 탐망선이 106척이다. 특히 왜군과의 접적지역인 거제 서쪽 해역과 접해 있는 전라좌수영에는 탐망선이 전선보다 10척이 더 많음을 알 수 있다. 이순신은 전쟁에 있어서 정보획득의 중요성을 누구보다도 잘 알고 있었고, 이에 따라 탐망선 운영에 매우 적극적이었다.

□ 갑오년(1594)에 이르러 이순신의 조선함대는 전선이 120척, 탐망선인 사후선이 110척

에 달했다.

임진년(1592) 이후 이순신은 부산포를 공격하지 못하고 있었다. 앞서 살펴본 대로 협공을 당할 우려가 컸기 때문이다. 따라서 이순신은 한산도에 삼도수군의 통합함대사령부인 통제영(統制營)을 두고 왜군이 서쪽으로 진격하는 것을 가로막는 '현존함대전략'을 구사하였다. 왜 수군이 호남으로 진격하기 위해서는 거제도를 중심으로 내해 협수로인 견내량을 통과하는 방법과 옥포 쪽의 바깥바다로 돌아가는 방법이 있었다. 한산도의 통제영은 내해와 외해를 동시에 차단할 수 있는 길목에 위치해 있는 이를테면 호남의 관문이었다.

이순신은 왜군정세를 파악하기 위해 탐망선 이외에 별도로 육상의 정찰부대를 운용하였다. 거제도의 내해로 통하는 칠천량 앞바다를 감시하는 영등(永登)정찰부대와 거제도 외해로 통하는 해로를 감시하는 대금산(大金山) 정찰부대 그리고 고성 쪽의 육지와 바다를 감시하는 벽방산(碧芳山) 정찰부대가 그것이다. 이 부대의 활약을 통해 이순신은 안골포·가덕·제포·웅포·거제 등을 오가는 왜 수군과 고성 쪽의 왜 지상군의 동태를 소상히 파악할 수 있었다. 심지어는 육로로 군관을 직접 보내 거제 동쪽 적의 동태를 살피기도 하였다.34)

그러나 높은 지형을 이용하는 고정된 육상의 정찰수단만 가지고는 웅천 동쪽의 왜군정세를 파악할 수 없었다. 그러므로 이순신의 탐망선 파견은 점차 원거리로 확대되었다.

□ 계사년 6월 18일 일기에 다음과 같은 구절이 있다. "아침에 탐후선이 들어왔다. 닷새 만에야 들어왔으니 아주 옳지 않은 일이라 곤장을 때려 보냈다" 이를 통해 볼 때 길게는 3일

이상의 먼 거리까지 탐망선을 운용했음을 알 수 있다.

정확한 정보없이 함대를 움직이지 않았던 이순신은 가등청정을 잡으러 출동하라는 조정의 명령을 받아들이지 않았다. 이는 따지고 보면 전투지역에서 멀리 떨어져 있는 조정의 정보능력에 대한 신뢰감이 없었기 때문이었다. 이순신으로서는 그 자신이 파직되어 투옥이 되고 임금을 능멸하였다는 죄로 죽임을 당할지언정 결단코 거짓 정보에 기초하여 병사들을 죽을 곳으로 내모는 그러한 무모한 작전명령을 내릴 수가 없었던 것이다.

반면에 이순신을 대신하여 삼도수군통제사가 된 원균은 자신의 의지와 관계없는 단 한번의 출동으로 칠천량에서 결정적인 패배를 당하고 말았다. 원균은 자신의 자리를 위해 사직과 부하들의 생명을 담보로 했지만 이순신은 자신의 영예를 초개와 같이 버림으로써 조선 최후의 보루였던 수군을 온전히 보존하고자 하였던 것이다.

6. 만반의 전투준비 태세는 승리의 기초이다[萬全之策]

이순신이 지휘하는 조선수군이 전 해전에서 무패의 전과를 거둘 수 있었던 요인은 전쟁을 승리로 이끌 수 있는 모든 요소들을 완벽히 갖추고 있었기 때문이다. 그것도 단기전에서가 아니라 20여 회의 해전에서,

그것도 장장 7년이나 지속된 장기전이었기 때문에 더더욱 그렇다. 속전속결일 경우 전투의 승패를 가늠하는 전략·전술만 잘 운용하면 승리를 얻을 수 있다. 그렇지만 장기전인 경우에는 군수지원과 병력충원 등을 포함하여 전쟁과 관련된 총체적인 문제를 해결해야만 승리할 수 있다.

이순신은 조선수군 최고지휘관으로서의 작전구사, 중앙정부 기능이 무력화된 상황에서의 독자적인 군수지원 문제의 해결, 그리고 백성들의 안위와 생명을 보살펴야 하는 목민관(牧民官)으로서의 역할 등을 동시에 수행해야 했는데, 결과적으로 이 모든 역할을 완벽하게 수행한 장수였다.

이순신은 최일선 전투지휘관으로서의 역할을 수행할 때는 지장(智將)으로서의 면모를 보여주었으며, 목민관으로서의 역할을 수행할 때는 덕장(德將)으로서의 모습을 보여주었다. 특히 해전에서 아군의 전투력이 우세하여 승리에 자신이 있을 때는 최고지휘관으로서 후방에 위치하여 전투를 총괄 지휘하였던 데 반해, 아군의 전투력이 열세하여 휘하장수들이 겁에 떨고 있을 때는 과감히 선두에 서서 적을 공격하는 용장(勇將)의 면모를 과시하기도 하였다. 그야말로 장수로서 가지고 있어야 할 지(智)·신(信)·인(仁)·용(勇)·엄(嚴)의 자질을 완벽하게 갖춘 장수였다.

이와 같은 이순신의 리더로서의 뛰어난 자질과 역량은 항상 주어진 상황에 합당한 최상의 조건을 창출해내어 조선수군의 전투력을 극대화시켰다. 그는 매사에 신중하였고 경계를 늦추지 않았으며 철저한 사전준비를 통해 계획되고 의도된 대로 해전에 임하여 승리를 쟁취하였다. 결국 이순신은 구체적인 전투현장에서뿐만 아니라 자기 스스로의 장수로서의 역량강화에 이르기까지 만전(萬全)의 원리를 일관되게 적용하였던 것이다. 이것이 그가 7년의 전쟁에서 무패의 전과를 이룩했던 불멸의 신화를 설명할 수 있는 요소가 아닌가 생각한다.

아래에서는 이순신의 만전주의적 태도를 잘 보여주는 사례를 들어 그 내용을 구체적으로 확인하고자 한다.

1) 철두철미한 전투준비 태세와 거북선의 건조

이순신은 1591년 2월 13일에 전라좌수사로 부임하였다. 그는 부임 이래 실로 눈코 뜰 새 없이 전비태세 확립을 위해 동분서주하였다. 그는 전쟁이 발발하는 해인 1592년(임진년) 1월부터 전비태세를 점검하기 위하여 예하 직할부대인 순천·보성·낙안·광양·흥양 등 5관(官)과 사도(蛇渡)·방답(防踏)·여도(呂島)·녹도(鹿島)·발포(鉢浦) 등 5포(浦)를 차례로 순시하여 업무에 충실한 부하에게는 포상을 내리고, 불성실하거나 나태한 병사들은 엄하게 처벌하였다.

□ 다음은 임진년 『난중일기』의 내용이다. 1월 16일: "방답의 병선군관과 색리들이 병선을 수선하지 않기로 곤장을 때렸다." 2월 초2일: "쇠사슬 건너 매는 데 쓸 크고 작은 돌 80여 개를 실어왔다." 2월 초4일: "동헌에 나가 공무 마친 뒤 북봉(北峰) 연대(烟臺:신호대) 쌓는 데로 올라가 보니 축대자리가 매우 좋아 무너질 리 만무했다. 이봉수가 부지런히 일한 것을 짐작할 수 있었다." 2월 25일: "여러 가지 전쟁방비의 결함이 많으므로 군관과 색리들에게 벌을 주고 첨사를 잡아들이고 교수는 내어보냈다."

그러나 전투준비 태세를 위한 여러 조치들 가운데 백미는 거북선 건조다. 거북선은 이순신에 의해 개발된 돌격선으로 판옥선을 모델로 하여 위에 덮개를 씌운 것이다. 해전에서 거북선의 역할은 적의 지휘선이나 주력전투함을 공격목표로 삼아 지자포·현자포를 쏘며 돌격하여 격파함으로써 개전 초기에 적의 지휘부를 무력화시키는 데에 있었다.

거북선의 덮개는 적선과 충돌하여 서로 접하게 될 때 등선육박전술(登船肉薄戰術)을 특기로 하는 왜병이 칼을 들고 뛰어오르는 것을 방지하기 위해 고안된 것이다. 거북선의 위

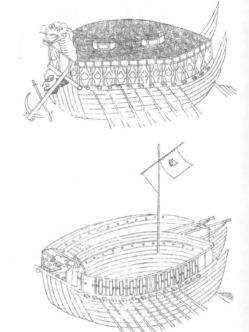

<그림 28> 전라좌수영 거북선(상), 통제영 거북선(하)

력은 견고하게 만들어진 선체와 적의 함선에 포위되더라도 전후좌우로 자유롭게 움직일 수 있는 기동성, 그리고 가공할 만한 각종 화포에 있었다.

이순신이 거북선을 만들어 돛을 달고[35], 화포를 설치하여 기동훈련과 시험사격[36] 등을 실시하고 전투세력으로 합류시킨 날은 임진왜란 발발 하루 전이요, 경상우수사인 원균과 좌수사인 박홍으로부터 왜

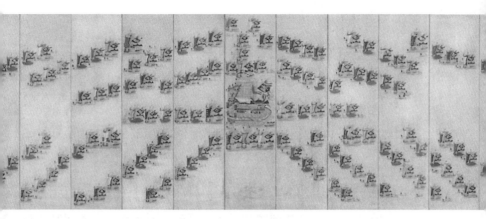

<그림 29> 해진도(海陣圖)
통제영에 모여 함대 기동훈련을 하는 모습으로
이른바 첨자진(尖字陣)이다.

군침략 공문을 접수하기 3일 전이었다.[37)]

□ 왜군은 4월 13일 오후 4시경에 부산에 입항하여 정박하였다. 이날 왜장은 부산진성
으로 가서 수군첨절제사인 정발(鄭撥)과 회담을 요청하여 명나라로 가는 길을 빌려달
라고 하였으나 묵살당하자 4월 14일 새벽 일제히 부산진성을 공격하여 한 나절만에
함락시켰다.

2) 당항포해전과 만전주의

임진년 제1차 출동에서 이순신은 옥포에서 왜 수군과 첫번째로 조
우하여 26척을 격파하는 전과를 올렸다. 이후 합포와 적진포에서 각각
격파한 5척과 11척을 합하면 도합 42척의 왜군함선을 1차출동에서 격
파 분멸한 셈이다. 첫 출동의 해전치고는 눈부신 전과였다. 그것은 4월
16일 전쟁발발 소식을 들은 뒤 가졌던 20여 일의 치밀한 준비가 일궈

낸 결과였다.

제1차 출동은 지휘관인 이순신뿐만 아니라 조선 수군병사들에게 해전에 대한 자신감을 불어넣어 준 계기가 되었다. 이를 통해 조선수 군은 당시로서는 첨단무기체계인 천·지·현·황 등의 총통과 우수한 성능을 지닌 판옥선을 잘만 운용한다면 얼마든지 왜군을 격파시킬 수 있다는 믿음을 가지게 되었다.

반면에 1차접전에서 조선수군에 의해 막대한 손실을 입었음에도 불구하고 부산 등지의 왜 수군들은 그들의 함선을 이용하여 여전히 노 략질을 일삼고 있었다. 심지어 그들은 거제도 서쪽 연안을 거쳐 사천 에 이르기까지 깊숙이 진출하기도 하였다. 거제도 서쪽에 수영(水營)을 두고 있던 경상우수사 소속 수군은 이 소식을 접하자 겁에 질려 수영을 버리고 남해의 노량으로 대피하는 상황이 벌어졌다.

사태가 이처럼 심각해지자 이순신은 전라우수사·경상우수사와 협 의하여 제2차 출동을 감행하기로 작정하였다. 2차출동은 1차출동 때 와는 그 상황이 달랐다. 사천으로부터 거제 안쪽 바다에 이르기까지 곳곳에 왜군이 진입해 있었으므로 해전을 치르면서도 후방을 포함한 전방위(全方位)의 경계를 늦출 수가 없었다. 만반의 준비를 갖춘 이순신 은 거제에 사는 백성들로부터 왜선들이 당항포에 정박해 있다는 정보 를 입수하고 곧바로 당항포로 출동하였다. 당항포해전의 전투상황은 이순신의 만전주의적 태도를 잘 보여준다.

당항포 바다 어귀의 형세를 물어보니 "거리는 10여 리쯤 되고 넓어서 배를 용납할 만하다' 하므로 먼저 몇 척의 전선을 시켜 가서 지형의 이점을 살피되 만약 적이 추격해 오거든 짐짓 물러나 적을 끌어내라고 엄하게 지시하여 보냈습니다. 그리고 신들의 함대는 몰래 숨어 있다가 저격할 계획을 세웠는데, 포구로 들여보냈던 전선이 바다 어귀로 되돌아 나오면서 신기전을 쏘아 변을 알리며 "빨리 들어오라" 하므로 전선 4척을 바다 어귀에 머물러 복병하도록 지시한 뒤에 노를 재촉하여 들어가니, 양편 산자락이 강을 끼고 20여 리였으며, 그 사이의 지형이 그리 좁지 않아서 싸울 만한 곳이었습니다.38)

싸우기에 앞서 적이 머문 곳을 파악한 이순신은 적이 있는 장소가 조선수군의 주력전투함인 판옥선을 운용하는 데 문제가 없는지를 신중히 검토하였다. 그리고 가능하면 판옥선이 전투하기에 유리한 넓은 바다로 왜군함선을 끌어내는 방법까지 염두에 두고 예하 지휘관들이 전투에 임하도록 했다. 아울러 이순신은 적군함대가 후방을 공격할 수 있는 가능성이 있는지에 대비하여 전선 4척을 당항포 입구에 숨겨두었다. 후방에 대한 안전조치를 취한 이순신은 조선수군의 돌격선인 거북선을 앞세워 적의 대선으로 향하였다.

이순신은 싸우기에 앞서 이미 승리를 확신하고 있다. 오히려 그는 형세가 궁한 왜적들이 육지로 도망하지나 않을까를 걱정하였다. 이순신은 거짓으로 퇴각신호를 보내 포위를 풀고 적들이 바다쪽으로 도망할 수 있도록 통로를 열어주게 하였다. 왜 수군이 육지로 도망하게 되면 반토막 승리밖에 거둘 수 없었기 때문에 편 유인작전이다.

과연 왜의 최고지휘관이 탄 듯한 충각선이 열어준 통로를 따라 서둘러 빠져나왔다. 퇴각신호에 따라 좌우로 갈라져 있던 조선수군의 모든 전선들이 충각선을 향해 집중공격을 가하고 격파된 충각선을 뒤로 한 채 나머지 왜 함선들을 향하여 돌진하였다. 수많은 왜병들이 물에 빠져 죽고 더러는 산으로 기어올라 도망하였다.

승리로 끝난 전투를 돌아보며 이순신은 전선 1척을 포구에 남겨두었다. 이는 육지로 도망한 왜병들이 밤을 틈타 배를 타고 도망가도록 하기 위해서였다. 바다 위에서 이들을 섬멸하기란 식은죽 먹기였다. 이 임무는 방답첨사 이순신(李純信)이 맡았는데, 그 계획은 정확히 적중하였다. 임무를 맡아 복병하여 기다리던 방답첨사가 이순신에게 다음과 같이 보고하였다.

오늘 새벽(6월 6일)에 당항포 바다어귀로 옮겨왔더니 조금 있다가 과연 왜선 1척이 바다어귀로부터 나오므로 첨사가 곧바로 돌격하였습니다. 1척에 타고 있던 왜적들은 거의 100여 명이었는데, 우리 편 배에서 먼저 지자 및 현자총통을 쏘는 한편 장편전·철환·질려포·대발화 등을 연달아 쏘고 던지매 왜적들은 창황하여 어찌할 줄 모르고 도망하려 하므로 요구금(要鉤金)으로써 바다 가운데로 끌어냈는데, 반이나 물에 뛰어들어 죽었습니다.[39]

이순신의 치밀성과 만전주의적 태도를 엿볼 수 있는 한 대목이다.

이순신의 조선 수군함대는 임진년 6월 5일의 당항포해전에서 적선 26척을 격파하고 6월 7일에는 웅천땅 증도(甑島) 해상에 이르러 천성(天城)·가덕(加德)의 왜적의 종적을 탐색하다가 율포에서 7척의 왜 함선을 추가로 격파한다. 6월 8일에는 창원의 마산포·안골포·제포·웅천 등지에 탐망선을 파견하여 적의 동태를 살폈으나 어느 곳에서도 적을 발견할 수 없었다. 6월 9일 다시 함대를 이끌고 가덕·천성·안골포(安骨浦) 등에서 왜적의 종적을 살폈으나 역시 모두 도망하고 없었다. 이에 6월 10일 남해의 미조항(彌助項) 앞바다에서 진을 파하고 우수사 이억기 및 원균과 헤어졌다. 5월 29일에 출동한 이래 11일 만이었다.

이순신은 내심 부산포를 공격하고 싶었다. 그것은 작전상 가장 좋은 방책이며 마음 같아선 당장 시행하고 싶었지만 당시로서는 불가능한 이유가 있었다.

첫째로 군량이 이미 떨어져 갔다.
둘째로 전상자가 많고 또한 군사가 피로하므로 피로한 군사로 편안히 숨어 있는 적과 싸우게 하는 것은 병가의 방책이 아니다.
셋째로 부산으로 가는 길목인 양산강(梁山江)에 숨어 있는 왜군을 격파하지 않고는 부산으로 공격해 들어갈 수 없다. 왜냐하면 부산과 양산의 적들이 호응하여 앞뒤로 공격을 받을 수 있는 피동의 국면에 빠지게 되는 것은 만전의 계책이 아니기 때문이다.[40]

이러한 우려에서 보듯이, 출동 전의 철저한 준비태세, 수집된 정확한 정보에 바탕을 둔 치밀한 작전계획, 항상 후방의 기습에 대비하는 경계함선 배치, 그리고 왜 수군의 전체적인 병력상황과 조선수군의 전투능력을 고려한 적절한 함대의 운용 등은 이순신이 해전에 임하여 항상 염두에 두는 고려사항이었다. 이를 통해 이순신은 조선수군을 온전히 보전하면서도 전투효과는 극대화시켰다. 임진년을 포함하여 전후 7년간의 조선수군의 해전승리는 바로 이순신의 철두철미하고 세심한 만전주의(萬全主義)에 기초하여 이루어진 결과였던 것이다.

7. 이길 수 있는 조건을 갖춘 뒤에 싸워라[先勝求戰]

"승리하는 군대는 먼저 승리할 수 있는 여건을 만들어 놓은 뒤에 싸워서 항상 승리하지만, 패배하는 군대는 먼저 싸우고 나서 요행으로 승리하기를 바란다."41) 따라서 진정 훌륭한 장수는 싸우기 전에 승리의 조건을 완벽하게 갖춘 다음 승리의 확신이 있을 때 비로소 나아가 싸운다. 이른바 전쟁은 이기게 되어 있는 싸움을 구체적으로 확인하는 절차에 지나지 않는다는 말이다.

이순신은 전쟁에 관한 한 완벽주의자였다. 그는 매우 세심한 성격의 소유자로서 철저히 전투를 준비했으며, 승리에의 확신이 없는 싸움은 결코 하지 않았다. 임진년 대부분의 해전은 이기게 되어 있는 싸움을 구체적으로 확인하는 행위에 지나지 않는 일종의 축제였다. 임진년 1차출동을 승리로 이끌고 나름대로 왜 수군의 전투력을 파악한 조선수군 장졸들은 해전에 대해 자신감을 갖게 되었으며 사기 또한 충천했다.

> □ 1차출동 이후 조선수군은 해전에 관한 한 왜 수군에 대해 자신감을 가지고 있었다. 따라서 해전 때마다 조선수군의 여러 장수들은 왜 함선을 만나면 앞을 다투어 돌격하여 공을 세우려는 기이한 현상이 벌어졌다. 이런 과정에서 왜 수군의 공격에 의해서가 아니라 경솔한 조함술에 의해 함선이 전복되어 많은 인명피해를 내는 일도 있게 되었다.42)

이순신은 왜의 수군을 좁은 포구로부터 넓은 외해(外海)로 유인하여 격멸하는 함대결전 전략을 적극적으로 구사하였다. 좁은 포구에서 해전을 할 때 형세가 불리함을 느낀 왜 수군이 종종 육지로 상륙하여 도망가는 일이 벌어졌기 때문이었다.

□ 함대결전(艦隊決戰) 전략은 우세한 전투력을 보유한 쪽에서 운용하는 해군전략으로서 넓은 대양에서 가용한 함대세력을 총동원하여 전면전을 벌이는 것으로 일종의 공세적 전략이다. 이순신이 지휘한 조선수군은 전체 수군운용 측면에서는 현존함대전략을 운용했지만 각각의 해전에서는 함대결전전략을 적극적으로 구사하였다. 한산해전·명량해전·노량해전은 함대결전 방식의 대표적인 해전이다.

넓은 바다로 유인하여 싸우는 전술은 절대우세의 전투력을 가지고 있지 않고는 사용하기 어려운 것인데, 이를 확인할 수 있는 대표적인 해전이 임진년 2차출동 중의 당항포해전과 3차출동 중의 한산해전이다.

임진년 2차출동 때 조선수군의 통합함대는 당항포 연안의 소소강(召所江) 서쪽 기슭에서 대선 9척, 중선 4척을 비롯하여 총 26척으로 구성된 왜 수군함대를 발견하였다. 이순신은 다음과 같은 작전계획을 가지고 당항포해전에 임했다.

그런데 신의 생각으로는 만약 저 적들이 형세가 궁해져 배를 버리고 상륙하면 모조리 섬멸하지 못할 것을 염려하여 "우리들이 거짓으로 포위를 풀고 퇴군하는 것을 보여 진을 후퇴시키면 적들이 필시 그 틈을 타서 배를 옮길 것이니 그 때 좌우에서 쫓아 공격하면 거의 섬멸할 수 있으리라"고 전령한 뒤에 퇴군하여 한쪽을 풀어주었습니다. 과연 층각선이 열어준 길을 따라 나오는데,… 우리의 전선은 사면으로 포위하면서 재빠르게 협격을 하고, 돌격장이 탄 거북선이 또 층각선 밑으로 달려가서 총통을 쏘아 층각선을 쳐부쉈습니다. 또 여러 전선이 화전(火箭)으로 그 비단장막과 돛을 쏘아 맞히자 맹렬한 불길이 일어나고, … 허다한 적도들은 혹은 물에 빠지기 바쁘고 혹은 기슭을 타고 올라가며 혹은 산으로 올라 북쪽으로 도망치는지라….43)

이 해전에서 조선수군은 43급의 왜군 머리를 베고, 또 조우한 왜함선 대·중·소선 30척을 모두 불태웠다. 이 때 동원된 조선수군은 합세한 이억기의 전라우수영 함대를 포함하여 주력함선인 판옥선이 51척에 달하였다. 개전 이래 가장 막강한 함대세력이었다.

한산해전 상황은 어떠했던가? 한산해전은 앞서 살펴보았듯이 임진왜란 개전 이래 조선수군과 왜 정예수군이 처음으로 맞붙은 본격적인 한판 승부였다. 1·2차출동 때의 해전이 남해연안에서 노략질을 일삼던 왜 수군에 대한 기습공격이었다면 3차출동에서의 한산해전은 상대방을 서로를 인식한 상태에서, 그것도 나름대로의 준비를 갖춘 왜 수군과의 결전이었다.

이 때 이순신이 지휘하는 조선수군 통합함대 세력은 전라좌우수영과 경상우수영 소속의 판옥전선 54척(55척)이 주력이었고, 왜 수군 함대세력은 대선 36척, 중선 24척, 소선 13척으로 도합 73척의 함선으로 구성되어 있었다.

□ 함선의 총 척수에서는 73 대 54~55척으로 조선수군이 열세인 것 같지만 조선수군은 판옥선이었고 이와 크기가 비슷한 왜의 대선은 36척에 불과하였다는 사실은 척수에서도 조선수군이 결코 열세가 아니었음을 보여준다. 또한 무기체계 측면에서 보면 조선수군은 천자·지자·현자 총통 등 화포로 중무장되어 있는 반면에 왜의 수군은 조총과 화살 같은 경무장이 주공격 수단이었다는 사실은 조선수군이 화력면에서 절대우위를 점하고 있었음을 보여준다.

이순신은 한산해전에 임하면서도 승리를 의심하지 않았다. 임진년

⑴592) 6월 7일, 이순신은 견내량에 왜 함선 70여 척이 정박해 있다는 정보를 입수하고 그 다음날 이른 아침 견내량으로 향하였다. 이 때 이순신의 작전계획을 술회한 글이 있다.

견내량은 지형이 매우 좁고, 또 암초가 많아서 판옥전선은 서로 부딪히게 되어 싸움하기가 곤란할 뿐만 아니라 적은 만약 형세가 불리하게 되면 기슭을 타고 육지로 올라갈 것이므로 한산도 바다 가운데로 유인하여 모조리 잡아버릴 계획을 세웠습니다.[44)

이순신은 왜 수군에 대한 정보를 입수한 이후 하룻밤 내내 고민하였다. 그런데 그 고민은 단순히 승리하는 데 있는 것이 아니라 어떻게 하면 전과를 극대화시킬 수 있을까에 있었다. '좁은 견내량에서 싸울 경우 판옥선이 움직이기에 불편하다. 또한 적들이 형세가 불리하면 배를 버리고 육지로 도망갈 수도 있다. 어떻게 하든지 왜 수군을 한산도 앞의 넓은 바다로 유인해야 한다. 그리하여 한 척도 남김없이 모조리 격파해야 한다.' 이순신의 구상은 밤새도록 계속되었다.

그렇게 하여 세워진 작전계획에 따라 이순신은 판옥선 5~6척으로 하여금 왜 수군선봉을 공격할 태세를 갖추도록 했다. 적들은 유인책에 따라 일시에 돛을 달고 달려나왔다. 조선수군 함선 5~6척은 뱃머리를 돌려 넓은 한산 앞바다로 퇴각하였는데, 물론 이것은 거짓 퇴각작전이었다. 왜 수군은 이순신이 의도한 대로 모두 바다 한가운데로 따라나왔다.

조선수군 통합함대는 진세를 학익진으로 펼쳤다. 공격개시와 함께 왜 대선 35척, 중선 17척, 소선 7척 등 도합 59척을 격파하였다. 왜의 정예 수군함대는 거의 박멸된 것이나 마찬가지였다. 반면에 조선수군 함선은 단 1척도 치명적 손상을 입지 않았으며 인명피해도 그리 많지 않았다. 이러한 전투결과는 조선수군의 전투력이 왜 수군에 비해 월등하였음을 반증해 준다. 거기에다 화력을 집중하기 위한 진형법인 학익진의 운영 등 이순신의 주도면밀하고도 탁월한 병법구사는 조선수군의 전투력을 극대화시켰으며 결과적으로 완전한 승리를 쟁취할 수 있게 하였다.

이후 안골포해전에서도 왜 정예수군을 대파한 조선수군은 거제도 서쪽의 제해권을 장악하였다. 이에 따라 남해를 거쳐 서해안 바닷길을 따라 수륙협동으로 한양을 공격하려던 왜의 기본전략은 근본적으로 좌절될 수밖에 없었다.

임진년 4차출동에서 이순신은 전선 74척과 협선 92척 등 총 166척의 대함대를 이끌고 부산포를 향해 출동하였다. 이 때 고성·진해·창원 등지에 머물고 있던 왜적들은 조선수군의 출동정보를 입수하고 모두 도망하기에 바빴다. 또한 해상에서 조우한 왜군함선들도 애초에 싸움을 포기하고 육지로 도망하기에 급급했다. 조선 수군함대는 장림포(長林浦)에서 6척, 화준구미(花樽龜尾)에서 5척, 다대포(多大浦)에서 8척, 서평포(西平浦)에서 9척, 절영도(絶影島)에서 2척, 초량(草梁) 부근에서 4척의 왜 함선을 조우하여 모두 손쉽게 격파시켰다. 부산포해전에 앞선 이 같은 전초전은 마치 산을 에워싸고 토끼몰이를 하는 것과 유사한 양상이어서 굳이 해전이라 할 것도 없었다.

부산포의 해전에서도 100여 척의 왜 함선을 격파하는 전과를 올렸지만 명실상부한 해전은 아니었다. 조선수군의 위세에 질린 왜군은 배 안에 있던 병장기들, 예컨대 조총과 활만을 들고 산으로 올라가 진세를 벌렸다. 그리고는 그 곳에서 조선 수군함선에 공격을 가하는 이른바 '요새함대(要塞艦隊)전략'을 구사하였다. 이 때문에 조선수군은 어쩔 수 없이 종열로 진을 형성하여 포구로 들어가 왜 함선을 공격할 수밖에 없었다. 그러나 이 또한 승리가 확실한 싸움이었다. 왜군함선들은 해전을 목표로 잘 조직된 조선수군의 위용 앞에 감히 나와 싸울 엄두도 내지 못하였다.

그러나 이 작전은 왜군은 은폐되고 조선수군은 노출된 상태에서의 전투였기 때문에 매우 위험한 작전이기도 했다. 이순신은 부산포해전의 의의를 뒤에 이렇게 적고 있다.

무릇 전후 4차례 적에게 달려가서 열 번 접전하여 모두 다 승첩하였어도 장수와 군졸들의 공로를 논한다면 이번 부산싸움보다 더한 것이 없습니다. 전일 싸울 때에는 적선의 수효가 많아도 70여 척을 넘지 않았습니다. 이번은 대적의 소굴에 벌여 있던 470여 척의 적함 속으로 군사의 위세를 크게 뽐내어 이긴 기세로 돌진하며, 조금도 두려워 꺾임이 없이 종일 공격하여 적선 100여 척을 쳐부숴 적들로 하여금 마음이 꺾여 가슴이 무너지고 머리를 움츠리어 두려워 떨게 하였습니다.45)

부산포해전에서 조선수군은 함선손상이 몇 척 있었고, 역전의 용장

정운 장군을 포함한 전사자가 6명, 부상자가 25명이 있었다. 수많은 적을 살상하고 100여 척의 왜 함선을 격파한 전과에 비한다면 조선수군의 피해는 경미하다고 하지 않을 수 없다. 그것은 이순신이 '선승구전(先勝求戰)'의 병법원리에 충실하였기 때문이 아닌가 생각된다.

장수는 승리에 대한 확신이나 철저한 준비없이 감정에 휩싸여 또는 도박하는 심정으로 전쟁에 임해서는 안된다. 전쟁의 결과가 개인의 생사분제에 국한된 것이 아니라 국가의 존망을 좌우하기 때문이다. 전쟁에는 요행이라는 것이 없다. 이순신이 스스로 명량해전을 승리로 이끌고 천행(天幸)이라 고백하고 있지만 그는 승리를 위한 제반조건들을 최선을 다해 갖추어 놓고 싸움에 임하였다. 결국 요행도 승리의 조건을 갖추기 위해 최선을 다한 사람에게만 찾아오는 것이다.

칠천량해전의 패배 이후에 조선조정에서는 이순신을 다시 삼도수군통제사에 임명했지만 10여 척의 함선으로는 그도 어쩔 수 없을 것이라는 판단 하에 육전(陸戰)에 임하라고 명령하였다. 이 때 이순신은 "저 임진년으로부터 5·6년 동안에 적이 감히 충청·전라를 바로 찌르지 못한 것은 우리 수군이 그 길목을 누르고 있었던 때문입니다. 이제 신에게 전선이 12척이 있사온바 죽을힘을 내어 항거해 싸우면 승산이 있습니다"46)라고 하여 조정을 설득한 바 있는데, 결국 그는 명량해전을 승리로 이끌었다.

이순신의 이 같은 주장을 이해하는 데는 두 가지 시각이 있을 수 있다. 하나는 영웅사관적 관점이요, 다른 하나는 실증사관적 관점이다. 전자의 관점에서 보면 명량해전에서의 이순신은 그야말로 영웅이요 군신(軍神)이다. 왜냐하면 그는 12척 대 133척이라는 엄청난 격차의 중과부적 상황에서 그 누구도 해낼 수 없는 승리를 쟁취하였기 때문이다. 이러한 입장에 서면 이순신은 보통사람으로는 감히 범접하지 못할 초인(超人)이 되어버린다. 따라서 명량해전 승리를 설명할 때도 객관적 사실이나 근거보다도 당시의 과학기술 수준이나 여건을 고려해 볼 때 비록 개연성이 매우 떨어지는 설이기는 하지만 철쇄설치설 등이 승리의 요인으로 부각되게 된다.

그러나 후자의 관점에 서면 여러 가지 객관적이고도 합리적인 해석의 여지가 따른다. 이순신이 육전(陸戰)으로 전환하라는 조정의 명령을 따르지 않고 12척의 전선으로 왜 수군에 맞서 싸우고자 한 데는 그럴 만한 충분하고도 합리적인 근거가 있었을 것이라는 전제에서의 해석이 그것이다.

전쟁은 단순히 감성적 열정만으로 이길 수 있는 것이 아니며 어쩌다 보니 요행으로 이길 수 있는 것은 더더욱 아니다. 전쟁은 승리를 위한 객관적 요소, 이른바 적과 아군의 객관적 전투역량, 지휘관의 지모와 군사전문가로서의 역량, 전장의 지리형세에 대한 적절한 이용 등에 의해 그 승패가 결정나는 것이다. 다시 말해 전쟁에서 승리했다는 것은 승리할 수 있는 객관적 조건을 갖추고 있었기 때문이지, 어쩌다 보니 우연히 운이 좋아서가 아니다.

우리가 이순신 병법에 대해서 논의하고 연구하는 이유가 바로 여기에 있다. 이순신이 위대한 점은 열세한, 그래서 보통사람으로는 승리할 수 없는 극악한 상황에서 해전을 승리로 이끌었다는 데에 있는 것이 아니라, 어떤 상황에서도 적절한 병법의 구사를 통해 열악한 조건을 승리할 수 있는 우세한 조건으로 전환시켰던 그의 탁월한 군사전문가적 역량에 있다고 보아야 할 것이다.

필자는 앞에서 이순신 병법을 '병력집중의 원리', '화력집중의 원리', '주동권 확보의 원리', '정보획득의 원리', '지리이용의 원리', '만전의 원리', '선승구전(先勝求戰)의 원리' 등 일곱 가지 측면에서 살펴보았다. 이를 통해 우리는 그의 군사전문가로서의 주도면밀성과 지휘관으로서의 탁월성을 확인할 수 있었다.

6
이순신의 장재

l. 병법과 지휘통솔법은 리더의 양대 보검이다

앞에서 우리는 '이순신의 병법'에 관하여 살펴보았다. 이제 이순신 병법에 대한 이해를 토대로 그의 지휘통솔법을 살펴보고자 한다. 병법을 오늘날의 개념으로 환원하여 이른바 '전쟁승리의 원리'라고 한다면, 지휘통솔법은 이른바 리더십에 해당된다고 볼 수 있다. 이순신이 아무리 출중한 병법의 대가라 하더라도 구체적인 전투현장에서 부하장졸들이 제대로 따라주지 않는다면 전투력은 반감되고 만다.

이순신의 병법에 대한 탐구에서는 그의 군사전문가적인 지식과 역량이 중요하게 부각되었다면, 여기에서는 그의 지휘관으로서의 자질 및 인간적인 면모, 그리고 그가 구사한 지휘통솔법의 규명이 주요주제가 될 것이다. 병법과 지휘통솔법은 리더가 지녀야 할 양대 보검(寶劍)이다. 이 두 요소가 조화롭게 결합될 때 부대와 부하장졸들의 전투력이 극대화될 수 있기 때문이다.

자연인으로서의 이순신의 인간적 면모와 전쟁을 승리로 이끌어야 하는 책임을 지닌 수군 최고지휘관으로서의 면모는 때때로 상충될 수도 있을 것이다. 이순신은 부대 전투력의 강·약 여부나 처해진 상황에 따라 다양한 지휘통솔법을 구사하였다. 이를 통해 병사들의 잠재적 전투능력을 최대한으로 이끌어내는 데 성공하였으며 결과적으로 어떠한 상황에서도 해전을 승리로 이끌 수 있었다. 이순신의 지휘통솔법을 체계석으로 정리하는 것은 그의 위대성을 구체적으로 이해할 수 있는 또 하나의 디딤돌이 될 것이다. 또한 이순신의 지휘통솔법에 대한 올바른 이해는 참된 리더의 길이 어디에 있는지를 생각해 보는 계기를 제공할 것이다.

지휘통솔법의 영역에는 단순히 부하장졸들을 다루는 문제뿐만이 아니라 지휘관 자신의 끊임없는 인격도야라는 수양의 과정이 포함된다는 사실을 이순신은 그의 전생애를 통해 보여주었다. 『손자병법』을 포함한 대부분의 병법서는 추상적인 지휘통솔의 원리를 제시해 주는 데 그치지만, 이순신의 지휘통솔법은 임진왜란 7년간의 전투현장에서 구체적으로 실행된 사례라는 점에서 그 의미가 더욱 크다 할 것이다.

2. 역대 주요 병법서의 장재론을 살펴본다

이순신이 어떤 지휘통솔법을 사용하여 전쟁에서 승리하였는가를 알아보기 전에 먼저 그가 어떤 장수였는지를 알아보는 것이 순서일 것 같다. 이를 위해 먼저 역대 주요 병법서에서 논하고 있는 이상적인 장수의 자질에 대하여 간단히 살펴보기로 한다.

□ 장재(將才)는 장수의 자질을 말한다. 군을 통솔하고 위세를 잡는 것을 '장(將)'이라 하고, 적을 헤아려 승기를 잡는 것을 '재(才)'라고 한다.1)

1) 『손자』의 장재론

『손자병법』의 저자로 알려진 손무(孫武)는 이상적인 '장수의 자질[將才]'을 구성하는 덕목으로 지(智)·신(信)·인(仁)·용(勇)·엄(嚴) 등 다섯 가지를 제시하였다.2) 『십일가주손자(十一家注孫子)』의 주석자에 포함되어 있는 두목(杜牧)은 "선왕의 정치를 펼 때는 인(仁)을 우선으로 삼지만 병가에서는 지(智)를 우선으로 삼는다"3)고 전제한 뒤 장수가 갖추어야 할 다섯 가지 덕목[五德]에 대해 다음과 같이 주석하였다.

지(智)는 임기응변에 능하고 변통을 아는 것이다. 신(信)은 사람들이 형벌과 포상에 대해 의심하지 않게 하는 것이다. 인(仁)은 인물을 사랑하며 애쓰고 부지런히 일하는 것을 아는 것이다. 용(勇)은 승리를 결단하고 기세에 편승하여 머뭇거리지 않는 것이다. 엄(嚴)은 위엄과 형벌로써 삼군을 엄숙하게 하는 것이다.4)

두목은 이어서 장수된 자는 마땅히 다섯 가지 덕목을 겸비해야 하는데5) 그렇지 못하고 오로지 지(智)에만 맡기면 도적이 되고, 편파적으로 인(仁)만을 베풀면 나약하게 되고, 신(信)을 고수하면 어리석게 되고, 용감성(勇)과 힘에만 의존하면 포악하게 되며, 호령이 지나치게 엄격(嚴)하면 잔인하게 된다"[6]고 하였다. 여기에서 우리는 장수의 자질 가운데 가장 중요한 덕목에 대하여 대부분의 병법가들이 '지(智)'를 꼽았다는 사실에 유의할 필요가 있다. 전쟁을 승리로 이끌어야 하는 장수의 가장 중요한 것이 지적 역량이라는 것이다.

장수의 지적 역량의 범위에는 전략·전술에 대한 지식, 지휘통솔을 위한 병사들의 행동양태와 심리현상에 대한 지식, 그리고 정확한 분석력과 판단력 등이 포함된다. 따라서 장수의 지적 역량은 전쟁의 처음부터 끝까지 승패를 좌우하는 관건이 되는 것이다. 장수가 위의 다섯 가지 덕목을 고루 갖추고 있다면 좋겠지만 그렇지 못할 경우 최소한 지적 역량만큼은 반드시 뛰어나야 전쟁을 승리로 이끌 수 있는 것이다.

따라서 한 국가를 책임지는 위치에 있는 통치자나 부대를 책임지는 장수는 올바른 사리판단을 위해 끊임없이 지적 역량을 강화해야 한다. 올바른 판단은 행동과 실천의 영역에서 나침반 역할을 한다. 나침반이 제 기능을 발휘할 때 나아갈 방향을 올바르게 알 수 있듯이 장수가 올바른 판단을 했을 때 그 휘하병사들은 전쟁에서 승리할 수 있다.

그러나 앞에 지적된 것처럼 장수가 부하를 지휘할 때는 단순히 지적 역량에만 의존해서는 안되며 나머지 네 가지 덕목을 적절히 가미하여야 한다. 왜냐하면 장수는 각자의 고유한 특성을 가지는 병사들을 움직여 최상의 전투역량을 발휘할 수 있도록 해야 하기 때문이다. 따라서 부하병사들의 몸과 마음을 장악하여 장수가 원하는 대로 움직이게 하기 위해서는 때로는 상과 벌에 대한 신뢰를, 때로는 사랑의 감정을, 때로는 엄격한 형벌을 교호적으로 활용해야 한다는 것이 손자의 주장이다. 비록 그렇기는 하지만, 장수가 지휘통솔의 영역에 대한 다양한 지식을 소유해야 한다는 점에서 장수의 지적 역량은 아무리 강조해도 지나치지 않으며 장수가 지녀야 하는 으뜸 덕목으로 자리매김되는 것이다.

2) 『오자』의 장재론

병법서 『오자』의 저자인 오기(吳起)는 전국시대 초기 위나라 출신이며 기원전 440(?)년에 출생하여 기원전 381년에 사망하였다고 알려진 인물이다.

기원전 400년 중국 제(齊)나라 군이 노(魯)나라를 대거 침공하자 왕인 목공(穆公)은 오기를 방어군 장수로 임명하여 출정시키려 하였다. 그런데 오기의 아내가 적국인 제나라의 정승 전화(田和)와 친척이므로 왕은 오기가 내통할까 의심하여 임명을 취소하였다. 그러자 오기는 자신의 아내를 죽여 목공의 의심을 풀었다. 결국 그는 출정군의 장수가 되어 마침내 제나라 침공군을 격퇴하였다. 오기는 출세를 위해 아내를 죽일 만큼 비정하고 냉혈한 같은 인간이었지만, 장수로서는 성공한 사람이었다.

그는 위나라 장수가 되었을 때 병사들과 침식을 함께 하고, 고름을 입으로 빨아내어 부하병사의 등에 난 종기를 치료해 주는 등의 리더십을 발휘하였다. 그 결과 1년 만에 부하장병들의 마음을 완전히 사로잡았으며 이를 바탕으로 많은 전투에서 뛰어난 전공을 세웠다. 실제로 오기는 위나라 장수로 복무한 27년 동안 인접국과 76차례의 대전투를 벌여 승리 64회, 무승부 12회를 기록하였다. 정치적인 이유 때문에 위나라에서 초(楚)나라로 망명해서도 재능을 발휘하여 남쪽으로는 백월(百越: 중국 남부 전역), 북으로는 진(陳)과 채(蔡) 양국을 병합하는 공을 세웠다.

이렇게 볼 때 지휘통솔법은 꼭 인격이 뒷받침되어야 사용할 수 있는 것이 아니다. 지휘통솔법은 장수가 전쟁의 승리를 위해 자신의 인격과 무관하게 사용할 수 있는 일종의 기술 또는 도구인 것이다. 마치 과학의 원리를 알면 일상생활에 편리하게 이용할 수 있는 것과 같은 이치다.

오기는 "무릇 문무를 겸비한 사람이라야 장수라고 할 수 있으며 강함과 온유함을 겸한 자라야 작전을 지휘할 수 있다"[7]고 하여 장수가 갖추어야 할 덕목으로 문무(文武)와 강유(剛柔)를 겸비할 것을 강조하고 있다. 또한 그는 일반적으로 장수의 자질을 논할 때 항상 용기를 먼저 말하지만 용기는 장수가 갖추어야 할 여러 가지 자질 가운데 하나에 불과하다고 하였다.[8] 예컨대 용기만 있고 지모가 없는 사람은 반드시 경솔하게 적과 싸우는데, 그렇게 싸움의 이로움과 해로움을 판단하지 못하면 승리를 얻을 수 없게 된다는 것이다.[9] 이렇게 볼 때 오기는 문(文)을 지모와 부드러움에, 무(武)를 용기와 강함에 연관하여 설명하고 있음을 알 수 있다.

아울러 오기는 장수가 조심히 지켜야 할 다섯 가지를 제시하였다.

첫째는 이(理)요, 둘째는 비(備)요, 셋째는 과(果)요, 넷째는 계(戒)요, 다섯째는 약(約)이다. '이'는 많은 병사를 다스리는 것을 적은 병사를 다스리는 것같이 하는 것이다. '비'는 군문을 나서는 순간부터 사방에 적을 보는 것같이 조심하는 것이다. '과'는 적을 만나면 생명을 돌보지 않고 용감히 싸우는 것이다. '계'는 비록 승리하였더라도 싸움을 막 시작하는 것 같이 항상 경계하는 것이다. '약'은 법령이 간단하여 번거롭지 않은 것이다.10)

여기서 세번째인 '과'만 용기에 해당하는 덕목이고 '이'·'비'·'계'·'약'은 모두 지모의 덕목에 해당하는 것으로 볼 수 있다. 이른바 '이'는 군대의 조직과 편제의 문제요, '비'는 철저한 전투준비 태세의 문제요, '계'는 경계의 문제요, '약'은 법령시행의 문제이다. 이것은 전쟁에 임하는 장수는 승패와 관련된 제반요소를 철저히 숙지하고 있어야 함을 의미하는 것이니 장수의 지적 역량의 중요성을 강조한 것이라고 볼 수 있다.

나아가 오기는 "장수가 일단 명령을 받으면 사양하지 아니하고 적을 격파한 뒤에라야 돌아가는 것이 장수의 예(禮)"11)라고 하였다. 또한 장수는 "출동하는 날 굳게 결심하는데, 오로지 용감히 싸워 죽는 것을 영광스럽게 생각하고, 생명을 탐하여 죽음을 겁내는 것을 치욕으로 간주한다"12)고 하였다. 이것은 장수는 지적 역량뿐만 아니라 명령에 대한 복종과 책임완수 의식, 그리고 임전불퇴의 용기를 지니고 있어야 함을 동시에 강조한 것이다.

아울러 오기는 모름지기 "장수는 위엄(威)과 덕성(德), 어짐(仁)과 용기(勇)를 반드시 갖추고 있어야 부하들을 통솔할 수 있고, 뭇 병사들을 편안하게 할 수 있고, 적을 두렵게 하고, 의심가는 어려운 문제를 해결할 수 있고, 그가 내린 명령을 하급자들이 감히 위반할 수 없으며, 그가 있는 곳에 적이 감히 침범하지 못한다"[13]라고 하여 위엄과 덕성, 어짊과 용기를 겸비한 사람이라야 훌륭한 장수[良將]라고 일컬을 수 있다고 하였다.

특히 오기는 병사들을 두렵게 하여 복종하게 할 것을 강조하면서 병사들을 두렵게 하여 복종하게 하는 방법으로 위이(威耳)·위목(威目)·위심(威心) 세 가지를 제시하였다. '위이'는 병사들의 귀를 두렵게 하여 복종하게 하는 것이고, '위목'은 눈을 두렵게 하여 복종하게 하는 것이며, '위심'은 법령과 형벌을 통해 마음을 두렵게 하여 복종하게 하는 것이다. 그러므로 귀는 소리를 통하여 두렵게 되므로 분명히 들을 수 있도록 명령을 내려야 하며, 눈은 색깔을 통해 두렵게 되므로 밝게 볼 수 있도록 명령을 내려야 하고, 마음은 형벌을 통하여 두렵게 되므로 형벌은 언제나 엄정하게 실행되어야 한다고 강조하였다.[14]

이렇게 볼 때 오기는 장재(將才)의 조건으로 전쟁과 관련된 다양한 지식의 소유, 병사들의 마음과 몸을 장악할 수 있는 문·무와 강·유의 겸비, 위(威)·덕(德)·인(仁)·용(勇) 등의 덕목을 제시하고 있음을 알 수 있다.

3) 『무신수지(武臣須知)』의 장재론

『무신수지』는 조선조 정조~순조 때의 무장인 이정집(李廷集: 1741~1782)과 그의 아들 이적(李迪: ?~1809)이 지은 것으로 우리나라에서 편찬된 대표적인 병법서다. 이 책은 무신(武臣)이라면 모름지기 알아야 하는 군사관련 지식들을 모아 서술하고 있다. 전체적인 구성은 장수의 자질을 논한 장재(將才), 지휘요령이라고 할 수 있는 경권(經權), 그리고 진(陣)의 활용법을 설명하는 진법(陣法) 등 3편으로 되어 있으며, 마지막에 여러 가지 전쟁사례를 소개하고 있다.

『무신수지』에서 가장 먼저 나오는 편이 '장재'인데, 그것은 무장이 갖추어야 할 가장 중요한 요소가 장재이기 때문이다. 이 책을 저술한 이적은 무인의 자질을 두루 갖춘 장수가 역사적으로도 그리 많지 않다고 말한다.

'장수의 자질[將才]'을 갖춘 사람은 예로부터 구하기 어려웠다. 비록 자질이 있다 하더라도 대부분 한쪽에 치우치는 결점이 있었다.[15]

이렇듯 장수의 자질을 두루 갖춘 사람을 구하기 어려운 것은 훌륭한 장수의 조건이 그만큼 까다로움을 의미한다. 『무신수지』의 저자는 장재를 두루 갖춘 대표적인 인물로 제갈량을 꼽고 있는데, 그 이유를 분석해 보면 그의 장재론의 특성을 엿볼 수 있다.

아! 모든 재질을 두루 갖춘 사람은 오직 제갈량뿐일 것이다. 그는 영웅·호걸의 재능이 있으면서도 충신·의사(義士)의 절개가 있었다.[16]

무릇 가장 위대한 장수는 전쟁과 관련한 해박한 지식과 병사를 자기가 원하는 대로 움직이게 할 수 있는 지휘통솔력을 가지고 있어야 할 뿐 아니라 군주에 대한 충성심과 의리에 죽고 사는 절개가 있어야 한다는 것이다. 이적 또한 손무나 오기와 마찬가지로 장수는 문무를 겸비해야 한다고 주장한다. 왜냐하면 "문덕(文德)으로 동화시키고 무위 (武威)로써 두렵게 하여 1만 명의 병사의 마음을 하나같이 만든다면 구하는 것을 반드시 성취"[17]할 수 있기 때문이다.

『무신수지』 장재론의 특징은 기존의 병법서에서 언급한 장재의 요소에 충신·의사의 절개를 첨가했다는 것이다. 제갈량이 위대한 까닭은 해박한 군사지식과 신출귀몰한 용병술을 지닌 영웅호걸의 재능이 있을 뿐만 아니라 자신이 주군(主君)으로 삼은 촉나라 왕 유비에 대한 충성과 의리를 끝까지 지켰기 때문이라는 것이다.

이렇게 볼 때 장수가 문(文)의 지휘통솔법을 제대로 사용하기 위해서는 다양하고 수준 높은 지적 역량을 강화해야 한다. 지적 역량을 강화하기 위해서는 수많은 직·간접적인 탐구과정이 선행되어야 하는데, 그것은 결코 주관적인 사색으로만 이루어지는 것이 아니다. 나폴레옹이 진중에서 『손자병법』을 읽고, 관운장이 『춘추좌씨전』을 읽었던 것은[18] 모두 자신의 '문'의 역량을 강화하기 위한 것이라 보아도 좋을 것이다. 모름지기 장수는 충성과 절개, 그리고 역사의 흐름을 꿰뚫을 수 있는 통찰력까지 갖추어야 최상급 장수라는 칭송을 받을 수 있다. 비록 제갈량이 보좌한 촉나라가 삼국을 통일하지는 못했지만 제갈량은 조조의 위나라나 손권의 오나라가 아닌 유비의 촉나라가 한나라의 정통성을 계승하고 있다고 보았다. 이와 같은 제갈량의 역사적 통찰력이야말로 후세 역사가들로부터 위대한 군사가로 칭송받는 이유일 것이다.

또한 『무신수지』에서는 장수가 자질의 향상을 위해 숙지해야 할 사항으로 '다섯 가지 삼가야 할 것〔五愼〕', '다섯 가지 베풀어야 할 것〔五施〕' 그리고 '열 가지 지켜야 할 것〔十守〕'을 제시하였다.

'오신'의 첫째는 다수의 병사를 소수의 병사를 부리는 것처럼 쉽게 하는 것이요, 둘째는 출입할 때마다 적군을 보는 것처럼 하여 경계심을 늦추지 않는 것이요, 셋째는 싸움터에 나아가면 살아올 것을 생각하지 않을 정도로 최선을 다하는 것이요, 넷째는 비록 승리하였더라도 자만하지 않고 지금 막 싸움을 시작하는 것처럼 만전을 기하는 것이요, 다섯째는 법령을 시행함에 있어 번잡하지 않고 간략하게 하는 것이다.[19]

'오시'의 첫째는 한결같이 진실하여 속이지 않고 약속을 끝까지 지키는 신의〔信〕요, 둘째는 과감하게 선봉에 서서 적진을 쳐부수는 용기〔勇〕요, 셋째는 군정이 질서정연하고 호령을 분명하고 엄숙하게 하는 엄정함〔嚴〕이요, 넷째는 병법에 밝아 적의 허실을 정확하게 판단하는 지혜〔智〕요, 다섯째는 병사들을 사랑하여 잔혹한 행위를 하지 않는 어짊〔仁〕이다.[20]

'십수'의 첫째는 정신을 항상 맑게 하여 혼탁하게 하지 않는 것이요, 둘째는 병사들이 감히 따라오지 못할 정도의 심오한 모략을 가지는 것이요, 셋째는 군주에 대한 지조를 굳게 하여 변치 않는 것이요, 넷째는 지혜가 밝아 속이지 못하게 하는 것이요, 다섯째는 재물을 탐하지 않는 것이요, 여섯째는 여색에 빠지지 않는 것이요, 일곱째는 언변에 현혹되어 넘어가지 않는 것이요, 여덟째는 단편적인 근거로 추측하지 않는 것이요, 아홉째는 가벼이 기뻐하지 않는 것이요, 열째는 경솔하게 화내지 않는 것이다.21)

요약하면 '오신'은 전쟁에 임한 장수가 병사들을 지휘 통솔하는 구체적인 방법과 마음가짐을 언급한 것이요, '오시'는 장수가 주체적으로 정립해야 하는 덕목이요, '십수'는 평소에 장수가 자신의 인격을 절차탁마하기 위해 고수해야 하는 구체적인 방법이라고 할 수 있다.

이렇게 볼 때 『무신수지』에서는 장재의 조건으로 신(信)・용(勇)・엄(嚴)・지(智)・인(仁), 그리고 '충신・의사로서의 절개'를 꼽고 있음을 알 수 있다. 그리고 이러한 조건을 충족시키기 위하여 오신(五愼)과 오시(五施) 그리고 십수(十守)를 그 구체적인 방법으로 제시하였다.

손자의 장재론과 차이가 있다면 지(智)보다는 신(信)・용(勇)・엄(嚴)을 앞세우고 있다는 점이다. '신'을 가장 앞세운 것은 의리를 최고의 가치로 삼는 유가적 세계관의 영향이 아닌가 생각된다. 조선시대 무신들의 가치관과 세계관을 이해할 수 있는 대목이다.

3. 이순신은 탁월한 장재의 소유자였다

이제부터는 위에서 살펴본 역대 주요 병법서에서의 장재론을 토대로 이순신의 장수로서의 자질에 대해 살펴보도록 한다.

1) 지(智)

이순신은 병법에 관한 지식뿐만 아니라 역사와 철학 등 당시의 지식인들이 지녀야 하는 최고수준의 지성을 소유하고 있었다. 그는 전쟁 중에도 역사서적을 읽었다.[22] 그리고 사람으로서, 신하로서의 의리가 무엇인지를 늘 생각하였다.

그의 병법에 관한 전문지식 또한 탁월하였다. 32세 때인 병자년 무과에서 무경(武經)을 외워 통달했음을 보여주자 시험관들이 병법과는 상관없는 유학의 세계관과 도가의 세계관을 비교하는 질문을 하고 이순신이 유학적 관점에서 명쾌하게 대답을 하여 시험관들을 놀라게 한 사실은 이미 앞에서 살펴본 바 있다.

이순신은 병법뿐만 아니라 행정에도 탁월한 능력을 지니고 있었다. 아래에서는 그 구체적인 사례를 소개해 본다.

1590년(경신년) 가을 이순신이 발포만호가 되었을 때 감사 손식(孫軾)이 다른 사람이 참소하는 말을 듣고 일부러 벌을 주려고 발포진을 순시하였다. 감사 손식은 능성(綾城)에 와서 만호인 이순신을 불러다가 진서(陣書)에 대한 강독을 끝내고 또 진도(陣圖)를 그리게 하였다. 이순신이 붓을 들고 '진도'를 그려내니 감사가 꾸부리고 한참 동안 들여다보다가 "어찌 이렇게도 정묘하게 그리는고" 하고는 그의 조상을 물어보고 "내가 진작 몰랐던 것이 한이라"고 하며 그 뒤로는 정중하게 예우하였다.[23]

이용(李庸)이라는 사람이 수군절도사가 되어 왔는데 이순신이 고분고분하지 않는 것을 미워하여 벌을 주려다가 뜻을 이루지 못했다. 이에 앙심을 품고 수사와 감사가 한데 모여 관리들의 성적을 심사하던 자리에서 이순신을 맨 아래에 두려 했다. 이 때 중봉(重峰) 조헌(趙憲)이 도사(都事)로서 붓을 들고 있다가 쓰지 않고 말하기를 "이(李)아무의 군사를 어거하는 법이 이 도(道)에서는 제일이라는 말을 들어왔는데, 다른 여러 진(陣)을 모두 아래에다 둘망정 이아무는 폄할 수 없을 것이오"라고 하여 제지하였다.24) 이순신의 무장으로서의 능력이 당시 관료들 사이에 널리 알려져 있었음을 보여주는 사례다.

1595년(을미년) 8월에 정승 이원익(李元翼)이 도체찰사가 되어 영·호남으로 내려왔는데 부사와 종사관들도 따라왔다. 이원익이 전라도에 이르자 수군들이 올린 호소문들이 산처럼 쌓였는데, 정승은 그것을 일부러 처결하지 아니하였다. 이원익은 이것을 가지고 진주로 와서 이순신에게 청하여 일을 의논한 끝에 수군의 호소문 수백 장을 가져다가 그의 앞에 쌓아놓았다. 그러자 이순신은 바른손에 붓을 쥐고 왼손으로 종이를 끌어당기며 물 흘러내리듯 판결을 내어 잠깐 새에 결말을 지었다. 이원익과 부찰사(副察使)들이 그것을 집어보니 모두 다 사리에 합당하였다. 이원익이 놀라며 "우리들도 이렇게는 못하는데, 공은 어찌 그리 능란하오" 하자, 이순신은 "이것이 모두 수군에 관계된 일이라 늘 보고 듣고 해온 일이기 때문입니다"라고 대답하였다.25) 이처럼 이순신은 병법에 대한 지식뿐만 아니라 군사관련 행정지식에도 탁월한 재능을 보였다.

정유년에 명나라 수군도독 진린(陳璘)이 합세하여 조-명연합수군함 대를 구성하였다. 도독 진린은 간단한 사람이 아니었다. 그러나 거만 하고 포악한 진린도 이순신의 장수로서의 식견과 지휘역량에 경탄하 여 모든 일을 상의하여 처결하였다. 그리고 그는 매번 "공은 작은 나라 의 인물이 아니오. 만일 중국으로 들어가 벼슬한다면 당연히 천하의 명장이 될 것인데, 왜 여기서 이렇게 곤하게 지내는 것이오"라고 하고, 또 국왕 선조에게 글을 올리되 "이(李)아무는 천지를 주무르는 재주와 나라를 다시 세운 공로를 가진 분이오"라고 극찬할 정도로 이순신을 마음으로부터 존경하였다.26)

이순신은 지장(智將)이었다. 그는 병법의 승리원칙을 지키기 위해 언제나 노력하였다. 그는 임금의 명령을 거역하여 파직당하고 심지어 죽을지언정 패배할 전투는 절대로 벌이지 않았다. 임진년 이후 수군의 활약이 소강상태에 접어들자 조정에서는 왜군을 공격하지 않는다고 채근하였다. 이순신은 답답한 심사를 일기에 기록하였다.

새벽에 밀지가 들어왔는데 "수·륙 여러 장수들이 팔짱만 끼고 서로 바라 보면서 한 가지라도 계책을 세워 적을 치는 일이 없다" 했지만 3년 동안 해상에 있으면서 그럴 리가 만무하다. 여러 장수들과 함께 맹세하고 죽음 으로써 원수 갚을 뜻으로 날을 보내지만 험고한 곳에 웅거하여 소굴 속에 들어 있는 적이라 경솔히 나가 칠 수는 없는 일이오, 또 더구나 "나를 알고 적을 알아야만 백 번 싸워도 위태함이 없다" 하지 않았는가.27)

이순신은 한산도 길목차단이 전체 수군세력에서 열세인 조선수군이 취할 수 있는 최선의 전략적 방책이라고 생각했다. 지상군의 지원 없이 왜적의 소굴이 된 부산포 공격행위는 기름을 지고 불에 뛰어드는 것처럼 무모한 행위임을 그는 누구보다도 잘 알고 있었던 것이다. 이순신의 뒤를 이어 통제사가 된 원균은 도원수 권율의 성화를 못 이겨 부산포를 공격하였는데, 결과가 조선수군의 전멸이었다는 사실은 이순신의 전략적 방책이 얼마나 주효한 것이었는지를 반증해 준다.

2) 신(信)

『손자병법』에 주석을 달은 두목(杜牧)은 손자가 장수의 덕목으로 제시한 신(信)을 "병사들이 형벌과 포상에 대해 의심하지 않게 하는 것"28) 이라고 설명하였고, 『무신수지』에서는 "진실함이 한결같아 속임이 없으며, 쇠나 돌로도 훼손할 수 없는 것"29)이라고 하였다.

이순신은 옥포해전 등 임진년 초기의 전쟁을 치르면서 아주 불합리한 상황을 목격하였다. 당시에는 조정에 전공을 보고하기 위해서는 적을 살상한 증거가 있어야 했고, 따라서 전쟁와중에도 적군의 목을 베어야 하는 번거로움이 있었다.

실제로 원균과 연합하여 옥포해전을 치를 때 원균의 부하군관 및 병사들은 해전으로 죽어 떠도는 왜 수군의 목베는 일에 몰두하다가 이순신에게 적발된 적이 있었다. 심지어 경상우수영 군관들이 전라좌수영 소속 병사들이 노획한 왜 함선이나 살상한 왜군의 수급을 빼앗아가는 일조차 있었다.

접전할 때, 순천 대장선(代將船)의 사부이며 순천에 사는 정병(正兵) 이선지
(李先枝)가 왼쪽 팔 한 곳에 화살을 맞아 조금 상한 것 이외에는 전상자가
없습니다. 오직 우수사 원균은 단 3척의 전선을 거느리고 신의 여러 장수
들이 사로잡은 왜선을, 활을 쏘면서 빼앗으려 하였기 때문에 사격(射格) 2
명이 상처를 입게 되었으니, 제일 윗 주장으로서 부하들의 단속을 잘못한
일이 이보다 더한 것은 없을 뿐만 아니라,…30)

전공의 증거물품 수집이 전투에 막대한 지장을 초래한다는 이러한
폐단을 없애기 위하여 이순신은 임진년 제2차 출동에 들어가기에 앞서
부하장수들에게 적의 수급을 베는 일에 몰두하지 말 것을 지시하고 앞
으로는 힘써 싸운 자의 전공을 가장 높이 평가하여 포상할 것임을 약속
하였다.

공로와 이익을 탐내어 서로 다투어 먼저 적의 머리를 베려하다가는 도리어
해를 입어 사상자가 많아지는 전례가 있으므로 사살한 뒤에 비록 목을 베
지 못하더라도 힘써 싸운 자를 제일의 공로자로 논하겠다.31)

목을 베는 일보다는 승리가 더욱 중요한 때문이었다. 이순신은 부
하들에게 한 약속에 따라 공로를 참작하여 1·2·3등으로 나누고 비록
목을 베지는 못했어도 죽음으로써 열심히 싸운 사람을 제1의 공로자로
기록하여 장계를 올렸다.
2차 당항포해전 때에 방답첨사 이순신(李純信)은 자신의 명령대로
왜군을 사살하는 데만 힘쓰고 목베는 일에는 힘쓰지 않았다. 이러한

내용을 조리있게 설명하여 장계를 하였는데, 조정에서 내린 포상문서에 그가 빠져 있었다. 이순신은 다시 장계하여 재차 포상을 건의하였다. 부하장수들과 한 자신의 약속을 굳게 지킴으로써 그들이 자신을 믿고 따르도록 하여 결과적으로 통제사로서의 권위와 위엄을 확립시키고자 했던 것이다.

이순신은 왜군과의 해전을 치를 때마다 부하장수들의 죽고 다친 현황에 대해 매우 상세히 기록하고 공로를 합리적으로 논하여 조정에 장계하였으며, 또한 그에 따른 조치를 건의하여 포상에 의심이 없도록 하였다. 부산포해전 이후 조치한 장계의 내용이다.

위에 적은 여러 사람들은 부산접전에서 시석(矢石)을 무릅쓰고 결사적으로 진격하다가 혹은 전사하고 혹은 부상하였으므로 시체를 배에 싣고 돌아가 장사지내게 하였으니, 그들의 처자들에게는 휼전에 따라 시행하옵소서. 중상에 이르지 않은 사람들은 약문을 주어 충분히 구호하도록 각별히 엄하게 신칙했거니와 왜의 물품중에 쌀·포목·의복 등은 군사들에게 상품으로 나누어주고 왜적의 병기 등의 물품은 아울러 아래에 열기하옵니다. 태인(泰仁)에 사는 업무교생 송여종(宋汝悰)은 낙안군수 신호(申浩)의 대변(待變)군관으로 네 번이나 적을 무찌를 때, 언제나 충성심을 분발하여 남들보다 앞서서 돌진하고 죽음을 무릅쓰고 힘껏 싸워서 왜의 머리를 베었을 뿐 아니라 전후의 전공이 모두 1등에 속한 자이므로 이 계본을 가지고 가게 하였습니다.[32]

이와 같은 이순신의 포상과 논공행상에 대한 공평하고 합리적인 조치는 부하장졸들에게 믿음을 주었다. 이는 그들이 전투역량을 십분 발휘할 수 있도록 하는 계기가 되었다. 부하장수 광양현감 어영담이 어사의 감찰에 적발되어 파직당하게 되자 이순신은 즉시 장계를 올려 그 무고함을 밝히고 유임을 청하였다.33) 그러나 이러한 요청이 즉각적으로 받아들여지지 않았다. 그는 다시 장계를 올려 어영담을 자신의 조방장(助防將)으로 임명해 줄 것을 건의하여 결국 어영담을 자신의 휘하에 두었다.

어영담은 본래 바닷가에서 자라나 배에 익숙할 뿐만 아니라 영남과 호남의 물길사정과 섬들의 지리형세에 대하여 누구보다도 상세히 알고 있었다. 그러므로 임진년 첫 해전인 옥포해전부터 중부장(中部將)으로 기용하였는데, 그는 매번 선봉에 서서 뱃길을 인도하는 등 여러 해전에서 큰공을 세운 바 있었다.

그 때문만은 아니다. 이순신은 어영담의 사람됨에 대하여 누구보다도 잘 알고 있었다. 어영담은 충직하고 현명하여 곁에 두기에 누구보다도 적합한 사람이었다. 그가 무고하게 파직되는 일을 당하자 이순신은 직속상관으로서 그를 보호하기 위해 최선을 다하였던 것이다.

이순신의 주변에는 그의 신의와 인품에 감복하여 뜻을 함께 한 장수가 유난히 많았다. 그 가운데 대표적인 장수로는 정운(鄭運)·이순신(李純信)·권준(權俊)·나대용(羅大用)·배흥립(裵興立)과 송희립(宋希立)·송대립(宋大立) 형제, 그리고 신호(申浩)·송여종(宋汝宗)·이언량(李彦良)·이설(李渫)·정사준(鄭思竣) 등이 있었다. 심지어 원균의 부하였던 이운룡(李雲龍)·이영남(李英男)까지도 이순신을 흠모하여 임진년 이후에는 그를 도와 여러 해전에서 전공을 세웠다.

3) 인(仁)

이순신이 지닌 장재 가운데 가장 큰 장점은 장수들에게 결핍될 수 있는 부드러움과 온유함, 이른바 어짊(仁)의 덕을 갖추었다는 것이다. 그는 자신의 직분을 게을리하거나 완수하지 못한 부하병사에게는 추상같은 엄한 처벌을 내렸지만, 부하들의 애로사항에 대해서는 항상 세심한 배려와 관심을 쏟는 어진 마음의 소유자였다. 이런 면이 부하들을 사랑으로 대하지 못하고 권위적으로만 다스렸던 원균과 큰 차이점이었다.

□ 이정형은 선조가 임석한 어전회의에서 원균에 대하여 다음과 같이 말하였다. "원균이 난리가 일어날 적마다 의기에 복받쳐 공로를 세우기는 하였사오나 다만 군졸들을 사랑할 줄도 모르고 또 인심도 잃어버린 사람이옵니다.[34]

진정한 어짊은 인간의 본성인 측은해 하고 불쌍해하는 마음에서 나온다는 것이 유학의 인간관이다. 이러한 관점에서 보았을 때, 오기(吳起)가 부하병사의 고름을 입으로 빨아 치료해 준 '어짊'의 행위가 오로지 부하들을 복종토록 하기 위한 리더십의 수단에 불과했다면, 이순신의 어짊은 그의 유학적 인간관에 기초한 수양과 실천의 결과로 자연스럽게 발현된 것이었다.

그의 부모에 대한 효성이나 자녀에 대한 사랑의 마음은 보통사람 이상으로 지극하였다. 또한 일찍 세상을 뜬 형의 자녀들을 보살핀 일은 자신의 관직생활에 불이익의 요소로 작용하기도 하였다. 평소에 친분이 없던 군관이 부모의 상(喪)을 당했을 때 이순신은 일면식도 없던 그 군관을 위해 좋은 말을 구해 주는 일에 발벗고 나설 정도로 언제나 주변사람들을 배려하면서 이타행(利他行)을 실천하였다.

임진전쟁이 장기전으로 돌입하자 이순신은 전쟁뿐만 아니라 백성들의 민생문제까지도 책임져야 했는데, 그는 둔전(屯田)을 개발하여 식량을 해결하는 등 목민관으로서의 책무에 최선을 다하였다. 이순신이 선조의 미움을 사 통제사에서 파직되어 서울로 압송되어 가는 길에 남녀노소 백성들이 에워싸고 소리치기를 "대감 어디로 가시오. 우리들은 이제 다 죽었습니다"라고 한 기록이 전해지고 있는데, 여기에서 우리는 그에 대한 백성들의 존경심을 엿볼 수 있다.[35]

원균의 칠천량해전 패배 이후 이순신이 다시 삼도수군통제사에 임명되어 진주(晋州)로부터 옥과(玉果)에 이르자 젊은 장정들은 처자를 돌아보고 "자 우리 대감이 오셨다. 이제 너희들도 안 죽을 게다. 천천히 찾아오너라. 나는 먼저 대감을 따라가겠다"라고 하고 이순신을 따라나섰다.[36] 그의 평소 선정에 백성들이 감동했음을 느낄 수 있는 대목이다.

이렇게 볼 때 이순신이 통제사에 다시 임명되고 13척의 함선을 수습하여 명량해전을 승리로 이끌 수 있었던 것은 그의 '어진 다스림(仁政)'에 감복한 백성들이 자발적으로 협조해 주었기 때문임을 알 수 있다. 절대열세의 명량해전을 앞두고도 수많은 백성들이 이순신 주변에 모여들었다. 명량해전 당일 먼발치에서 전투를 지켜보던 백성들은 왜 함선이 여러 겹으로 통제사의 배를 에워싸 보이지 않게 되자 "우리들이 여기 온 것이 다만 통제사 대감만 믿고 온 것인데 이제 이렇게 되니

우린 이제 어디로 가야 하오"37) 하고 절망한 것도 '어진 다스림'의 소산
이었다.

이순신은 병사들의 일상생활에 대해서도 자세히 파악하고 있었다.

큰 추위에 여러 배의 옷 없는 사람들이 목을 움츠리고 추워 신음하는 소리
를 듣는 것이 매우 괴로웠다.38)

그리고 병사들의 애로사항을 해결해 주기 위해 부단히 노력하였다. 그
는 추위에 떠는 병사들의 의복과 식량문제를 해결하기 위해, 전염병에
걸린 병사들을 구호하기 위해 동분서주하였다. 또 전쟁에 지친 병사들
을 위무하기 위해 교대로 휴가를 실시하기도 했다.39) 동궁인 광해군
(光海君)이 전주에서 과거시험장을 개설했으나 휘하의 장졸들이 적과 대
적해 있는 상황이고, 또한 거리가 멀어 참여할 수 없음을 안타까운 생
각이 들므로 조정에 건의하여 진중에서 과거를 볼 수 있도록 조치하였
다.40) 그는 부하장졸들의 마음을 정확히 읽고 있었던 것이다.

『손자병법』에 "상하가 함께하고자 하는 쪽은 승리한다"41)라고 하
였다. 이순신 주변에는 항상 백성들이 모여들었을 뿐만 아니라 다양한
재능을 가진 장수들이 함께하였다. 남해연안의 물길에 정통한 어영담
(漁泳潭), 거북선을 함께 만든 나대용(羅大用), 판옥선과 화포주조에 일가
견이 있는 정걸(丁傑), 군수물자 조달 및 관리에 힘쓴 정경달(丁景達), 용
기와 담력이라면 둘째가 서러운 정운(鄭運)·송여종(宋汝悰)·신호(申浩)
등, 그들은 모두 이순신의 인품과 재능을 흠모하여 자발적으로 뜻을

모아 해전을 승리로 이끈 역전의 용사들이었다.

이러한 사람 가운데 송여종·이설(李渫)·안위(安衛)·배흥립(裵興立) 등은 임진년 해전부터 이순신과 함께 싸운 사람들로서 통제사 재임명 뒤 명량해전 또는 노량해전에도 함께하였다. 이설의 경우는 노량해전에서 이순신과 함께 전사하였으니 마음과 몸이 서로 하나가 된 상하 인간관계의 극치라고 하지 않을 수 없다.

그러한 사람들은 비단 관직에 진출한 양반장수들만이 아니었다. 이순신은 군적에 빠져 있거나 병적(兵籍)에 올려 있지 않은 승려들을 적발하여 병사로 삼았는데, 나중에는 그들 스스로 이순신의 어진 인품과 훌륭한 장수로서의 재능을 존경하여 기꺼이 따랐다. 또한 의병·승병들이 영남과 호남 일대에서 자발적으로 모여들어 결과적으로 조선수군의 전투력이 크게 향상되었다. 그리고 이들은 실제로 해전을 승리로 이끄는 데 커다란 공헌을 하였다. 다음은 승군의 규모와 업무배정 내역을 확인할 수 있는 기록자료이다.

… 중[僧]들이 소문을 듣고 즐겁게 모여들어 한 달 이내에 400여 명에나 이르렀습니다. 그 가운데 용략이 있는 순천에 사는 중 삼혜(三惠)를 시호별도장(豺虎別都將), 흥양에 사는 중 의능(義能)을 유격별도장, 광양에 사는 중 성휘(性輝)를 우돌격장, 광주에 사는 중 신해(信海)를 좌돌격장, 곡성에 사는 중 지원(智元)을 양병용격장(揚兵勇擊將)으로 정하고, …42)

이순신은 처음에는 이들을 도탄·두치·석주·운봉팔량치(雲峰八良峙) 등 영·호남의 군사요충지를 파수하게 하거나 본영을 방비하는 일에 투입했다가 상황에 따라 육전과 해전에 참여토록 할 계획이었다. 그런데 명나라 군사들이 평양을 수복하는 등 육전에서 승리가 계속되자 조정에서는 수군을 정비하여 물을 건너 도망하고자 하는 왜군을 무찌르라고 명령하였다. 그러자 이순신은 도망치는 수많은 적을 가로질러 막아 모조리 무찌르자면 병세가 외롭고 약해서는 안되겠으므로 의병장 성응지와 승장 삼혜 · 의능 등에게도 전선을 나누어주어 수선해서 타도록 명령하였다.43) 이른바 승군과 의병으로만 편성된 수군이 탄생되는 순간이었다.

실제로 이들의 활약은 결코 적지 않았다. 다음의 장계는 통제사 이순신 밑에서 정규병사가 아닌 의병 · 승병들이 어떻게 활약했는지를 엿볼 수 있는 좋은 자료이다.

> 자진해서 수군을 모집하여 들어온 의병장 순천교생 성응지(成應祉)와 승장 수인(守仁) · 의능(義能) 등이 이런 전란에 제 몸의 편안을 생각하지 않고 의기(義氣)를 발휘하여 군병들을 모집하여 각각 300여 명을 거느리고 나라의 치욕을 씻으려 하고 있으니 참으로 칭찬할 만한 일입니다. 뿐만 아니라 수군진 중에 있으면서 2년 동안 스스로 군량을 준비하여 이곳저곳에 나누어주면서 어렵게 양식을 이어대는데, 그 부지런함과 고생스런 모습은 군관들보다 배나 더했으며, 조금도 수고를 꺼리지 않고 지금까지 부지런할 따름입니다.44)

이순신은 이들의 공로와 애국심에 대하여 "일찍이 싸움터에서 적을 무찌를 적에도 뛰어난 공로가 현저하였으며, 그들의 나라를 위한 분발심은 시종 변하지 않으니 더욱 칭찬할 만한 일입니다"45)라고 평가한 뒤 "위에 적은 성응지와 승병장 수인·의능 등을 조정에서 각별히 표창하여 뒷사람들을 격려해야 하겠습니다"[46]라고 건의하였다.

순국 후에도 이들은 이순신을 잊지 못했다. 본래부터 출가·수양을 본업으로 하는 이들 가운데에는 죽을 때까지 이순신의 사당을 지키거나 대대적인 수륙제(水陸祭)를 통해 그의 넋을 위로하였다는 일화가 전해지는 데 몇 가지를 소개하면 다음과 같다.

순천 마래산(馬來山) 아래에 있는 충민사(忠愍祠)에는 중 옥형(玉洞)의 일화가 있다. 그는 본래 이순신이 직접 지휘하던 배에 타고 같이 전쟁을 하던 이로 언제나 그의 곁에 있었는데 이순신의 순국 후에도 인품에 감동되어 충민사 사당 옆에 조그만 암자를 짓고 조석으로 제사를 지내기를 80살이 넘을 때까지 하였다고 한다. 주변해상에 변고가 생길 때는 이순신이 반드시 옥형의 꿈에 나타나 알려주므로 "공의 나라에 대한 충혼이 죽어도 이 같으니라"고 하며 죽는 날까지 숭배했다고 한다.[47]

남해 노량의 충렬사 곁에는 옛날에 호충암(護忠菴)이라는 암자가 있어 화방사(花芳寺)의 스님 10명과 승병장 1명이 번갈아 와서 숙직을 하였다고 한다. 그러던 어느 날 승병장 유습(裕習)이라는 사람의 꿈에 이순신이 긴칼을 짚고 서서 꾸짖되 "너는 왜 산을 돌아보지 않느냐?" 하기에 일어나 산을 수색했더니 과연 어떤 사람이 사당 뒤에 몰래 시체를 묻는 것이 발견되어 이튿날 아침에 관가에 보고함으로써 파 옮기게 했다고 한다.[48]

자운(慈雲)이라는 스님은 이순신의 진중에서 머물던 승군이었는데, 이순신의 충의정신을 깊이 사모하여 그가 죽기 직전에 쌀 수백 석을

가지고 와서 노량바다에서 엄청난 규모의 수륙제를 지냈다.[49]

이 모든 내용들은 이순신이 평소 얼마나 부하병사들을 사랑했는지를 반증해 준다. 그것은 부하들의 전투역량을 십분 발휘시키기 위한 지휘통솔법의 수단을 넘어선 것으로서 평소의 수양을 통한 고결한 인품의 결과였던 것이다.

4) 용(勇)

『손자병법』의 주석자 두목(杜牧)은 용(勇)에 대하여 정의하기를 "승리를 결단하고 기세에 편승하여 머뭇거리지 않는 것"[50]이라고 하였고, 왕석(王晳)은 "의(義)를 드러내는 것을 두려워하지 않고 과감하고 굳세게 행동에 옮기는 것"[51]이라고 하였다. 왕석의 주석은 유학적 세계관에 기초한 것으로서 그것은 『논어』에 연유하는 것이다. 공자는 "'의'를 보고 행동하지 않는다면 용기가 없는 것이다"[52]라고 하여 참된 용기는 '의'에 대한 실천여부에 달려 있다고 하였다.

또한 공자는 "군자가 용기만 있고 '의'가 없으면 반란의 수괴가 되고, 소인이 용기만 있고 '의'가 없으면 도적이 된다"[53]라고 하여 용기와 '의'의 상관관계를 설명하고 있다. '의'와 '불의', 옳음과 그름에 대한 정확한 인식이 선행된 행위만이 참된 용기이며, 반란을 도모하는 행위나 남의 집 담을 넘는 행위에도 많은 용기가 필요하지만, 그것에는 의로움이 없기 때문에 진정한 용기가 아니라는 것이 공자의 설명이다.

이러한 용기는 비단 장수에게만 필요한 것이 아니라 인간적 삶의 보편적 덕목으로 간주된다. 여러 기록을 살펴보면 이순신과 불편한 관계에 있었던 원균은 성질이 급한 용장(勇將)으로 묘사된다. 그리고 임금인 선조나 대신들의 인물평가를 종합해 보면 이순신은 병법과 리더십이 뛰어난 지장(智將) 또는 덕장(德將)으로 묘사된다. 그렇다고 이순신에게 용장으로서의 면모가 없었던 것은 결코 아니다.

임진년 4차례의 해전에서 이순신은 사전에 약속된 진형(陣形)에 따라 해전에 임했을 뿐 결코 선두에 나서지 않았다. 옥포해전에서 승리를 맛본 경험이 있고, 항상 우세한 전투형세를 조성해 놓고 싸웠던 이순신 밑에서의 조선 수군병사들은 그 누구보다도 용감히 싸웠으므로 앞장서서 전투에 나설 필요가 없었다. 그러나 이순신은 불리하다고 생각되는 해전상황에서는 주저함없이 제일 먼저 적진 속으로 돌진해 들어가는 용맹성을 보여주었다. 이러한 이순신의 용장으로서의 모습은 절대열세의 해전이었던 명량해전에서 대표적으로 볼 수 있다.

칠천량해전의 패배 이후 조선 수군병사들은 공포에 질려 있었다. 전선 12척의 이순신은 해남군 부평면의 이진(梨津)을 거쳐 어란포(於蘭浦)로 진영을 옮겼다. 이 때 왜 수군은 조선수군의 함선이 몇 척 되지 않는다는 것을 알고 8척의 전선으로 공격하여 들어왔다. 그러자 칠천량에서 패전경험이 있었던 경상우수사 배설(裵楔)을 비롯한 여러 장수들이 겁에 질려 달아나려 했다.

통제사 이순신은 홀로 꼼짝도 하지 않고 왜군함선이 다가오기만을 기다렸다가 몸소 적선을 뒤쫓아 공격하여 퇴각시켰다. 이순신은 정유년(1597) 9월 1일 다시 진영을 진도의 벽파진(碧波津)으로 옮겼는데, 하루 뒤 경상우수사 배설이 도망가는 사건이 있었다. 조선수군 서열 2위의 위치에 있던 경상우수사가 도망갈 정도로 조선수군의 전투력은 왜 수군에 비해 절대열세의 상황이었다.

조선수군의 함선세력이 미약하다는 사실을 인식한 왜 수군은 어란포에 55척을 집결시키고 조선수군을 압박하여 왔다. 9월 7일 오후에 이순신은 공격해 들어온 왜 함선을 한 차례 격퇴하였는데, 왜 수군은 한밤을 이용하여 다시 기습을 시도하였다.

오후 10시께 적선이 포를 쏘면서 밤 습격을 해오자 여러 배가 겁을 집어먹은 것 같았으므로 다시 엄하게 명령을 내리고 내가 탄 배가 곧바로 적선을 향해 달려들면서 포를 쏘니 적도들은 능히 당해내지 못하고 자정께 달아났다.[54]

이순신은 겁먹은 병사들 앞에서 솔선하여 적선을 향해 공격하였던 것이다. 정상적인 상황이었다면 최고지휘관의 이런 행위는 상식 밖의 일이다. 그러나 칠천량해전에서 왜 수군의 야간기습으로 패배한 경험이 있던 조선 수군병사들은 야간전투에 특히 겁을 집어먹고 있었으므로 이순신이 스스로 앞장서 공격함으로써 병사들의 사기를 북돋았던 것이다.

왜 수군의 주력이 어란포에 집결하는 등 결전의 순간이 왔음을 직감한 이순신은 열세의 함선세력으로 목이 좁은 명량을 등지고 싸울 수 없다는 이유로 명량해전 하루 전날인 9월 15일 우수영으로 다시 진을 옮겼다. 예측한 대로 9월 16일 아침 130여 척의 왜 함선이 우수영으로 공격하여 들어왔다. 여러 장수들은 낙심하여 모두 회피할 꾀만 부리며 돌진하여 싸우려 하지 않았다. 이에 이순신은 선두에 서서 적의 함선 속으로 돌격하여 들어갔다.

나는 노를 바삐 저어 앞으로 돌진하며 지자·현자 등 각종 총통을 마구 쏘니 탄환은 폭풍우같이 쏟아지고 군관들이 배 위에 총총히 들어서서 화살을 빗발처럼 쏘니 적의 무리가 감히 대들지 못하고 나왔다 물러갔다 하였다.[55]

통제사 이순신이 선두에 서서 적진 속에서 전투를 벌이고, 또한 초요기를 세워 해전에 소극적이고 후퇴할 꾀만 부리는 중군장 미조항첨사 김응함, 거제현령 안위를 불러 호령하니 모두들 죽을힘을 다해 싸워 마침내 적선 31척을 깨뜨리는 전과와 더불어 명량해전을 승리로 이끌었다.

지휘관에게 있어서 용기는 유리한 전투형세를 조성하는 중요한 덕목이다. 특히 열세한 상황에서 '나를 따르라'고 하는 지휘관의 솔선수범은 병사들의 사기를 높여 전투력을 극대화시킬 수 있다. 이순신은 명량해전에 앞서 "죽기를 각오하고 싸우면 살고, 살려고 꾀를 내고 싸우면 죽는다"는 병법구절을 인용하여 병사들의 분전을 촉구하였던 것도 그 때문이다.

장수는 아무 때나 용기를 보여서는 안된다. 무모하게 부산으로 출동했다가 조선수군의 전멸을 초래한 것이 진정한 용기인지, 아니면 왕명을 거역하여 통제사에서 파직되고 나아가 죽음을 당할지언정 조선수군을 파멸의 길로 이끌지 않은 것이 진정한 용기인지는 생각해 보지 않아도 알 수 있는 일이다. 장수의 용기는 우세한 형세를 조성하기 위한 방편으로 사용될 때 그 의미가 극대화된다. 장수의 용기 또한 지휘 통솔의 한 수단인 것이다.

5) 엄(嚴)

『손자병법』을 주석한 왕석은 엄(嚴)을 "위엄으로써 뭇 병사들의 마음을 엄숙하게 하는 것"[56]이라고 하였고, 두목은 "'엄'은 위엄과 형벌로써 삼군을 엄숙하게 하는 것"[57]이라고 하였다. 진정한 용기는 올바른 판단과 대의명분에 기초했을 때 의미가 있다. 마찬가지로 진정한 위엄은 단순히 형벌에 의한 타율적 복종의 유도만으로 성취되는 것이 아니다.

사실 진정한 위엄은 장수의 병법에 대한 식견과 역사의식, 공평무사한 상벌의 시행에 대한 신뢰, 장수의 어진 심성에 대한 병사들의 감동, 몸을 돌보지 않고 부하들보다 앞서 나가는 용맹성 등에 대한 존경심으로부터 나오는 것이다. 존경심이 전제되지 않은 형벌의 엄정한 집행은 자칫 부하병사들에게 저항감을 불러일으킬 수 있다. 따라서 앞에서 살펴본 여러 덕목이 평소에 제대로 발휘되었을 때 비로소 엄정한 형벌의 집행이 진가를 발휘하여 추상같은 군기가 서린 강한 군대를 만들 수 있는 것이다.

정읍현감에서 전라좌수사로 발탁된 이순신이 부임 초에 시작한 일은 예하부대 및 병사들의 해이해진 군기를 잡고 성곽과 전선(戰船), 그리고 무기들을 보수하고 점검하는 일이었다. 다음은 『난중일기』를 쓰기 시작한 1592년(임진년) 1월 16일의 일기내용이다.

"방답(防踏)의 병선군관과 색리(色吏)들이 병선을 수선하지 않았기로 곤장을 때렸다. 우후(虞候) 가수(假守)들도 역시 검칙(檢飭)하지 않기를 이렇게까지 했으니 해괴하기 이를 데 없었다. 제 한몸 살찌울 일만 하고 이런 일을 돌아보지 않으니 다른 일도 어떻게 했는지 또한 알 수 있겠다. 성 밑에 사는 토병(土兵) 박몽세가 석수로서 선생원에 있는 돌 뜨는 데로 가서 이웃집 개에게까지 폐해를 끼쳤기로 곤장 80대를 때렸다.[58]

병선(兵船)을 담당하고 있는 군관과 색리들의 태만도 문제이지만, 그들을 감독해야 할 우후·가수들이 책무를 다하지 않고 있는 것에 대해 이순신은 더욱 우려하였다. 이순신은 해이된 군 기강을 바로잡기 위해 자주 곤장을 때리곤 하였는데, 일종의 충격요법을 쓴 셈이다. 이순신은 임진년 2월 19일부터 예하 관할부대를 순시하면서 전투준비 태세와 전선·무기 등을 최종점검을 하였는데, 주요조치 내용을 살펴보면 다음과 같다.

여러 가지 전쟁방비에 결함이 많으므로 군관과 색리들에게 벌을 주고 첨사를 잡아들이고 교수(敎授)를 내보냈다.[59]
아침 먹은 뒤에 나가앉아 무기를 검열해 보니 활·갑옷·투구·전통·환도 등도 깨어지고 헐어서 볼꼴없이 된 것이 많았으므로 색리와 궁장(弓

匠)・감고(監考)들을 처벌했다.60)

이러한 순시와 검열, 그리고 그 결과에 대한 엄정한 문책과 처벌을 통해 전라좌수사 관할의 수군부대들은 점차 전비태세가 갖추어져 가고 있었다. 임진년 4월 12일 거북선에서 지자(地字)・현자(玄字) 포에 대한 시범사격이 있었는데, 원균으로부터 왜군이 부산포에 대었다는 공문을 받은 것은 3일 뒤인 4월 15일이었다.

임진년 4월 15일 이후 이순신이 순국할 때까지는 이른바 전시상황이었다. 조선육군의 연이은 패배소식으로 민심은 흉흉하고 병사들의 마음도 한결같지가 않았다. 1차출동을 앞둔 5월 3일 여도(呂島)수군 황옥천(黃玉千)이 몰래 집으로 돌아간 것을 잡아다가 목을 베어 군중에 높이 매달았다. 일벌백계의 위엄을 보여 군기를 확립시키기 위한 조처였다.

수군에 소속된 노역을 천역(賤役)이라 한다. 그 고된 노역은 병사들에게 가장 큰 고통이었던 것 같다. 전쟁이 장기화되자 본영의 군사나 격군들이 도망가는 일61)과 양식을 도둑질해 가는 일62) 등이 빈번히 발생하였다. 이순신은 이와 같이 군기를 위반하는 병사들에 대해서는 극형에 처하였다.63) 예하장수들에 대해서도 마찬가지였다. 정해진 기한에 도착하지 못한 해남현감과 하동현감을 문책하여 곤장 90대를 때렸다는 것은 이를 반증해 주는 사례다.

이순신이 엄정한 군기확립을 위해 형벌을 강화했던 사례는 칠천량해전의 패배 이후 삼도수군통제사에 재임명된 직후에 다시 보인다. 1596년(정유년) 8월 3일 이순신은 삼도수군통제사 임명장을 받았는데,

이 때는 수군조직이 거의 와해된 상태였다. 경상우수사 배설을 비롯한 남은 수군장수들은 도망다니기에 급급했고 수군관할의 병기고와 식량 창고는 불태워지거나 텅 비어버렸다. 직속상관인 통제사가 옥과현(玉果縣)에 이르렀음을 알고도 고을 책임자인 원이 나와 영접하지 않는 등 기강 또한 말이 아니었다. .

칠천량해전을 통해 수군이 궤멸되자 임진왜란 초기처럼 진주의 정개산성·벽견산성 등이 스스로 허물어졌다. 모두들 싸워보지도 않고 제 손으로 불을 지르고 도망한 것이다. 이런 상황에서 이순신에게 가장 시급했던 일은 수군조직을 재건하는 일이었다. 그는 전라좌수영의 군기와 군량을 한 낱도 옮겨싣지 않은 일로 우후 이몽구에게 곤장 80대를 쳤다. 통제사에 재임명된 이순신에게는 민심과 병사들의 마음을 안정시키고 군의 기강을 세우는 일이 무엇보다도 급선무였기 때문이다. 당포(唐浦)의 어부가 피난민의 소를 훔치려고 왜군이 쳐들어왔다고 거짓말을 외쳐댔다. 그는 즉시 거짓말을 한 두 사람을 잡아다가 목을 잘라 효시하였다.

벽파정에서 우수영으로 진을 옮긴 뒤 이순신은 예하장수들을 모아놓고 훈시를 하였다. 그는 마지막에 "너희 여러 장수들은 살려는 생각을 하지 말라. 조금이라도 명령을 어긴다면 즉시 군율대로 시행할 것이다"64)라고 엄격히 약속했다. 절대열세의 상황에서는 그도 어쩔 수 없이 형벌의 엄격한 적용을 통해 군율을 세우는 방법을 택하지 않을 수 없었다.

실제로 명량해전이 벌어지자 여러 장수들이 겁에 질려 뒤로 퇴각하는 조짐을 보이고 있었다. 초요기로 그들을 부른 이순신은 거제현령 안위(安衛)가 가까이 오자 몸소 뱃전에 서서 "안위야! 군법에 죽고 싶으냐? 도망간다고 어디 가서 살 것이냐?" 하고 질책하고, 또 중군장 미조항첨사 김응함(金應誠)에게는 "너는 중군장으로서 멀리 피하고 대장을 구원하지 않으니 죄를 어찌 면할 것이냐? 당장 처형할 것이로되 적세가 급하므로 우선 공을 세우게 한다"고 으름장을 놓았다. 안위와 김응함은 죽을힘을 다해 적진으로 돌진하여 싸운 일65) 뒤에는 이순신의 엄정함이 있었다.

생사가 달린 급박한 전투현장에서 병사들이 자발적인 전투역량의 극대화를 기대하기란 매우 어려운 일이다. 평소에 지휘관에 대한 마음으로부터의 존경심을 심어주기 전에는 병사들의 자발적 복종심을 유발시키기가 어렵다는 말이다. 이 때 지휘관은 군율이나 형벌을 통해 타율적으로라도 최상의 전투력을 이끌어내야 한다. 이것이 지휘관에게 위엄이 필요한 이유이다.

6) 성(誠)

『중용』에 "진실되고 거짓이 없는 것(誠)은 하늘의 도(道)요, '진실되고 거짓이 없고자 노력하는 것(誠之者)'은 사람의 도(道)이다"66)라고 하였다. 주희는 이 구절을 주석하여 "'성'은 진실되고 거짓됨이 없는 것을 이르는 것이니 천리(天理) 본연의 모습이요, '성지자(誠之者)'는 아직 진실되고 거짓됨이 없는 상태에 도달하지 못했기 때문에 진실되고 거짓됨이 없고자 하는 것을 이르는 것이니 사람이 마땅히 해야 할 일이다"[67)라고 하였다.

이순신은 모든 일에 진실하고 거짓됨이 없고자 하는 마음으로 정성을 다했다. 1597년(정유년) 백의종군 길에 아산에서 어머니 상(喪)을 당하였는데, 장례를 치르지도 못한 채 권율 막하로 떠나면서 그는 "나라에 충성을 다하고자 했지만 죄가 이미 이에 이르렀고, 부모에게 효도하고자 했지만 부모님 또한 돌아가셨다"[68)고 탄식하였다. 그는 나라에 충성하고 부모에 효도하는 것을 일생의 목표로 삼았다. 그리고 이목표를 달성하기 위하여 정성을 다했으며 결국 몸을 바쳐 그것을 실천하였다.

그의 나라사랑하는 마음은 잠재의식 속에 내재되어 꿈으로 드러나곤 했다. 그는 유별나게도 많은 꿈을 꾸었던 것으로 기록되어 있다. 전투에 나갈 때는 전투에 관련된 꿈을, 나랏일을 근심할 때는 나랏일에 관련된 꿈을, 오랫동안 소식이 끊긴 어머니를 생각할 때는 어머니와 관련된 꿈을 꾸었다. 이순신이 그야말로 모든 일에 진실되고 거짓없이 정성을 다하기 위해 노심초사했던 증거이다.

이와 같은 그의 지극한 마음 때문에 꿈의 내용이 현실과 일치하는 일도 종종 있게 되었다. 이순신은 심지어 꿈의 내용에 의존하여 군사행동을 취하는 일도 있었다.

꿈에 적의 형적이 있으므로, 새벽에 각 도 대장에게 알려 바깥바다에 나가진치게 했다가 날이 저물어 다시 한산도 안쪽바다로 들어왔다.[69)

이순신은 전투를 앞두고는 늘 하늘에 온 정성을 다하여 기도했다. 『난중일기』에는 그가 길흉에 대한 점을 치는 광경이 자주 나오는데, 그것은 요행을 바라는 마음에서가 아니라 전투준비 태세에 최선을 다하고 천명을 기다리는 이른바 '진인사대천명(盡人事待天命)'의 숙연한 마음으로 정성을 다하는 마음의 표시였다.

새벽에 불을 밝히고 홀로 앉아 적을 칠 일로 길흉을 점쳐보았는데 길한 것이 많았다.[70]

그는 꿈에서 유성룡과 더불어 나랏일을 걱정하였는가 하면, 어떤 날에는 꿈속에서 순변사 이일(李鎰)이 책임을 소홀히 하는 모습을 보이자 가차없이 질책하였다.

□ 꿈속에서도 유성룡과 더불어 나라의 앞일을 걱정하였다. 영의정이 천식증으로 앓고 있다는 소식을 듣고 걱정하던 차에 이러한 꿈을 꾼 것이다.[71]

새벽 꿈에 이일과 만나 내가 많은 말을 하며 "이같이 국가가 위태한 날을 당하여 몸에 무거운 책임을 지고서도 나라의 은혜를 갚겠다는 생각은 하지 않고 성 바깥 여염집에 있으면서 배짱 좋게 음란한 계집을 끼고서 관사에는 들어오지 않은 까닭으로 남의 비웃음을 받으니 기분이 어떠하며, 또 수군 각 고을과 포구에 배정된 병기를 육군에서 독촉하기에 바쁘니 이것은 또한 무슨 까닭인가?" 하니 순변사가 말이 막혀 대답을 못하였다.[72]

그의 생각은 늘 나랏일을 걱정하고 사직과 임금에 충성을 다하는 것에 닿아 있었다.[73] 이순신의 일기에는 자신이 받은 임금의 총애에 보답하고자 하는 진실되고 정성어린 감회를 적은 글이 자주 등장한다.

사직의 위엄과 영험을 힘입어 겨우 조그마한 공로를 세웠는데. 임금의 총
애와 영광이 너무 커서 분에 넘치는 바가 있다. 장수의 직책을 띤 몸으로
티끌 만한 공로도 바치지 못했으며 입으로는 임금의 교서를 외면서 얼굴에
는 군인으로서의 부끄러움이 있음을 어찌하랴.[74]

뿐만 아니라 『난중일기』에는 거의 매일 어머니에 대한 근심과 걱정
이 쓰여 있다. 『난중일기』에 가장 많이 등장한 문구가 어머니에 대한
안부였을 정도이다. 그는 어머니에 대한 소식을 며칠만 듣지 못해도
안절부절못하면서 마음의 갈피를 잡지 못했다.

요즈음 탐사선이 엿새가 되도록 오지 아니한다. 어머님 안부를 알 수 없어
무척 걱정스럽다.[75]

새벽에 꿈이 산란하였다. 어머님 안부를 못들은 지 벌써 이레라 무척 초조하
였다.[76]

이순신은 부모에게 효도하는 자라야 나라와 임금을 위하여 충성을
다할 수 있다는 유학적 세계관의 철저한 실천가였다.

세계해전사에 길이 남을 명량해전을 앞두고 노심초사하고 있었던
이순신의 꿈에 신인(神人)이 나타났다. 그리고 신인은 "이렇게 하면 크
게 이기고 이렇게 하면 진다"라고 일러주었다.[77] 지성이면 하늘이 감
응한다고 했던가? 노량해전을 앞둔 그날 밤 자정 이순신은 배 위로 올

라 손을 씻은 다음 무릎을 꿇은 채 하늘에 빌었다. "이 원수를 모조리 무찌른다면 지금 죽어도 여한이 없겠나이다."

이순신은 그렇게 갔다. 평생을 진실되고 거짓없이 지극정성으로 일관한 이순신! 나라와 임금에게는 충성을 다했고 부모에게는 효도를, 조카들에게는 보살핌을, 자식들에게는 사랑을 쏟는 데 정성을 다했던 이순신! 그는 어느덧 당시 조선의 이념적 세계관이었던 유학이 지향하는 성인(聖人)이 되어 있었다. 그리고 그는 수군장수로서 세계전사상 전무후무한 완전한 승리를 일구어낸 전쟁영웅이 되었다. 그래서 우리는 그를 우러러 성웅(聖雄)이라고 부르는 것이다.

7
이순신의 지휘통솔법

이순신의 일생은 그 자체가 유학에서 지향하는 성인(聖人)의 삶이었다. 유학에서는 성인에 도달하기 위한 방법으로 두 가지를 제시한다. 하나는 "자신이 하고 싶지 않은 것을 타인에게 시키지 말라[己所不欲, 勿施於人]"[1]는 것이요, 다른 하나는 "자신이 서고 싶은 곳에 타인을 서게 해주고 자신이 도달하고 싶은 곳에 타인을 도달하게 해주라[己欲立而立人, 己欲達而達人]"[2]는 것이다.

이러한 방법을 실천하기 위해서는 먼저 인간의 무한한 이기욕구(利己欲求)를 극복해야 한다. 그래서 공자는 유학의 최고덕목인 '인'의 실현을 위해 "이기욕구를 극복하고 '예'를 회복할 것[克己復禮]"[3]을 강조하였다. 그리고 자신이 70살이 되어 도달한 상태를 "마음이 하고자 하는 것을 좇더라도 법도에 어긋나지 않았다"[4]고 고백하고 있다. 간단히 말하면 인간의 무한한 이기욕구가 수양에 의한 도덕적 힘에 의해 완전히 조절되어 모든 행위가 공평무사하게 이루어지는 상태가 유학에서 추구하는 성인의 경지인 것이다.

이순신이 위대한 장수이며 성웅인 까닭은 그가 여러 병법서에서 제기한 지(智)·신(信)·인(仁)·용(勇)·엄(嚴) 이외에 성(誠), 이른바 진실되고 거짓됨이 없는 완성된 인격을 가지고 있었기 때문이다. 그의 완성된 인격에 조선 수군장병이나 의병·승병·백성들이 모두 감복하여 그를 따랐으며 심지어 명나라 수군도독 진린(陳璘)을 비롯한 그의 병사들까지도 이순신을 흠모하였다. 결과적으로 이순신의 완성된 인격은 와해되었던 조선의 민·관·군의 힘을 모아 전란을 극복할 수 있는 구심점 역할을 했다. 한 수군장수의 완성된 인격이 나라를 구한 셈이다.

이순신은 거기에 덧붙여 수군장수로서의 재능과 실력을 완벽하게 갖추고 있었다. 자신이 담당하는 직책에 대한 전문지식이 없다면 완성된 인격도 공허해지고 만다. 이순신은 부하들을 다스리는 방법에 대해서도 정통해 있었다. 자신은 완성된 인격을 지향하고 있지만 부하장졸들은 이기적인 욕망에 지배되고 있는 평범한 인간들임을 누구보다도 잘 알고 있었다. 아래에서는 이순신이 평범하기만 한 부하장졸들을 지휘하여 어떻게 최상의 정예병사로 만들었는지에 대해 자세히 살펴보기로 한다.

1. 죽기를 각오하고 싸울 수밖에 없는 상황을 조성하라[必死則生法]

이순신의 어록으로 널리 알려진 "죽기를 각오하고 싸우면 살 수 있다[必死則生]"는 이 말은 명량해전 하루 전 부하장수들을 모아놓고 한 훈시로 『난중일기』에 보인다. 생물체로서의 인간은 삶[生]을 좋아하고 죽음[死]을 싫어하는 것이 보편적인 특성이다. 그렇다면 어떻게 해야 삶을 좋아하고 죽음을 싫어하는 병사들로 하여금 죽음을 무릅쓰고 싸우게 할 수 있을까? 이것이 부하병사들을 지휘하여 최상의 전투력을 이끌어내야 하는 지휘관이 고민해야 할 지휘통솔의 핵심과제다.

임진왜란이 발발한 다음해인 1593년(계사년)이 되자 해전은 점차 소강상태로 접어들게 되었다. 이 때 조정의 지시에 따라 수군장수들이 육지전투로 나아가고 수군소속인 연해안의 군졸들도 육지전투에 종사하는 일이 있게 되었다. 이렇게 되자 조선수군은 전선(戰船)을 운용하는 사부(射夫)와 격군(格軍)을 충당하는 데 막대한 차질이 초래되었다. 이순신은 이러한 지시의 부당성을 적어 장계로 올렸는데, 여기에서 이순신은 우리나라 병사들의 기강이나 사기를 이렇게 평가하고 있다.

우리나라 사람들은 겁쟁이가 10명 중에 8·9명이며, 용감한 자는 10명 가운데 1·2명인데, 평시에 분별하지 않고 서로 섞여 있으므로 무슨 소리만 조금 있어도 문득 도망해 흩어질 생각만 내어 놀라 엎어지고 자빠지며 다투어 달아납니다. 비록 그 안에 용감한 자가 있더라도 홀로 흰 칼날을 무릅쓰고 죽기를 각오하며 돌격하여 싸울 수 있겠습니까?[5]

그러나 엄밀히 말하면 겁쟁이는 우리나라 사람들뿐만이 아니다. 하나밖에 없는 목숨이 위태로운 상황에서 어떤 동기부여가 되지 않을 때 죽음을 무릅쓰고 용감히 싸울 병사는 그 어디에도 없다. 그런데 해전

(海戰)에서는 육전(陸戰)과는 다른 전투환경이 조성된다. 육전에서는 겁이 나고 목숨이 위태로울 경우 도망할 수 있는 여지가 있지만, 배를 타고 싸우는 해전에서는 회피하거나 숨을 곳이 없기 때문이다. 다음은 해전의 특성에 대한 이순신의 설명이다.

해전에서는 많은 군졸들이 죄다 배 안에 있으므로 적선을 바라보고 비록 도망해 달아나려 해도 도리가 없는 것입니다. 하물며 노를 재촉하는 북소리가 급히 울릴 때, 만약 명령을 위반하는 자가 있으면 군법이 뒤를 따르는데, 어찌 마음과 힘을 다하여 싸우지 아니하겠습니까.6)

사방이 바다로 둘러싸여 있는 함정은 그 자체가 배수진이나 마찬가지다. 해군이 공동운명체적 성격을 띠고 있는 것은 바로 이와 같은 함정의 독특한 환경에 기인하는 것이며, 이것이 육군이나 공군과 차별화되는 해군의 전장환경적 특성이다. 당시 조선수군의 노를 젓는 격군이나 활을 쏘는 사부(射夫)들은 전시상황에서 억지로 징발된 자들로서 화포가 터지고 칼과 창이 번뜩이고 화살이 빗발치는 전투가 시작되면 모두 도망갈 곳만을 찾는 오합지졸이었다. 이런 병사를 데리고 육지전투를 치르는 것은 효율성이 떨어지지만 바다전투에서는 그렇지가 않다는 것이다. 해전에서는 도망갈 곳이 없기 때문에 장수가 병사들의 소질과 능력에 따라 잘 지도하고 우세한 전투형세를 조성해 주면, 각자의 전투역량을 최대한 발휘시킬 수 있다는 것이 이순신의 주장이다.

『손자병법』에 병사들은 "위험한 곳(亡地)에 투입한 연후에야 보존할 수 있으며, 죽을 곳(死地)에 이르게 한 연후에야 살릴 수가 있다"[7]라고 한 구절이 있다. 병사들이 도망할 수 있는 가능성도 없고 살아날 가능성이 없을 때가 되면 살기 위해 어쩔 수 없이 최상의 전투력을 발휘하기 때문에 오히려 승리하여 살아날 수 있다는 논리다.

그런데 수군은 일부러 이런 상황을 만들지 않더라도 함정 그 자체가 승리하지 못할 때는 모두가 함께 죽어야 하는 '사지'요 '망지'가 된다. 따라서 장수가 병사들을 잘만 지도한다면 비록 오합지졸이라도 정예 병사처럼 싸우도록 만들 수 있는 것이 해전의 장점이라는 것이다.

이순신은 그가 치른 해전 가운데 가장 열세의 전투력으로 왜군을 대적했던 명량해전에서 '필사즉생법'을 적극적으로 구사하였다. 명량해전 자체가 이미 병사들에게는 죽음의 전장이었다. 여러 겹으로 둘러싼 채 공격해 오는 왜군함선을 보고 조선병사들은 얼굴빛이 까맣게 질렸다.

이순신은 이미 하루 전에 여러 장수들을 불러놓고 "죽기를 각오하고 싸우면 살고, 살려고 꾀를 내고 싸우면 죽는다"[8]는 병법을 인용하면서 최선을 다해 싸울 것을 당부한 바 있다. 아울러 "너희 여러 장수들이 조금이라도 명령을 어긴다면 군율대로 시행해서 작은 일일망정 용서치 않겠다"[9]고 엄히 명령한 터였다. 그럼에도 여러 장수들은 절대열세의 해전이라는 것을 자각하고 낙심하여 회피할 꾀만 내고 있었다.

이순신은 다급했다. 부하장수들을 질책하기 위해서는 물러서서 그들이 탄 함선에 가까이 가야 하는데, 그렇게 되면 적이 기세를 타고 몰려들 것이 뻔했기 때문이다. 이순신은 황급히 깃발신호를 통해 중군장 김응함(金應咸)과 거제현령 안위(安衛)를 호출하였다. 그리고 그들이 점차 가까이 오자 직접 뱃전에 서서 꾸짖기를 "안위야! 네가 군법에 죽고 싶으냐? 도망간다고 어디 가서 살 것이냐"[10), "너〔김응함〕는 중군장으로서 멀리 피하고 대장을 구원하지 않았으니 죄를 어찌 면할 것이냐? 당장 처형할 것이로되 적세가 급하므로 우선 공을 세우게 한다"[11)고 하여 그들 스스로 사지에 처해 있음을 상기시켰다.

이제 그들이 군법에 의한 처형을 모면하는 길은 죽기를 다해 싸워 전공을 세우는 길밖에 없었다. 중군장 김응함과 거제현령 안위는 이후 죽음을 무릅쓰고 적군함선으로 돌격하게 되는데, 결국 이들의 용전분투가 명량해전을 승리로 이끄는 데 결정적 역할을 하였다. 거제현령 안위는 이 공로로 통정대부를 제수받았다. '투지망지 함지사지(投之亡地, 陷之死地) 법'을 응용한 '필사즉생법(必死則生法)'의 적용을 통해 이순신은 명량해전을 승리로 이끌었고, 그 결과 부하장수들은 처벌을 면했을 뿐만 아니라 전공을 인정받아 더 높은 벼슬을 제수받는 영광을 입은 것이다.

2. 병사들에게 끊임없이 동기부여책을 마련하라〔以利動之法〕

'이리동지(以利動之)'를 직역하면 "이익으로써 움직이게 한다"는 것으로 적군과 아군 모두에게 해당된다. 이것은 인간이란 기본적으로 이기적인 존재로서 "이익을 좋아하고 해로운 것을 싫어한다"는 인간관에 토대한 것이다. "인간의 본성은 근본적으로 선하다"는 유학의 본질주의적 입장과는 정반대로 철저히 현실적 인간의 모습에 주목한 경우이다.

일반적인 행동양태의 관점에서 볼 때 인간은 다른 생물체와 마찬가지로 개체보존을 위한 생리욕구로 충만해 있으며 더 나아가 자신의 이익을 위해서라면 하나밖에 없는 목숨의 위태로움조차 기꺼이 감수하는 특성이 있다. 전장환경은 병사들로 하여금 항상 생사의 갈림길에 노출되게 한다. 따라서 교육을 받아 어느 정도의 지적 수준을 갖춘 장수들은 몰라도 병사들에게 자율적으로 또는 능동적으로 싸워주기를 바라는 것은 무리다. 더욱이 당시 조선사회에서 수군병사는 천역이 아니었던가.

이순신은 '이리동지법'을 왜군을 유인할 때에도 적극적으로 활용하였다. 아군이든 적군이든 장졸들은 모두 이익에 의해 움직이는 속성을 가지고 있기 때문이다. 이순신은 임진년 2차출동 때의 당항포해전에서부터 유인술을 적극 구사하였다.

우리들이 거짓으로 포위를 풀고 퇴군할 것을 보여 진을 후퇴시키면 적들이 필시 그 틈을 타서 배를 옮길 것이니 그 때 좌우에서 쫓아 공격하면 거의 섬멸할 수 있으리라.12)

이순신은 한산해전에서도 이와 같은 유인술은 활용하였다.

먼저 판옥선 5·6척을 시켜서 선봉으로 나온 적선을 뒤쫓아 습격할 기세를 보였더니 여러 배의 적들이 일시에 돛을 달고 쫓아나왔습니다.13)

이것은 적에게 작은 이익을 주어 유인한 뒤에 포위하여 집중공격을 펼쳐 승리를 성취한 것으로 이른바 '이리동지법(以利動之法)'의 응용이다. 이순신이 조선수군의 판옥선 대여섯 척을 투입시킨 것은 왜적의 관점에서 보면 이익이 아닐 수 없다. 수적으로 우세한 왜군이 볼 때 손쉽게 조선수군을 격파하여 전공을 세울 수 있는 좋은 기회이기 때문이다. 결국 왜군은 작은 이익에 현혹되어 전멸에 가까운 결정적인 패배를 당한다.

손자는 "병사들이 적의 재물을 취하는 것은 재화 때문이다"[14]라고 하였다. 그러므로 "전투중에 전차 10대 이상을 노획한 병사에게는 포상을 해야 한다"[15]고 하였던 것이다. 왜냐하면 "적에게서 재화를 얻을 경우 반드시 그 병사에게 포상을 내린다면 병사들이 모두 욕심이 있게 되어 열심히 싸우기"[16] 때문이다.

이순신은 매 해전마다 전공을 세운 장졸들의 활약을 매우 세밀하게 장계하였다. 뿐만 아니라 왜군으로부터 노획한 전리품들을 병사들에게 나누어줌으로써 그들의 전투의욕을 더욱 고취시켰다. 또한 전투가 없을 때는, 노획한 전리품을 상급으로 내걸어 활쏘기 시합을 통해 성적이 우수한 부하병사들에게 나누어주기도 하였다.[17]

생사의 갈림길에 설 수밖에 없는 전장환경은 인간을 매우 현실적인 관점에서 파악하도록 만든다. 인간을 이기적인 존재로 간주하는 것은 그런 현실적인 인간관에서 비롯된다 할 수 있다. 이렇게 볼 때 병사들이 전투역량을 최대한으로 발휘토록 하기 위해 장수는 그들에게 이익을 줄 수 있는 방법을 적극적으로 모색해야 한다.

이순신은 광양현감 어영담이 무고하게 파직되었을 때 그를 변호하고 옹호하는 장계를 몇 차례씩 올린다. 또 매번 해전이 종료될 때마다 부하병사들의 전공을 낱낱이 밝혀 조정에 보내 전과에 상응하는 포상을 건의한다. 이것은 모두 이익을 추구하는 병사들의 행동양태에 부응하기 위한 것이다. 이렇게 함으로써 부하병사들은 이순신과 함께 하는 해전이라면 어떠한 경우라도 자신들에게 불리하지 않을 것이라는 생각을 하게 되고, 따라서 전투가 벌어지면 최선을 다하여 용감하게 싸웠다. '이리동지법'은 부하장졸들의 전투의욕을 고취시켜 전투력을 극대화시키는 한 방편이었던 것이다.

3. 상과 벌에는 신뢰성이 있어야 한다[信賞必罰法]

신상필벌법은 '이리동지법'을 부하장졸들에게 구체적으로 적용하는 한 방법이다. 포상은 병사들의 이익을 추구하는 속성에 부응한 것이요, 벌은 그 반대의 경우이다. 장졸들은 보편적으로 이익을 추구하기를 좋아하며 반대로 자신에게 해가 되는 것은 싫어한다.

그런데 상과 벌은 임의적 또는 자의적으로 행사되어서는 안된다. 예를 들어 전쟁이 종료된 뒤의 논공행상이 합리적으로 정확하게 이루어지지 않았다면 포상에 대한 부하병사들의 신뢰가 떨어질 것이다. 그럴 경우 이후의 전투에서 목숨을 걸고 용감히 싸울 병사가 어디 있겠는가? 형벌 또한 친소(親疎)관계나 지위에 따라 달리 적용되어 엄격함을 상실한다면 처벌받는 사람은 재수가 없다고 여길 것이며, 결국은 처벌의 효과를 상실하고 말 것이다.

1592년(임진년) 1차출동 뒤 이순신은 부하장졸들에게 "공로와 이익을 탐내서 서로 다투어 먼저 적의 머리를 베려 했고 그로써 도리어 해를 입는 사람이 많아지는 정례가 있으므로 사살한 뒤에 비록 목을 베지 못하더라도 힘써 싸운 사람을 제일의 공로자로 병가하겠다"[18]고 약속하였다. 실제로 임진년 초기의 해전에서 조선수군은 왜적의 머리를 베는 데 많은 시간과 정력을 소모하였다. 심지어는 이순신 휘하의 전라좌수영 수군과 원균 휘하의 경상우수영 수군이 왜 수군의 머리베는 일로 다투는 일도 있었다.

이순신은 부하장졸들의 공평무사한 포상을 위해 매번의 해전 때마다 그들의 전공을 자세히 살피고, 결과에 따라 부하들의 공로를 1·2·3 등급으로 나누었다. 그리고 이를 기초로 그들의 전공을 자세히 기록하여 조정에 장계하였다. 이 장계내용은 이순신이 논공행상의 신뢰성 정립을 위해 얼마나 노력하였는지를 잘 보여준다.

당초 약속할 때 비록 목을 베지 못했어도 죽음으로써 힘써 싸운 자에게 제1의 공로자로 논한다고 하였으므로 힘써 싸운 여러 병사들에 대해 신이 직접 등급을 결정하여 1등으로 기록하였습니다.[19]

여러 장수와 군사들이 분연히 몸을 돌아보지 않고 처음부터 끝까지 힘껏 싸워 여러 번 승첩하였습니다만 조정이 멀리 떨어져 있고 길이 막혔는데,

군사들의 공훈등급을 만약 조정의 명령을 기다린 뒤에 결정한다면 군사들의 심정을 감동하게 할 수 없으므로 우선 공로를 참작하여 1·2·3등으로 정하고 별지에 기록하였사오며 당초에 약속과 같이 비록 머리를 베지 않았다 하여도 죽을힘으로 싸운 사람들은 신이 직접 본 것으로써 등급을 나누어 결정하고 함께 기록하였습니다.20)

이순신은 논공행상에 대한 기준을 부하병사들에게 분명하게 숙지시켰다. '왜적의 목을 벤 숫자가 논공행상의 기준이 아니다. 얼마나 최선을 다해서 적선을 격파했는지, 그래서 전쟁승리에 기여했는지가 기준이다.' 이순신은 이를 기준 삼아 포상이 이루어질 수 있도록 조정에 장계하였다. 그것은 부하장수들과의 약속에 대한 실천을 통해 포상에 대한 믿음을 주기 위한 것이었다. 벤 목이 별로 없었던 방답첨사 이순신(李純信)이 포상에서 빠지자 이를 변호하면서 포상해 줄 것을 통제사 이순신은 다시금 조정에 건의한다.

방답첨사 이순신은 변방수비에 온갖 힘을 다하고 사변이 일어난 뒤에는 더욱 부지런히 힘써 네 번 적을 무찌를 적에 반드시 앞장서서 공격하였으며, 당항포 접전시에는 왜장을 쏘아 목을 베어 그 공로가 월등할 뿐만 아니라, 다만 사살하는 데만·진력하고 목베는 일에는 힘쓰지 않았으므로 그 연유를 들어 별도로 장계하였는데, 이번 포상의 문서에 홀로 순신의 이름이 들어 있지 않은바,··· 권준 이하 여러 장수들은 당상으로 승진되었으나, 오직 이순신만이 임금의 은혜를 입지 못하였으므로, 이제 조정에서 포상하라는 명령을 내리시기를 엎드려 기다리오니, 사실대로 잘 아뢰어 주소서.21)

방답첨사 이순신의 경우 목베는 일보다는 적선을 격파하고 사살하는 데 주력하라는 직속상관 통제사 이순신의 명령을 충실히 이행한 장수였다. 그런데도 목을 벤 수효가 다른 장수보다 적었기 때문에 별도로 장계까지 하여 그의 전공을 보고하였는데, 우려했던 대로 조정에서는 증거주의를 적용하여 이순신(李純信)을 포상에서 제외하였던 것이다. 이순신은 이 때문에 다시 장계를 올려 이를 바로잡고자 했던 것이다.

빈면에 포상의 이면에는 형벌이 따르게 마련이다. 동전의 양면과 같은 포상과 형벌을 동시에 적용하지 않는다면 그 효율성은 반감된다. 장수로서, 병사로서 전투에서 최선을 다한 사람은 전공에 상응하는 포상을 받지만, 반대로 자신의 직분을 소홀히 하거나 게을리하는 사람들은 군율로써 다스릴 수밖에 없다. 이렇게 볼 때 상과 벌은 지휘통솔의 중요한 두 축인 셈이다.

앞서 장재론에서도 언급했듯이 이순신은 전라좌수사로 부임해서 전투준비 태세를 독려할 때, 그리고 정유년 이후 다시 삼도수군통제사에 임명되었을 때 군율에 따른 처벌을 가장 많이 시행하였다. 전투역량이 열세이거나 전투태세를 차근차근 갖출 수 없는 급박한 상황에서는 포상이나 사랑을 통한 지휘통솔보다는 엄격한 군율시행을 통해 군기를 세우는 일이 급선무라고 여겨졌기 때문이다.

포상의 요체가 신상(信賞) 곧 상에 대한 신뢰성에 있다면 형벌시행의 요체는 필벌(必罰) 곧 벌을 반드시 공평하게 적용하는 엄격함에 있다. 이른바 필벌은 군율을 어겼을 경우 직위의 상하, 가깝게 지내거나 멀리지내거나를 막론하고 반드시 처벌이 따라야 한다는 것을 의미한다. 장수의 형벌시행이 군율에 따라 엄격하게 시행되면 부하장수나 병사들은 처벌을 모면할 수 있다는 요행을 기대할 수 없게 되어 군율을 지키기 위해 온갖 노력을 다할 것이며 결과적으로 전투력은 그만큼 증대된다.

이순신은 근무지를 이탈하여 도망갔던 병사들에 대한 처형은 반드시 시행하였다. "도망자는 반드시 잡아 처형한다"는 필벌의 본보기를 보임으로써 군의 기강을 확립하고자 했던 것이다.

> 경상도에서 옮겨온 공문에 포로로 되었다가 돌아온 김호걸과 나장 김수남 등 명부에 올린 수군 80명이 도망갔다고 하며,… 군관 이봉수와 정사립들을 비밀히 보내 70여 명을 찾아서 잡아다가 각 배에 나눠주고 김호걸과 김수남은 그날로 처형했다.[22]

> 순천의 거북선 격군인 경상도 사람의 종 태수가 도망가다가 잡혀왔기로 처형했다.[23]

> 늦게 녹도만호가 도망간 군사 8명을 잡아왔기로 그 가운데 괴수 3명은 처형하고 나머지는 곤장을 때렸다.[24]

> 이날 충청도 홍주의 격군으로서 신평에 사는 개인집 종 걸복이 도망가다 붙잡혔으므로 목을 잘라 효수하였다.[25]

또한 관할수령들이 명령을 어기거나 소홀히 할 때는 여지없이 조정에 장계를 올려 정식으로 처벌을 건의하였다. 『이충무공전서』에 남아 있는 처벌을 건의하는 장계에는 '방비군의 결원을 낸 수령을 군법에 의하여 처벌하시도록 청하는 계본'[26], '지체하는 여러 장수들을 처벌해 주시기를 청하는 계본'27), '기한을 어긴 여러 장수들을 처벌해 주시기를 청하는 계본'28), '방비군을 결석시킨 여러 장수들을 처벌해 주시기를 청하는 계본'29) 등이 있다.

이순신이 평소에 얼마나 군율시행에 엄격했는지는 명량해전에서 잘 나타난다. 절대열세의 이 해전에서 공격명령을 어기고 뒤에 처져 머뭇거리는 중군장 김응함과 거제현령 안위에 대한 이순신의 위협은 준엄하기 이를 데 없었다. 중군장 김응함과 거제현령 안위는 평소 통제사 이순신의 군율집행의 엄격함에 비추어 볼 때 자신들은 결코 살아남지 못할 것임을 자각하고 있었다. 그들은 군율을 어긴 죄로 처형되느니 차라리 왜적과 싸우다 죽는 것이 명예롭겠다 판단하고 즉시 적진 속으로 돌진해 들어갔으며 결과적으로 명량해전을 승리로 이끄는 데 견인차 역할을 하였다. 이순신의 평소의 엄격한 군율집행이 명량해전과 같은 급박한 전투상황 속에서 진가를 발휘하였던 것이다.

4. 부하병사를 자식처럼 사랑하라[仁愛法]

'필사즉생법(必死則生法)', '이리동지법(以利動之法)', '신상필벌법(信賞必罰法)'이 '이익을 좋아하고 해로운 것을 싫어한다'는 인간의 특성에 기초한 타율적 지휘통솔법이라면, 부하병사들을 자식처럼 사랑하는 인애법(仁愛法)은 지휘관의 어질고 사랑에 충만한 행동이 부하장졸들의 마음을 감동시킴으로써 자발적으로 복종을 유도하는 자율적 지휘통솔법이다. 타율적 지휘통솔법이 전시와 같은 급박한 전투환경 속에서 효과를 발휘한다면 인애법과 같은 자율적 지휘통솔법은 평상시 부대를 지휘할 때 반드시 고려되어야 하는 통솔법이다.

전투시의 급박한 상황에서 타율적 지휘통솔법을 사용할 때도 병사들이 평소 지휘관이 베푼 사랑에 감동한 경험이 있을 경우 그 효과는 배가될 수 있다. 지휘관의 엄격한 처벌이 그 자신의 악한 기질이나 품성에 기인한 것이 아니라 군대의 기강확립을 위해서였다는 사실을 부하장졸들이 이해할 때 저항감 없이 수용할 수 있기 때문이다. 부모가 자식에게 매질을 해도 자식이 그것을 참고 견디는 것은 부모가 자신을 사랑하고 있음을 알기 때문인 것과 마찬가지의 이치다. 이른바 '사랑의 매'의 논리인 것이다.

이순신은 무서우리만큼 엄격하게 군율을 시행한 사람이었지만, 다른 한편으로는 따듯한 마음을 소유한 장수였다. 그는 솔선수범하여 몸소 적의 칼날을 무릅쓰고 적진을 향했으며 총탄이 주위에 떨어져도 동요하지 않았다. 장병들이 붙잡고 만류하여도 "내 목숨은 하늘에 달렸는데 너희들만 수고하게 하겠는가"라고 말하고 병사들과 더불어 싸웠다. 그래서 얻은 승전의 전리품을 여러 장수들에게 골고루 나누어주고 하나도 아끼지 않았으므로 장병들은 이순신을 존경하면서 사랑하였다.[30]

임진년 전쟁발발 이후 전쟁이 장기전으로 전환되자 군수품 조달에 많은 애로가 있었다. 겨울이 돌아오자 병사들의 몸을 가릴 옷이 없게 되고 군량미 또한 부족하였다. 그들의 고충을 해결하지 못하는 이순신

은 이를 매우 괴로워했다.[31]

그는 옷 없는 군사들의 의복마련을 위해 노력하였고[32], 해전중에 전사한 부하장병들에 대해서는 장사를 지낼 수 있도록 일일이 배려했으며[33], 투항한 왜인들에 대해서도 초라하지만 술과 음식을 나누어주었다.[34] 이순신은 또 오랫동안 집을 떠나 군무에 종사해야 하는 부하장졸들에 대해 어떻게 하면 이들의 노고를 위무할 수 있을지 늘 가슴에 새기고 있었다.

회령만호가 교서에 숙배한 뒤에 여러 장수들이 모여 회의를 하고 그대로 들어가 앉아 위로하는 술잔을 네 순배 돌렸다. 몇 순배 돈 뒤 경상수사가 씨름을 붙인 결과 낙안의 임계형(林季亨)이 일등이었다. 밤이 깊도록 뛰놀게 했는데 그것은 내 스스로 즐거워서가 아니라 다만 오랫동안 고생하는 장수들의 수고를 달래주자는 생각에서였다.[35]

또한 계사년(1593)에는 세자 광해군이 남쪽을 순시하면서 무사들을 위로하기 위하여 전주에서 과거시험장을 개설하였다. 남도 연해안 수군소속의 무사들도 기꺼이 과거장으로 달려가고 싶으나 거리가 멀었다. 그러므로 제 기간 안에 당도할 수 없을 뿐더러, 또한 적과 서로 대치해 있는 터라 전장을 이탈할 수가 없었다. 이순신은 이를 십분 고려하여 상황에 맞는 새로운 규정으로 진중에서 과거를 치를 수 있게 해주기를 조정에 건의하였다.

… 수군에 소속된 군사들은 경상도의 예에 의하여 진중에서 시험을 보아

그들의 마음을 위로해 주도록 하되 규정중에 있는 "말을 타고 달리면서 활쏘는 것"은 먼바다에 떨어져 있는 외딴섬이라 말을 달릴 만한 땅이 없사오니 "말을 달리면서 활쏘는 것"은 "편전을 쏘는 것"으로써 하여 재능을 시험보면 편리할까 생각되어 감히 품고 하오니 조정에서 선처해 주시도록 삼가 갖추어 아뢰옵니다.[36)]

1594년(갑오년)으로 해가 바뀌어 전쟁이 시작된 지도 벌써 3년째가 되는 해였다. 많은 장수들이 집을 떠나온 지 오래되었으니 사기가 말이 아니었다. 조정에서는 각 고을의 농사일도 급하고 성곽 및 참호수선에 문제가 있음을 알고 장수들을 교대로 쉬게 하라는 분부가 있었다. 이러한 분부가 있자마자 이순신은 당항포해전을 승리로 이끈 뒤 순천·광양·흥양·보성·강진·해남·진도 등 고을수령을 대신할 장수를 정하고 "농사를 권장하고 굶주린 백성들을 구제하는 일들에 정성을 다해서 보살피되, 다시 전령이 있으면 곧 달려오라" 하고 그 동안 금지되었던 휴가를 실시하여 부하장수들의 노고를 위로하였다.[37)]

부하장졸들에 대한 이순신의 속 깊은 배려는 그들의 마음을 움직이기에 충분하였다. 그가 평소에 부하장졸들과 백성들에게 쏟은 사랑의 마음은 절박하고 위태로운 전시상황에서 큰 효과를 발휘하였다. 13척의 전선으로 열 배가 넘는 적과 싸워야 할 절망적인 상황에서도, 평소에 이순신의 인품과 사랑에 감동했던 백성들이 구름처럼 모여들었던 것도 이 때문이었다.

장흥사람 마하수(馬河秀)는 이순신이 통제사로 복직되었다는 소식을 듣고 기뻐하며 "우리들이 무엇을 걱정하랴" 하면서 회령포로 달려가 그에게 문안하였다. 그리고는 피난선 열 척을 모아 조선 수군함대의 배후에서 군대의 위용을 더하는 후원세력을 자처하였다. 마침 바깥바다에서 해전을 지켜보던 마하수는 통제사가 적에게 포위되자 칼을 뽑아들어 "대장부에게는 죽음이 있을 뿐이다"라며 두 아들과 함께 적진으로 돌진하여 싸우다가 끝내 장렬히 전사하였다.[38]

　수성사람 최희량은 정유년 난리에 특례로 흥양현감에 발탁되어 수군을 거느리고 이순신 진영으로 달려가 여러 번 공로를 세웠으나 모략에 의해 파직되었다. 최희량의 능력을 아꼈던 이순신은 그를 그대로 진중에 머물도록 하여 자신의 군관으로 삼았다. 1598년(무술년) 마지막 노량해전에서 이순신이 탄환을 맞고 전사하자 최희량은 통곡하고 고향으로 돌아갔는데, 그 길에 "난리라 세상일이 변해만 가네. 돌아가 이름없이 살아가리라"라는 시를 짓고는 은둔하여 끝내 세상에 나오지 않았다고 한다.[39]

　이 모든 사례는 이순신의 인품과 사랑에 감동한 결과였으며 중과부적의 명량해전을 승리로 이끌 수 있었던 원동력이기도 하였다. 아무리 지휘통솔법이 뛰어난 이순신이라 하더라도 그의 평소 인품과 사랑에 감동한 부하장졸 및 백성들의 자발적인 도움이 없었더라면, 통제사 재임명 뒤 1달 반 만에 치른 명량해전을 승리로 이끌기는 어려웠을 것이다.

　이순신이 뭇 장수들보다 위대한 장수로 인정받는 까닭은 그의 지휘통솔 방식 배후에 항상 부하병사들을 배려하는 사랑의 마음이 깔려 있었기 때문이다. 지휘관의 부하사랑은 모든 지휘통솔법의 효과를 배가시키는 마력을 가지고 있다. 이 마력이야말로 다양한 지휘통솔법 가운데 인애법(仁愛法)이 중요한 이유이다. 그러나 부단한 인격수양을 통해야만 참다운 인애법이 효력을 발휘한다는 점에서 볼 때 지휘통솔법 가운데 가장 어려운 분야가 아닐까 생각된다.

5. 병사들을 설득하여 한마음 한뜻이 되도록 하라[說得法]

『손자병법』에 "지휘관과 부하병사가 뜻을 함께하는 하는 군대는 승리한다"[40]는 말이 있다. 장수와 부하장졸들이 마음을 하나로 하여 힘을 합친다면 비록 큰 적이라도 이길 수 있다는 뜻이다.

그렇다면 어떻게 해야 지휘관과 부하병사들의 마음을 하나로 하고 힘을 합칠 수 있을까? 그것은 감성에 호소하는 방법과 이성에 호소하는 방법 두 가지가 있다. 앞에서 살펴본 인애법은 감성에 호소하여 '상하가 뜻을 함께 하는' 방법이다. 지휘관의 어짊과 사랑에 감동된 병사들은 지휘관이 시키는 일이라면 비록 불 속이라도 뛰어들 수 있기 때문이다. 이순신이 인애법을 어떻게 구사했는지는 이미 앞에서 자세히 살펴보았으므로 여기서는 생략하기로 한다.

나머지 하나는 이성에 호소하여 설득하는 방법이다. 이순신이 살았던 신분사회에서 이성에 호소할 수 있는 신분은 지배계급에 해당하는 무관장수들이다. 천역(賤役)이었던 수군병사들에게는 앞서 살펴본 인애법, 이른바 감성에 호소하는 방법이 주효했다면 일정한 지식수준에 오른 장수들에게는 인애법과 아울러 이성에 호소하는 설득법이 뜻을 함께하는 데 많은 도움이 되었다.

임진왜란이 발발하자 경상우수사 원균의 도움요청이 있었다. 이순신은 매우 망설였다. 조정의 명령없이 관할구역이 다른 경상우수영으로 이동할 수가 없었기 때문이었다. 이순신은 부하장수들을 모아놓고 이 문제를 토론에 붙였다. 많은 장수들이 전라좌수영의 수군은 전라도를 지키는 것이 책임이므로 경상도로 들어온 적을 맞아 싸우는 일은 옳지 않다고 하였다.

반면에 군관 송희립(宋希立)과 녹도만호 정운(鄭運)은 경상도 출진을 옳다고 극력 주장하였다. 이러한 부하장수들의 논의를 묵묵히 듣고 있던 이순신은 크게 기뻐하면서 소리 높여 말하기를 "적의 기세가 마구 뻗쳐서 국가가 위급하게 된 이 마당에 어찌 다른 도의 장수라는 핑계로 물러나서 제 경계만 고집하고 있을 것이냐?… 오늘 우리가 할 일은 다만 나가서 싸우다가 죽는 것밖에 없다. 감히 반대하는 자가 있다면 목을 베리라"라고 하였다. 그러자 온 군중이 모두 떨고 무서워했으며, 그 뒤로는 대부분 죽기를 각오하고 싸우기를 바라는 사람이 많았다.41)

이순신은 여러 부하장수들의 의견을 묻고 현재상황에서 최선의 선택이 과연 무엇인지를 도출하였다. 결국 현상황에서는 나아가 싸우다가 죽는 것이 장수된 사람의 도리라는 결론에 도달한 것이다. 의견을 달리하던 부하장수들도 이러한 대의명분 앞에서 다른 선택이 있을 수 없었다. 대의명분에 기초한 이성적 설득이 주효했던 것이다.

삼도수군통제사에 재임명된 이순신은 정유년 9월 18일 회령포에 도착했는데 남은 전선은 10여 척에 불과했다. 이순신은 전라우수사 김억추에게 병선을 거두어 모으게 하고 여러 장수들을 불러놓고 말하기를 "우리들이 어명을 같이 받들었으니 의리상 죽는 것이 마땅하다. 그런데 사태가 여기까지 이른 다음에야 한번 죽음으로 나라에 보답하는 것이 무엇이 그리 아까울 것이냐! 오직 죽은 뒤에야 은혜 갚는 일을 멈출 것이다"42) 하자 모든 장수들도 감동하지 않는 이가 없었다고 한다.

명량해전을 하루 앞두고 이순신은 여러 장수들을 모아놓고 "병법에 '죽기를 각오하고 싸우면 살고 살려는 꾀를 내고 싸우면 죽는다' 하였고, 또 '한 사람이 길목을 지키면 1천 명도 두렵게 할 수 있다'는 말이 있는데, 모두 오늘 우리를 두고 이른 말이다"43)라고 하여 최선을 다해 싸울 것을 당부하였다.

1598년(무술년) 3월 본영을 강진땅 고금도(古今島)로 옮겼는데, 이 때 명나라 도독 진린(陳璘)이 수군 5천 명을 이끌고 와서 합세하였다. 이 때 연합함대의 가장 큰 문제점은 일사불란한 지휘권의 확립이었다. 또한 양국 수군을 한마음 한뜻으로 만드는 일이었다. 같은 해 3월 18일 왜적이 녹도(鹿島)를 침범한다는 소식에 조-명연합함대가 함께 출동했을 때였다. 조선수군은 적선 1척을 격파하고 왜군의 목 69개를 베는 전과가 있었는데 명나라의 수군은 전과가 전무하였다. 이 때문에 진린이 크게 화를 내자 이순신은 그를 설득하였다.

대감은 명나라 대장으로 와서 해적들을 무찌르는 것입니다. 이 곳 진중의

<그림 30> 명나라 수군함대 기지인 묘당도 전경
전라남도 고금도에 있다.

모든 승첩이 바로 대감의 승첩입니다. 나는 마땅히 베어온 적의 머리 전부
를 대감께 드리고자 합니다. 대감이 여기에 온 지 며칠도 안되어 황제에게
공로를 아뢰게 된다면 어찌 좋은 일이 아니겠습니까?[44]

　이순신의 이런 인품과 지성에 진린은 감탄하였다. 이순신의 논리적
설득과 수군장수로서의 역량이 그를 감복시켜 조-명수군연합함대의
작전도 한마음 한뜻이 되어 수행할 수 있었던 것이다. 아울러 이순신
을 알아본 진린 또한 훌륭한 장수였음을 우리는 기억해야 할 것이다.
때늦은 감이 있지만 고금도(古今島)에 명나라 도독 진린을 기리는 사당

이라도 조성하면 어떨까 하는 생각이 든다.

☐ 한·중 해군 군사외교 차원에서 이 사업은 적극적으로 검토해 볼 필요가 있다. 진린사당이 아니라면 조선시대를 통틀어 최초의 한·중수군연합함대의 본영이 고금도에 있었다는 사실을 확인할 수 있는 기념물을 조성하는 것도 고려해 볼 만한 일이다.

6. 우세한 상황조성은 지휘통솔법의 극치이다 [任勢法]

'임세법(任勢法)'은 『손자병법』에 나오는 "유능한 장수는 우세한 전투형세에 승리를 맡길 뿐 결코 병사들에게 책임을 묻지 않는다"[45)는 구절에서 차용한 용어이다. 좀더 설명하면 유능한 장수는 인재를 적재적소에 배치하여 이길 수 있는 전투형세를 조성한 뒤에 그것에 기반하여 승리하기를 구하지, 병사 개개인의 전투역량에만 의존하지 않는다는 말이다.

이순신은 20여 회의 해전 가운데 단 두 차례 명량해전과 노량해전에서만 하늘에 승리를 맡기는 심정으로 전투를 했을 뿐 그밖에는 늘 절대우위의 형세 속에서 해전을 벌여 승리를 거두었다. 이러한 내용을 필자는 앞의 5-1 '통합된 세력으로 분산된 열세의 적을 공격하라'에서 자세히 다룬 바 있다. 여기서는 임진년(1592) 4차출동 과정에서의 조선수군과 일본수군의 세력상황만을 대표적인 사례로 제시하고자 한다.

이순신이 가장 긴장했던 싸움은 아마도 1592년(임진년)의 첫 해전인 옥포해전이 아닌가싶다. 이 때 이순신은 판옥선 28척, 협선 17척, 포

제4차 출동 '임세'상황

구분	조선 수군함선 세력	왜 수군함선 세력	조선수군의 전과	조선수군함선 피해
장림포해전	166척(판옥선, 거북선 등 전선 74척, 협선 92척)	6척(대선 4, 소선 2)	6척 격파	없음
화춘구미해전	상 동	5척(대선)	5척 격파	상 동
다대포해전	상 동	8척(대선)	8척 격파	상 동
서평포해전	상 동	9척(대선)	9척 격파	상 동
절영도해전	상 동	2척(대선)	2척 격파	상 동
초량목해전	상 동	4척(대선)	4척 격파	상 동
부산포해전	상 동	5백여 척(각종 선박, 주로 수송용 함선)	1백여 척 격파	척수미상 선박 파손(6명 전사)

작선 46척을 포함하여 총 91척의 전선을 이끌고 왜 함선이 있는 옥포 앞바다로 나갔다. 분탕질을 하던 왜 수군들은 당황하여 어찌할 바를 모르면서 분주히 배를 몰아 기슭을 따라 도망하려 했다. 조선수군의 여러 장수들은 죽을힘을 다해 적을 공격하였다.

장수들이 이와 같이 의기충천하여 적 수군을 대하자 전투경험이 없어 두려움에 떨고 있던 배 안의 병사들도 분발하여 총포와 활을 우레와 같이 쏘아 마침내 거의 모든 왜군을 섬멸시켰다. 함선의 성능과 무기 체계의 질에 있어서 1 : 1의 경우 왜 수군은 조선수군의 적수가 되지 못한다는 사실이 입증되는 순간이었다.

임진년 2차출동 중에는 이억기 수사가 지휘하는 전라우수영의 판옥선 25척이 합류함에 따라 조선수군의 전투력이 가일층 배가되었다. 또 2차출동 때부터 좁은 포구에 정박해 있는 왜 함선에 대해 유인술을 활용하였는데, 이러한 적극적인 유인술 구사는 1차출동 때의 해전경험을 통한 자신감 때문이었다. 조선수군은 항상 절대우세한 형세를 조성한 상태에서 해전을 벌였기 때문에 병사들의 사기는 최고도에 달했으며 더 이상 왜 수군과의 해전을 두려워하지 않게 되었다.

이와 같은 절대우세의 해전이 계속되면서 조선수군은 왜 수군을 우습게 보고 교만해지는 폐단을 보이기 시작했다. 그러더니 급기야 사고가 터지고 말았다. 다음의 1593년(계사년)의 장계는 조선의 수군병사들이 어떠한 마음으로 해전에 임했는지를 상징적으로 보여준다.

여러 장수들이 이 말[왜적이 근래 조선수군에 패해 사기가 떨어졌다는 말]을 듣고서는 날랜 기운이 더욱 나서 수륙으로 승리를 거둘 기세가 이날에 있었습니다. 그런데 좌도의 발포통선장이며 그 포구의 군관인 이응개(李應漑)와 우도의 가리포 통선장 이경집(李慶集) 등이 이긴 기세를 타고 서로 다투어 돌진하여 적선을 쳐부수고 돌아나올 무렵에 두 배가 서로 부닥쳐 방패가 떨어지는 바람에 병사들이 적의 철환을 피하려고 한쪽으로 몰리게 되어 그만 배가 뒤집혔습니다. 배 안에 있던 사람들은 서서히 헤엄쳐서 육지로 올라가고 혹은 자기네 집으로 도망해 간 자도 있었으므로 방금 색출하게 하고 곧 장계를 올리는 것입니다. 여러 번의 승첩으로 군사들의 마음이 매우 교만해져서 앞을 다투어 적진에 돌입하여 오직 뒤지는 것을 두려워하다 기어이 배가 뒤집히는 사고가 생겼으니, 더욱 통분합니다.46)

조선수군 장졸들은 왜 함선과 조우하면 전공에서 뒤질세라 서로 다투어 적을 공격하였는데, 결국 이와 같이 아군의 배끼리 부딪히고 급기야 배가 전복되는 사고가 생겨나게 된 것이다. 이것은 임진년의 네 차례에 걸친 출동과 수많은 해전경험에 의한 자신감에서 비롯된 것이지만 더욱 큰 요인은 앞의 표 '임세(任勢) 상황'에서 본 것처럼 절대우위의 전투형세에 기인한 것이다. 다시 말해 조선수군이 죽음을 무릅쓰고 용감히 싸우는 것은 본래부터 정예병사들로 구성되었기 때문이 아니라 이순신에 의해 조성된 절대우위의 전투형세가 뒷받침되고 있다는 안도감과 자신감 때문이었다.

이런 절대우위의 전투형세가 조성된 상황에서는 비록 겁 많은 오합지졸이라 하더라도 자신의 전투역량을 최대로 발휘하여 정예병사처럼 용감히 싸울 수 있다는 것이 '임세법'의 효과다. 임세법은 장수의 군사적 전문성과 지휘통솔 역량이 어떻게 상호 연관관계가 있는지를 잘 보여준다. 이른바 우세한 상황의 조성은 지휘통솔법의 극치인 것이다.

8
지휘통솔법의 수준과 단계

역대 유명 병법서에서는 훌륭한 장수가 되기 위한 자질, 이른바 장
재(將才)에 대하여 대부분 문무·강유의 겸비를 내세우고 있으며, 『손
자병법』의 경우 구체적으로 지(智)·신(信)·인(仁)·용(勇)·엄(嚴) 다섯
가지를 장재의 주요 요소로 제시하였다. 『무신수지(武臣須知)』의 저자
이정집은 이러한 장재의 조건을 모두 충족한 인물은 제갈량뿐이라고
말하기도 하였다. 그 이유는 제갈량이 영웅호걸의 재능이 있으면서도
충신·의사의 절개가 있었기에 그렇게 불릴 만하다는 것이다.

앞에서 이순신의 장재와 그가 주로 활용하였던 지휘통솔법을 살펴
보았다. 이순신은 지·신·인·용·엄 이외에 진실되고 거짓됨이 없
는 정성된 마음(誠)을 가지고 있었다. 그는 단순히 부하들을 전쟁도구
로 보지 않았으며, 그들의 고통에 늘 함께하고자 하였다. 오기(吳起)가
지휘통솔을 위한 수단으로 부하병사의 고름을 입으로 빨았다면 이순

신은 거짓됨이 없는 지극한 마음으로 정성을 다하여 부하들을 사랑하였다.

이순신의 모든 일에 대한 정성어린 태도는 나라에 대해서는 충성으로, 부모에 대해서는 효도로, 부하장병 및 백성들에 대해서는 사랑으로 표현되어 나타난다. 부하장졸과 백성들은 진정 이순신의 인품과 사랑 그리고 의리(義理)정신에 감화되어 그와 함께하는 일에는 무엇이든지 자발직으로 참여하고자 하였다.

이순신은 '필사즉생법(必死則生法)', '이리동지법(以利動之法)', '신상필벌법(信賞必罰法)', '인애법(仁愛法)', '설득법(說得法)', '임세법(任勢法)' 등을 복합적이고도 교호적으로 활용하여 부하장졸들을 지휘하였다. 필사즉생법·이리동지법·신상필벌법·임세법 등이 병사들의 이기적인 행동특성을 이용한 지휘통솔법이라면, 인애법·설득법은 병사들이 감성적·이성적 일체감을 느낄 수 있도록 하여 자발적 복종을 이끌어내는 지휘통솔법이다.

타율적 제재나 동기부여를 통해 복종을 유도하는 지휘통솔법도 때로는 커다란 효과가 있지만 진정 그 효과를 극대화하기 위해서는 '인애법'과 '설득법'과 같은 마음을 움직이는 지휘통솔법이 필요하다. 결국 지휘통솔법의 요체는 어떤 방법과 수단을 동원하든지에 관계없이 리더와 부하가 한마음 한뜻이 되도록 하는 데 있다.

이렇게 볼 때 지휘통솔법은 다음과 같은 9단계로 나누어 볼 수 있을 것 같다. 과연 자신은 어떤 수준의 지휘통솔법을 구사하는 리더인지를 점검해 보는 좋은 기준이 될 것이다.

제1단계는 형벌을 통해 부하를 복종하게 하는 방법으로 이른바 '필벌법(必罰法)'이다. 이것은 해로운 것을 싫어하는 병사들의 행동양태를 이용한 것으로 손자가 오나라 왕 합려(闔閭) 앞에서 장수로 삼은 우두머리 궁녀를 처형함으로써 오합지졸의 궁녀들을 정예병사로 만든 것이 대표적 사례이다. 필벌법은 옛날부터 오늘에 이르기까지 군대사회에서 가장 보편적으로 사용해 왔던 지휘통솔법이다. 이 방법이 효과를 얻으려면 처벌의 엄격하고도 공정한 집행이 전제되어야 한다.

제2단계는 제1단계 지휘통솔법의 응용으로 병사들을 극도의 위험상황에 처하게 함으로써 오히려 최상의 전투력을 발휘토록 하는 방법으로 이른바 '필사즉생법(必死則生法)'이다. 이것은 손자가 말한 "망할 수밖에 없는 곳에 던져진 뒤에야 비로소 보존될 수 있고, 죽을 수밖에 없는 곳에 빠진 연후에야 살아날 수 있다(投之亡地然後存, 陷之死地然後生)"는 원리에 기초한 것이다. 역대장수들이 사용했던 배수진은 바로 이 원리를 응용한 전술이다.

제3단계는 형벌이라는 불이익이나 사지(死地)와 같은 위험에 노출시키는 것과는 반대로 전공을 세운 병사들에게 상(賞)을 내려 동기를 부여해 줌으로써 병사들의 전투역량을 극대화시키는 방법으로 이른바 '신상법(信賞法)'이다. 이 방법이 성과를 얻으려면 '상'에 신뢰성이 전제되어야 한다.

제4단계는 3단계 지휘통솔법의 광범위한 응용으로 병사들의 이기적 욕구를 충족시킴으로써 최상의 전투력을 발휘하도록 하는 방법으로 이른바 '이리동지법(以利動之法)'이다. 이 방법은 "인간은 이익을 좋아하고 해로운 것을 싫어한다(好利惡害)"는 법가의 인간관에 기초한 것으로 지휘통솔법뿐만 아니라 적을 유인하는 전술에 활용되기도 한다.

제5단계는 병사들에게 사랑을 베풀어 감성적 일체감을 조성하는 방법으로 이른바 '인애법(仁愛法)'이다. 병사들과 성곽을 쌓는 일을 함께 한 임경업(林慶業) 장군, 그리고 부하병사들과 침식을 함께 하고 병사의 등에 난 종기의 고름을 입으로 빨아 고쳐주었던 오기(吳起)의 행위는 모두 감성적 일체감의 조성을 통해 병사들이 자발적으로 뜻을 함께하도록 유도하기 위한 것이었다. 이순신은 이성적 일체감에 호소하기 어려운 병졸들에게 주로 이 방법을 사용하였다.

제6단계는 대화를 통해 이성적 일체감을 느끼도록 하는 방법으로 이른바 '설득법(說得法)'이다. 이것은 이치와 명분, 그리고 논리에 호소하는 방법이므로 일정 이상의 지식수준을 지니고 있는 집단에 유효하다. 이순신은 주로 장수집단에 이 방법을 활용하였다.

제7단계는 유리한 형세를 조성하여 병사들이 스스로 최상의 전투력을 발휘하도록 하는 '임세법(任勢法)'이다. 유리한 전투형세의 조성은 장수의 군사전문가적 역량과 밀접한 관계가 있다. 감성적 일체감과 이성적 일체감이 형성되고 나아가 장수의 군사전문가적 역량에 의해 조성된 우세한 전투형세는 병사들의 사기를 충천하게 한다. 이순신이 지휘하는 조선수군 장졸들이 해전마다 용전분투하여 완전한 승리를 이룬 것은 그가 싸울 때마다 절대유리한 전투형세를 조성해 주었기 때문이다. 따라서 조선 수군장졸들은 이순신과 함께하는 전투라면 언제나 승리할 수 있다는 믿음으로 앞다투어 적진으로 돌진하였다.

제8단계는 앞의 7단계의 지휘통솔법에 장수의 역사의식과 의리정신이 가미된 것이다. 장수는 단순히 전략·전술, 그리고 지휘통솔법과 같은 군사전문지식에만 정통해서는 안된다. 지금 왜 전쟁을 해야 하는지, 이 전쟁의 의미는 무엇인지, 그리고 이것이 인류역사에 어떤 영향을 끼칠 것인지 등에 대한 역사의식과 의리정신이 있어야 한다.

　　아무런 명분없이 조선을 침략한 왜군에 대하여, 그것도 예로부터 조선의 은혜를 입어온 왜국의 패륜적 침략행위에 대하여 이순신은 분노했다. 이순신이 철군을 원하는 왜군에 대하여 지나치리만큼 적개심을 불태웠던 이유는 침략자를 철저히 응징하여 의리가 무엇인지를 일깨우고자 했던 그의 역사의식에 기초한 것이었다.

　　파리주둔 독일군 사령관 콜티즈 장군이 세계적 문화유산이 즐비한 '파리를 불태우라'는 히틀러의 명령을 거역할 수 있었던 것은 그가 인류차원에서 전쟁을 볼 수 있는 역사의식을 지니고 있었기 때문이다.

　　마지막으로 제9단계는 앞의 8단계에 완성된 인격이 가미된 것이다. 장수의 완성된 인격은 8단계까지의 지휘통솔법의 효과를 극대화시킨다. 완성된 인격이 전제된 처벌과 포상, 감성적 일체감과 이성적 일체감, 다양한 군사전문지식, 역사의식과 의리정신은 장졸들의 생각과 행동을 완전히 장악하여 장수와 부하가 한마음 한뜻이 되게 한다. 이순신이 통제사가 된 뒤 짧은 기간 내에 조선수군을 수습하여 절대열세의 명량해전을 치를 수 있었던 것은 그의 진실하고 고결한 인품 때문이었다. 이순신의 인품에 감화된 수군병사들과 백성들은 혼연일체가 되어 정유재란을 극복하는 견인차 역할을 했던 것이다.

제9단계는 그야말로 성인(聖人)의 경지요, 군신(軍神)의 경지이다. 이 단계는 무인의 길을 지향하는 모든 사람들의 영원한 목표인 것이다. 『무신수지』의 저자 이정집이 충신·의사의 절개를 가지고 있었다고 극찬한 제갈량도 필자의 견해로는 8단계의 장수에 불과하다. 오직 9단계의 경지에 도달한 장수는 충무공 이순신 그 한 사람뿐이었다.

충무공 이순신, 그는 군신(軍神)이었다.

9
병법의 관점에서 본 명량해전의 승리요인

I. 명량해전의 승리요인을 다시 생각해 본다

명량해전은 이순신이 수군을 지휘하여 승리한 해전 가운데 가장 위대한 승리였다. 그 이유는 우선 13척 대 300여 척이라는 중과부적의 절대열세 상황에서 얻어낸 승리이기 때문이다. 다음으로는 칠천량해전의 패배로 조선수군이 차단하고 있던 견내량 방어선이 무너지면서 전개된 왜군의 수륙병진전략을 다시 무력화시켰기 때문이다. 마지막으로 명량에서의 승리를 통해 조선수군을 재건할 수 있는 토대를 만듦으로써 정유재란 이후 해전의 주도권을 장악하는 계기가 되었기 때문이다.

과연 이순신은 1 : 30으로 불리한 극악한 열세상황을 어떻게 반전시켜 왜 수군을 물리칠 수 있었을까?

명량해전의 승리요인을 설명하는 데는 여러 가지 설이 등장한다. 그 가운데 가장 자주 등장하는 설이 조류를 이용한 '철쇄(鐵鎖) 설치설'이다. 이른바 이순신이 명량의 좁은 물목에 쇠줄을 가설하여 왜 수군함대가 통과할 때 이를 잡아당김으로써 수많은 왜 함선이 걸려 넘어지게 하고 그 결과로 명량해전을 승리로 이끌었다는 것이다.

그런데 '철쇄설치설'로써 명량해전의 승리를 설명할 경우 여러 가지 난관에 부딪히게 된다. 우선 명량해전의 전투상황을 가장 상세하게 기록하고 있을 이순신의 『난중일기』 그 어디에도 철쇄를 활용하여 왜 수군함선을 격침시켰다는 기록이 없다는 점이다. '철쇄설치설'의 유력한 근거자료로 제시되는 18세기 자료인 이중환의 『택리지(擇里志)』도 그렇거니와 전라우수사인 김억추가 뛰어난 용력으로 철쇄를 가설하여 일본군선을 격침시켰다는 기록을 담고 있는 『호남절의록(湖南節義錄)』도 임진왜란 200년 뒤인 1799년에 만들어진 것으로 해전의 승리요인을 규명하는 근거자료로는 적합하지가 않다. 더욱이나 20세기 초에 김억추의 후손들이 펴낸 『현무공실기(顯武公實記)』는 책의 성격으로 보나 시기적으로 보나 근거자료가 되기에는 또한 역부족이다.1)

'철쇄설치설'은 『난중일기』의 명량해전 기록과 비교해 볼 때 그 문제점이 더욱 선명히 부각된다. 『난중일기』의 기록에 의하면 명량해전은 정유년(1597) 9월 16일 아침에 왜 수군함선 130여 척이 울돌목을 통과하여 조선 수군함선 13척을 에워싸는 것으로부터 시작된다. 조선 수군은 접전과정에서 실질적으로 전투를 벌였던 왜 함선 31척을 격파하는데, 이후 전투는 소강상태로 접어들고 나머지 왜 수군은 바뀐 남동방향의 조류를 따라 울돌목을 통과하여 후퇴하는 것으로 전투가 종료된다.

그렇다면 미리 가설하였던 쇠줄을 잡아당겨 왜 함선을 침몰시킨 시점은 언제인가? 명량을 통해 우수영으로 공격해 들어오던 때인가? 아니면 30여 척의 손실을 입고 바뀐 조류를 따라 후퇴하던 도중인가? 이민웅의 글에도 지적되었듯이 명량해전의 전과는 왜 함선 30여 척을 격파했다는 것 이외에 달리 전과가 있다는 기록이 없다. 이른바 철쇄를 이용하여 승리했다는 주장만 있을 뿐 철쇄에 걸려 적선을 침몰시켰다는 전과기록은 그 어디에도 보이지 않는다는 것이다. '철쇄설치설'이 지니고 있는 치명적인 결함이다.

그렇다면 이러한 문제점에도 불구하고 '철쇄설치설'이 명량해전의 승리를 설명하는 유력한 설로 자리하는 이유는 무엇인가? 그것은 13척 : 130여 척[또는 330여 척]이라는 절대열세 상황에서 쟁취해낸 명량해전 승리를 합리적으로 설명할 만한 이론이 정립되어 있지 못했기 때문이다.

따라서 우리에게 남겨진 과제는 단지 '철쇄설치설'의 문제점만을 지적할 것이 아니라 '철쇄설치설'에 의존하지 않고도 명량해전의 승리를 합리적으로 설명할 수 있는 대체이론을 제시하는 데에 있는 것이다. 이를 위해 논자는 '병법(兵法)의 관점'이라는 해석의 틀 속에서 명량해전을 조망해 보기로 한다.

병법은 전쟁을 승리로 이끄는 데 관련한 원리·법칙 또는 방법이다. 그런데 전쟁의 승패는 정치·경제·군사외교·무기체계[조선술]·

전략전술·리더십 등 여러 가지로 요소에 의해 좌우되기 때문에 병법은 이 모두를 포함하는 매우 포괄적인 개념이다.

이 글에서는 특히 조선의 수군력과 이순신이 구사한 전쟁승리의 원리, 지휘통솔법을 중심으로 명량해전의 승리요인을 알아보고자 한다. 다시 말해서 이순신이 지휘한 조선수군의 주력함선과 무기체계는 해전에 어떤 영향을 미쳤는지, 그리고 이순신은 절대열세의 상황을 극복하기 위해 어떤 전쟁승리의 원리를 적용하였는지, 마지막으로 이순신은 어떤 지휘통솔법으로 부하병사들이 최상의 전투력을 발휘하도록 이끌었는지 등을 알아봄으로써 '철쇄설치설' 없이도 명량해전의 승리를 설명할 수 있는 토대를 마련하고자 한다. 이러한 작업은 새로운 관점에서 살핀, 이순신 읽기의 또 다른 사례가 될 것이다.

2. 함포로 무장한 판옥선 1척의 전투력은 막강하였다

임진왜란 당시 조선수군의 전투력에 대한 올바른 이해는 당시의 해전을 이해하는 데 가장 우선되어야 할 일이다. 정확하지는 않더라도, 왜군이 조선침략을 위해 동원한 함선은, 비록 그것이 병력과 군수물자를 운반하는 수송선일지라 하더라도, 1천여 척 이상으로 추정된다. 반면에 어느 정도 전열정비를 이룬 계사년(1593)을 기준으로 보았을 때, 실제 해전에 참여했던 전라좌우수영의 전선은 96척이었다.[2] 그렇다면 조선수군은 왜 수군에 비해 수적으로 1 : 10 이상의 열세상황이었다. 이런 상황에서 해전을 승리로 이끌기 위해서는 양적인 열세를 질적인 우세로 극복하거나, 적절한 병법구사를 통해 구체적인 전투국면에서 우세한 형세를 조성해야 한다.

일반적으로 임진왜란 해전상황에서 조선의 판옥선과 천자·지자·현자·황자 등 총통으로 대변되는 무기체계는 왜 수군의 그것을 능가하는 것으로 평가되어 왔다. 명량해전은 여러 해전 가운데에서도 탑재된 무기를 포함한 판옥선 1척의 전투력을 가늠할 수 있는 대표적인 해전이다.

이순신은 정유년(1597) 8월 다시 삼도수군통제사에 임명된 뒤 즉시 장흥의 회령포로 가서 칠천량해전에서 패퇴한 함선들을 수습한다. 그러나 조정에서는, 이순신이 아무리 천하명장이라 하더라도 몇 척 남지 않은 수군세력을 고려해 볼 때, 승산이 없을 것이라고 판단하였다. 해전을 그만두고 육전에 참여하라는 명령을 내린 것도 바로 그 까닭이다. 이 때 이순신이 조정에 보낸 장계는 우리에게 시사해 주는 바가 크다.

> 임진년부터 5·6년 동안 적이 감히 충청도와 전라도를 곧바로 돌격해 들어오지 못한 까닭은 우리 수군이 그 길목을 막고 있었기 때문입니다. 지금 신에게는 전선 12척이 있사오니 죽을힘을 다하여 싸우면 오히려 승산이 있습니다.… 전선의 수가 비록 적보다 적지만 신(臣)이 죽지 아니한즉 적이 감히 우리를 업신여기지 못할 것입니다.[3)]

> □ 명량해전에 참전한 조선수군의 함선척수는 『선조실록』(선조 30년 11월 정유)에 따르면 전선(戰船) 13척과 초탐선(哨探船) 32척이다. 그런데 위의 글은 조정에서 수군세력이 약한 것을 알고 육지로 올라와 싸우라는 명령이 내려지자 이에 대해 재고를 요청하는 이순신

의 장계이다. 이 장계는 정유년 8월 16일경에 쓰여진 것이므로 이날 이후로부터 명량해전
이 벌어지는 9월 16일 사이에 전선 1척이 추가되었음을 유추해 볼 수 있다.

이 글을 분석해 보면 이순신은 먼저 수군의 전략적 가치를 힘주어
주장하고 있음을 알 수 있다. 임진왜란 발발 이후 곡창인 충청도와 전
라도가 보전되어 그나마 전쟁을 수행할 수 있었던 것은 모두 수군이
견내량을 막고 있었기 때문이라는 것이다.

다음으로 이순신은 비록 칠천량에서 조선 수군함선이 대부분 격파
당했지만 12척이 남아 있기 때문에 사력을 다해 싸우면 승산가능성이
있음도 피력하고 있다. 또 임진년 이후 모든 해전을 승리로 이끈 실전
경험이 자신에게 있고, 그런 자신이 버티고 있는 한 왜 수군은 결코
조선수군을 무시할 수 없을 것이라는 자신감을 보이고 있다.

이순신은 명량해전 당일 예하 부하병사들에게 다시 한번 이런 승리
의 가능성과 자신감을 피력하고 있다. 판옥선이 갖추고 있는 막강한
전투력에 기초한 자신감이었다. 명량해전의 전투상황을 기록한 글에
서 우리는 판옥선의 전투력을 어느 정도 유추해 볼 수 있다.

곧 여러 함선에 명하여 닻을 올리고 바다로 나아가니 적선 130여 척이 우
리 함선을 에워쌌다. 여러 장수들은 스스로 중과부적임을 헤아리고 회피할
꾀만 내고 있고, 우수사 김억추는 아득히 멀리 물러나 있었다. 나는 노를
재촉하여 앞으로 돌진하면서 지자 · 현자 등 각종 총통을 발사하니 그 모습
이 바람과 우레와 같았고 군관들이 선상에 모여서서 빗줄기처럼 화살을 쏘
아대니 적들은 당해내지 못하고 가까이 왔다 물러났다만을 되풀이하고 있

었다. 그러나 적들이 몇 겹으로 포위하고 있어 형세가 어떻게 될지를 예측할 수 없게 되자 같은 배에 타고 있던 병사들이 서로를 돌아보며 얼굴빛이 변하였다. 나는 조용히 그들에게 타일러 말하였다. "적이 비록 1천 척이라 하더라도 우리 배들을 대적하지 못할 것이니 일체 동요하지 말고 힘을 다해 적을 쏘거라."4)

10배 이상의 왜군함선들이 조선함선들을 에워싸면서 돌격해 오자 우수사 김억추 등 장수들은 적극적으로 대응하지 않고 멀리 물러나 있었던 모양이다. 최고지휘관 이순신은 솔선하여 적진으로 뛰어들었다. 이른바 육전에서 최고지휘관이 단기필마(單騎匹馬)로 적진으로 뛰어드는 모습과 같은 형국이었다. 이순신이 탄 함선은 적선쪽으로 힘차게 노를 저어 돌진하였다. 그러면서 판옥선의 주력 무기체계인 지자·현자 총통을 발사하는 한편 군관들로 하여금 나란히 선상에 서서 적들에게 활을 쏘도록 하였다.

이렇게 되자 함선의 척수 면에서 10 : 1 이상의 우세를 점하고 있던 왜 수군들도 어쩌지를 못하고 갈팡질팡하였다. 그럼에도 조선 수군병사들은 여전히 몇 겹으로 둘러싼 왜 수군을 바라보며 얼굴빛이 변할 정도로 겁에 질려 있었다. 이순신은 다시 한번 부하병사들에게 확신을 심어주었다. "적이 비록 1천 척이라 하더라도 우리의 함선을 대적하지 못할 것이다." 이는 판옥선의 막강한 전투력을 믿고 열심히 싸우면 승리할 수 있다는 스스로의 다짐이기도 했다.

명량해전이 벌어진 시점에도 왜 함선은 조선의 판옥선을 격파시킬 만한 총통, 이른바 함포가 설치되지 않았거나, 있다 하더라도 적극적으로 운용되지 못했음이 확실하다. 실제로 임진년 첫 해전인 옥포해전부터 명량해전 이전까지 이순신이 벌인 20여 차례의 해전에서 조선의 주력함선이었던 판옥선이 격파되었다는 기록은 없다. 이것은 판옥선의 견고함에도 그 원인이 있겠지만, 왜 수군들이 함포를 운영하지 못했음이 더 큰 이유일 것이다. 함포를 운영하지 못했던 왜 수군들은 화공법(火攻法)을 쓰는 것 이외에는 판옥선을 격파할 수 있는 무기체계가 없었던 것이다.

이미 앞서 살펴본 것처럼 판옥선은 명종 10년(1555)에 만들어진 신예전투함으로 왜 수군의 주된 공격전술인 등선육박전술(登船肉薄戰術)을 무력화시키기 위한 전함이었다. 판옥선은 함선 자체가 클 뿐만 아니라 전투원들이 2층 갑판 위에 배치되어 있어 적을 아래로 내려다보고 공격할 수 있었다. 이러니 왜 수군이 접근하여 조선수군의 배 위에 뛰어올라 공격하려 해도 높이 설치된 2층의 상장(上粧)구조 때문에 기어오를 수가 없었다. '상장'은 마치 성벽과 같은 역할을 하였다.5)

함포 또한 왜구의 침략에 대응하기 위해 개발되어 꾸준히 그 성능이 개선되었다. 임진왜란 당시 조선수군의 주요무기였던 화포는 고려의 것을 계승 발전시킨 것이다. 고려 말 최무선에 의해 개발된 화약과 화포는 왜구섬멸전에서 대단한 위력을 발휘하였다. 우왕 6년(1380) 8월 나세(羅世)·심덕부(沈德符)·최무선(崔茂宣) 등이 전선 100여 척을 이끌고 가서 금강 어귀의 진포구(鎭浦口)에 정박해 있던 왜선 500척을 불태운 일6)이나 우왕 9년(1383) 5월 해도원수 정지(鄭地)가 함선 47척을 이끌고 남해 관음포(觀音浦)에서 왜선 120척을 추격하여 섬멸한 일7) 등은 조선수군의 함포운영 노하우가 200년 이상 축적된 것임을 보여준다.

이후 화약과 화포에 대한 기술은 최무선의 아들인 최해산(崔海山)에 의해 조선왕조에 전승 발전되었다.[8] 세종 때에는 천자·지자·황자 등 화포의 사정거리가 크게 증진되었다. 중종 6년에는 서후(徐厚)가 수전용 벽력포(霹靂砲)를 창제하였고, 중종 17년에는 신기전총통(神機箭銃筒)이 개발되었으며, 중종 20년에는 장군전(將軍箭)과 대포가 만들어지는 등 대대적인 화포주조 및 개량사업이 이루어졌음은 이미 제4장에서 살펴보았다.

왜구침입에 대비하여 무기체계를 꾸준히 발전시켜 온 조선수군은 화력면에서 왜 수군을 능가하고 있었다. 왜구와의 접전에 대비하기 위해 건조된 판옥선의 구조와 왜구함선을 격파할 목적으로 개발된 천자·지자·현자·황자총통 등의 무기체계 보유는 조선수군의 전투력을 극대화시켰던 것이다.

명량해전을 앞두고 부하장졸들이 그야말로 죽을힘을 다해 싸워준다면 비록 12척에 불과한 함선세력이지만 승산이 있다고 판단한 것, 그리고 명량해전 당일 겁에 질려 떨고 있던 부하장졸들을 타이를 수 있었던 것은 판옥선이 지니고 있는 막강한 전투력 때문이었다.

판옥선의 강력한 전투력은 이순신이 임진왜란의 해전에서 전승무패를 거둘 수 있었던 하드웨어적 기반이었다. 명량해전의 결과는 조선의 주력함인 판옥선 1척이 최소한 왜함 3척 이상을 대적하기에 충분한 전투력을 보유하고 있음을 증명하여 주었다.

지금까지 명량해전을 설명하면서 '철쇄설치설' 같은 설화적 가설이

힘을 발휘하고 있는 것은 조선수군의 역량을 과소평가하거나 판옥선이 지니고 있는 객관적 전투력에 대해 그다지 주목하지 않았기 때문인 것으로 보인다.

3. 명량해전에 적용된 전쟁승리의 원리를 살펴본다

명량해전을 제대로 이해하기 위해서는 정유년(1597) 8월 18일 장흥 땅 회령포에서 전선 10여 척을 수습하면서부터 명량해전이 벌어지는 9월 16일까지의 조선수군의 행적을 포괄적으로 살펴보아야 한다. 회령포에서 전선을 수습하면서 이순신은 조심스럽게 승리에 대해 자신감을 키워가고 있었다. 이 시기의 일기를 토대로 과연 이순신이 어떻게 절대열세의 전투력으로 명량해전을 승리로 이끌 수 있었는지를 몇 가지 전쟁승리의 원리를 중심으로 살펴본다.

1) 지피(知彼)의 원리 - 정보획득의 원리

이순신은 정보수집과 활용면에서 탁월한 식견을 가지고 있었다. 사실 전쟁에서 구사되는 모든 전략전술·작전계획은 '얼마나 정확한 정보에 기초하여 수립된 것이냐'에 따라 성패여부가 달려 있다고 해도 과언이 아니다. 이순신이 임진왜란 내내 모든 해전에서 승리할 수 있었

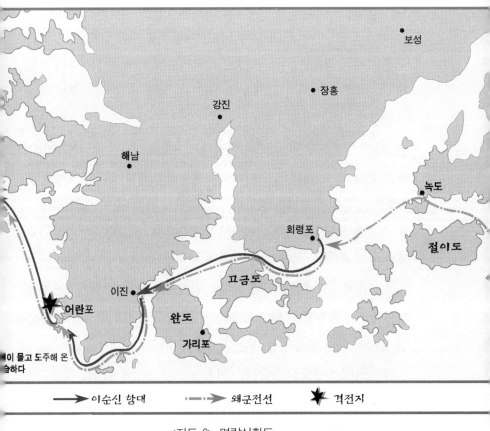

<지도 6> 명량상황도

던 가장 큰 이유는 언제나 왜 수군의 동태에 대해 정확한 정보를 얻을 수 있었고, 또 이를 토대로 수군을 지휘하였기 때문이다.

이순신은 정찰부대를 적극적으로 운영하여 적에 대한 정확한 정보를 수집하였다. 계사년(1593) 이후 견내량을 지킬 때, 고성쪽에는 벽방산 정찰부대를 운영하여 육지쪽 적의 동태를 감시하였고, 거제도 동북단쪽에는 영등(永登)정찰부대를 운영하여 거제도 내해의 적정을 살폈으며, 100여 척의 탐망선을 적극적으로 운영하여 왜적에 대한 정보를 수집하는 일을 게을리하지 않았다.

그가 정유년(1597) 8월 3일 삼도수군통제사 임명교지를 받고 나서 가장 먼저 한 일은 왜 수군의 동태에 대한 정보수집이었다. 아직 인적으로나 물적으로 수군조직이 제대로 정비되지 않은 상태에서 독자적으로 정보를 수집할 수 없는 형편인 이순신은 권율 도원수 휘하의 송대립 등에게 왜적의 동태에 대한 정보를 구하였다.

회령포에서 전열을 가다듬은 이순신은 왜 수군의 추격을 직감하고 이진(梨津)으로 함대를 이동하였다. 그리고 또다시 어란포로 진을 옮긴 뒤 왜군의 동태를 파악하기 위하여 탐망군을 파견하였다. 탐색을 나갔던 군관 임준영이 급히 돌아와 왜 수군이 이진(梨津)까지 진격해 왔음을 보고하였다. 언제 왜군이 들이닥칠지 모르는 상황이었으므로 이순신은 어란포 포구에서 함선들을 빼내 바다 한가운데에 정박시켰다. 언제든지 출동할 수 있는 태세를 갖추기 위해서였다.

드디어 8월 28일, 왜 수군함선 8척이 공격해 왔다. 이순신은 몸소 나아가 대응하여 쫓아버리지만, 왜 수군의 공격에 위협을 느낀 나머지

<그림 31> 회령포 전경

함선들을 정비하여 진도해협 입구에 있는 장도(獐島)로 옮겨 정박해 있
다가 29일 아침에 다시 진도의 벽파진으로 건너갔다.

전투준비에 여념이 없던 9월 7일 아침 후방에 남겨두었던 탐망군관
임중형이 와서 적정을 보고하기를 "적선 55척 가운데 13척이 이미 어란
앞바다에 이르렀는데, 그 뜻이 조선수군에 있다"[9]고 하였다. 각 함선에
전투준비 태세를 갖추도록 명령한 이순신은 왜적이 오기를 기다렸다.
과연 오후 4시경 적선 13척이 벽파진을 향하여 진격해 왔으나 이순신
이 선두에서 닻을 올리고 맞서 나아가자 적선들은 뱃머리를 돌려 도망
하였다. 그러나 밤 10시경 왜 수군들은 다시 기습을 감행하였는데, 이
미 이런 일이 있으리라 예측하고 있던 이순신은 기다렸다는 듯이 포를

쏘면서 반격해 나가자 자정 무렵이 되어 적들은 퇴각하여 돌아갔다.

또 9월 9일에는 적선 2척이 접근해 오면서 조선수군의 현황을 살피고 돌아갔다. 왜 수군도 조선수군의 잔존세력이 얼마인지, 그리고 그 전투력이 어느 정도인지를 알기 위해 정탐을 계속하고 있었던 것이다. 9월 14일에는 육로를 통해 어란포 부근의 왜 수군동태를 정찰하러 나갔던 임준영으로부터 "적선 총 200여 척 가운데 55척이 이미 어란포 앞바다에 진입하였다"[10]는 정보를 입수하였다. 이제는 피할 수 없는 결전의 시간이 임박해 오고 있었다.

결전을 결심한 이순신은 우선 우수영의 피난민들에게 육지로의 피신을 지시하였다. 그리고 다음 날인 15일 벽파정에서 우수영으로 진을 옮기는 한편 왜 수군의 동태를 예의주시하였다. 과연 왜 수군은 16일 아침 우수영을 향하여 공격해 왔다. 이러한 왜 수군의 공격사실은 사전에 배치해 놓은 특별정찰부대에 의해 감지되었으며, 이는 즉시 이순신에게 보고되었다.

이른 아침에 탐망군이 와서 보고하기를 "적선 무려 200여 척이 명량으로부터 들어와 결진해 있는 곳으로 곧바로 향하고 있습니다" 하였다.[11]

이렇게 볼 때 회령포에서 함선을 수습한 이후 명량해전을 치를 때까지 이순신은 탁월한 정보수집망을 통해 왜 수군의 움직임을 손바닥 들여다보듯이 감시하고 있었으며 이와 같은 정확한 정보내용을 토대로 승리를 위한 작전구상에 몰두할 수 있었던 것이다.

2) 지리(地利)이용의 원리

회령포에서 10여 척의 함선을 수습한 이순신의 고민은 '어디에서 싸워야 승산이 있을까'였다. 판옥선의 막강한 전투력도 1 : 30 이상의 수적 열세를 극복하기에는 역부족이었다. 회령포에서 이진으로, 이진에서 어란포로, 어란포에서 벽파진으로 퇴각을 거듭하면서 이순신의 뇌리를 한시도 떠난 적이 없는 것이 바로 이 문제였다. 그러나 이순신은 마음을 굳히고 있었다. 명량의 좁은 물목이야말로 열세를 극복할수 있는 최상의 장소라는 생각이 점차 확신으로 변해 가고 있었던 것이다. 그는 진도의 벽파진에 약 보름 동안 머무르면서 부하장졸들이 충분히 휴식을 취하도록 하고, 무기체계를 정비하는 한편 군수물자 확보에도 만전을 기했다.

이렇게 때를 기다리던 이순신은 왜 수군주력 55척이 명량으로 통하는 진도해협 입구인 어란포까지 당도했다는 정보를 입수하자 곧바로 벽파진에서부터 우수영 앞바다로 진을 옮겼다. 명량해전이 일어나기 하루 전날인 9월 15일이었다.

열세인 조선수군으로 명량을 등지고 진을 펼칠 수는 없었다.[12] 명량의 좁은 물목을 등지고 싸울 경우 수효가 적은 조선수군조차도 전투력을 동시에 발휘할 수 없기 때문이었다. 이순신이 우수영으로 진을 옮긴 것은 우세한 왜 수군함대를 좁은 명량해협에 가두어놓고 열세한 조선 수군함선으로 하여금 명량해협 입구에 포진시켜 기다리고 있다

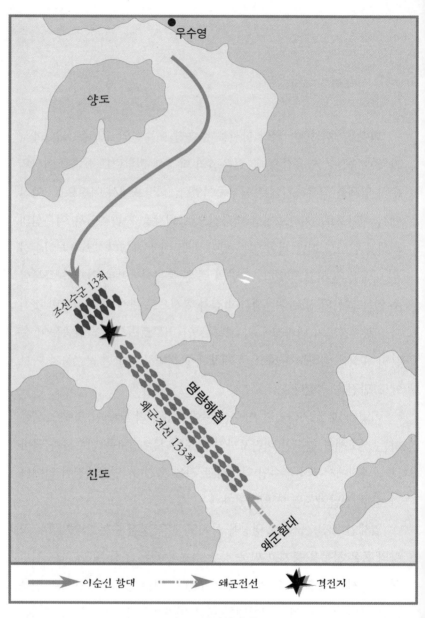

우수영

양도

조선수군 13척

명량해협

왜군전선 133척

진도

왜군함대

이순신 함대   왜군전선   ★ 격전지

<지도 7> 명량해전도

가 해협을 빠져나오는 선두함선을 집중공격하기 위한 것이었다. 이른 바 관우나 장비와 같은 힘센 장수가 외나무다리를 지키고 있을 경우, 적의 수효가 아무리 많더라도 맞아 싸울 적은 언제나 한 사람일 수밖에 없으므로 힘이 다할 때까지는 1백 명, 1천 명이라도 대적할 수 있다는 원리이다. 이순신의 계산은 명량의 지형적 여건을 활용하여 열세를 만회해 보고자 하는 것이었다.

명량해협은 수로 폭이 썰물 때 180m쯤, 밀물 때 320m쯤으로 바뀐다.13) 평균잡아 250m의 협수로이다. 게다가 수로 양쪽 해안은 암초가 많아 실제로 배가 통행할 수 있는 수로는 더 좁아질 수밖에 없다. 아무리 왜 수군이 조선수군보다 10대 1 이상의 우세한 함선세력을 보유하고 있다지만 협수로 밖에서 기다리는 조선수군 앞에는 고작 선두의 5~10여 척 정도가 상대일 뿐이다.

이순신의 작전구상을 구체적으로 정리해 보면 다음과 같다.

먼저 조선 수군함선들로 하여금 수로입구를 차단하여 횡렬로 벌려 서서 13척 모두가 화력을 운용할 수 있도록 포진시킨다. 또 왜 함선은 명량의 좁은 물목을 이용하여 선두의 5~10여 척만 전투에 참여할 수 있도록 상황을 조성한다. 그렇게 하여 궁극적으로 실제전투에서는 아군이 우세를 확보하도록 한다.

실제로 왜 수군은 전체 300여 척의 함선 가운데, 협수로에서 기동이 원활하지 않은 대선인 아다케(安宅船)을 제외시키고, 판옥선보다도 작은 세키부네(關船) 130여 척을 명량해전에 투입하였다. 기록에 따르

<그림 32> 명량해전의 왜 수군 주력함인 세키부네[關船]

<그림 33> 왜 수군의 지휘선인 아다케[安宅船]

면 왜 함선 130여 척은 명량해협을 빠르게 통과하여 조선수군 13척을 공격하는 것으로 되어 있다. 그리고 실제전투에서는 왜 함선 130여 척 가운데 30여 척이 조선 수군함선 13척을 에워싸고 공격하는 양상으로 전개되었다. 이렇게 볼 때 이순신이 적용하고자 하였던 '한 사람이 길목을 지키면 1천 명도 두렵게 할 수 있다'는 병법의 원리가 정확히 구

현된 것은 아니었다.

그러나 어란포에 집결한 300여 척의 왜 함선을 기준으로 보자면 최초 1 : 30의 절대열세 상황에서 명량의 좁은 물목은 1 : 10의 열세상황으로 전환시켜 주었다. 또 실제해전에서는 1 : 3의 상황으로 그 수적 열세를 더욱 크게 완화시키는 효과가 있었다. 결국 이순신은 명량의 좁은 물목을 이용하여 1 : 30의 열세상황으로부터 1 : 3의 열세상황으로 축소시키는 데 성공하였던 것이다.

임진년(1592) 이후 해전상황이 증명하듯이 1대 1의 경우 화력 면에서나 함선성능 면에서 왜군함선은 결코 조선군 판옥선이나 거북선의 적수가 되지 못했다. 그렇다면 1 : 3의 상황에서는 어떻게 되었을까? 명량해전의 결과 조선함선은 단 1척도 손상을 입지 않았던 반면 13척을 에워싸고 공격을 감행했던 왜군함선 31척은 모조리 격파되었다. 명량해전의 결과는 조선수군의 주력선인 판옥선 1척이 왜선 3척 이상을 대적할 수 있음을 보여주었다. 이순신이 이끈 조선수군은 명량해전 이외의 해전에서는 단 한번도 좁은 협수로에서 싸움을 벌이지 않았다. 천하의 이순신도 1 : 30 이상의 절대열세 상황에서는 어쩔 수 없이 명량의 지형적 이점을 등에 업고 싸우지 않을 수 없었던 것이다.

3) 주동권 확보의 원리

『손자병법』에 "적을 이끌고 오지, 적에게 끌려가지 않는다[致人而不致於人]"라는 말이 있다. 곧 전쟁을 승리로 이끌기 위해서는 주동권 확보가 매우 중요함을 강조한 것이다. 주동권을 확보하기 위해서는 여러 가지 요소가 있을 수 있다. 그 가운데 가장 중요한 것이 전쟁장소와 시간에 대한 주도적 선택이다. 이른바 싸우기에 유리한 장소와 시간을 어느 편이 주도적으로 선택하느냐가 전쟁의 승패를 좌우한다는 것이다.

이순신이 정유년(1597)에 가등청정을 잡으러 출동하라는 어명을 거부한 것은 거짓 정보에 속아 자칫 적의 함정에 빠져들어 주동이 아니라 피동의 국면에 빠질 수 있는 데 대한 우려 때문이었다. 불확실한 정보는 내가 어디에서 언제 싸워야 하는지에 대한 확신을 가질 수 없게 한다. 나아가 어떤 전략전술을 써야 하는지, 어떤 무기체계를 준비해야 하는지 등 모든 것을 불확실하게 만든다. 이런 상태에서 적을 찾아헤매는 것은 십중팔구 적이 의도한 장소와 시간에 싸울 수밖에 없는 피동의 국면에 빠지게 되고, 끝내는 패배하고 마는 것이다.

□ 『손자병법』 구변(九變)편에 "군주의 명령이라 하더라도 따르지 않아야 할 것이 있다(君命有所不受)"라는 구절이 있다. 전투현장과 멀리 떨어져 있는 조정의 임금은 현장상황과 어긋난 명령을 내릴 수 있기 때문에 나온 말이다. 임진왜란 때 이순신은 이중간첩 요시라의 정보를 토대로 가등청정을 잡으라는 조정명령을 거부하였다. 그 이유는 정확한 정보에 토대하지 않고 섣불리 출동했다가 실패를 초래할 수 있다는 생각에서였다. 이순신은 승패를 책임진 지휘관으로서 병법의 원리를 충실히 따랐던 것이다. 비록 임금을 기만한 죄로 죽음의 형벌을 받을지언정 무모한 그래서 패배할 수밖에 없는 싸움을 거부했던 것이다.

조선수군의 통합함대는 임진년과 정유년 사이의 여러 해전에서 오직 한번 칠천량해전에서만 주동권을 빼앗기고 만다. 그 결과는 조선수군 통합함대의 궤멸이라는 치명적 패배로 귀결되었다. 조정의 강압적 출동명령이 수군지휘관으로 하여금 주동권을 확보할 수 있는 여건을 앗아가 버렸던 것이다. 결과적으로 조선수군 통합함대는 출동기간 내내 왜군의 의도대로 끌려다니는 피동의 국면에 놓여 있었으니 조선수군의 패배는 이미 예견된 일이었던 셈이다.

가장 어려운 해전으로 평가되는 명량해전에서조차 이순신은 싸울 장소와 시간을 선택함으로써 전장의 주동권을 장악하였다. 앞에서 이미 언급하였듯이 이순신이 삼도수군통제사에 재임명된 뒤 명량해전까지 고민에 고민을 거듭한 것은 과연 절대열세의 수군을 이끌고 어디에서 언제 왜군과 싸울 것인가의 문제였다. 결국 왜 수군함대는 이순신에게 이끌려 조선수군이 싸우기에 가장 좋은 명량의 좁은 물목에서 피동적으로 해전을 치를 수밖에 없었으며 그 결과는 치욕적인 패배였다. 10배 이상의 수적 우세를 객관적 전투력으로 현실화시키지 못한 것이다. 결국 이순신은 조선수군에게는 가장 유리한, 역으로 왜 수군에게는 가장 불리한 명량을 해전장소로 선택함으로써 절대열세의 불리한 상황을 극복할 수 있었던 것이다.

바로 이와 같은 명량에서의 주동권 확보야말로 이순신이 13척의 함선으로 330여 척의 왜 수군을 물리친 명량해전의 승리를 설명할 수 있는 설득력있는 한 이유일 것이다.

4) 화력집중의 원리

'화력집중의 원리'는 구체적인 전투국면에서 어떻게 화력을 운영하는 것이 효과적인가에 관련된 병법원리이다. 이순신은 해전이 벌어지면 적의 주력선이나 지휘함에 병력과 화력을 집중하여 공격함으로써 구체적인 전투국면에서 언제나 유리한 세(勢)를 조성하였음은 이미 살펴보았다.

명량해전에서도 이순신은 '화력집중의 원리'를 구사하였다. 『난중일기』에 묘사된 명량해전을 보면, 이순신의 공격명령을 받은 거제현령 안위(安衛)가 선두에서 배를 몰아 돌진해 나아가자 적장이 탄 배는 그 휘하의 전선 2척과 함께 안위의 전선을 집중 공격하였다. 이를 뒤에서 지켜보던 이순신은 친히 전선을 이끌고 나가 안위의 배를 에워싸고 있던 왜 함선들의 후미를 공격하였다. 아울러 인근에 있던 녹도만호 송여종(宋汝悰)과 평산포 대장 정응두(丁應斗)의 배까지 합세하자 안위의 함선을 공격하던 왜선 3척은 순식간에 모조리 격파되었다.14)

또한 조선수군의 공격을 받아 물에 빠진 왜 수군장수 마다시(馬多時)가 발견되자 이순신은 그의 시신을 끌어올리게 한 뒤 적들이 보는 앞에서 토막토막 자르게 함으로써 적의 사기를 크게 꺾어놓았다.15) 이 모습은 조선수군의 사기를 크게 진작시켰으며 이후 전세를 반전시키는 계기가 되었다.

사기가 오른 조선수군은 일제히 북을 울리고 함성을 지르면서 쫓아 들어가면서 지자·현자 등 총통을 쏘아댄다. 순식간에 적선 31척은 풍비박산되고 명량해전은 승리로 끝을 맺는다. 이른바 주요목표에 대해 화력을 집중시켜 격파하고, 이후 다음 목표를 설정하여 가용화력을 집중하는 식의 '화력집중의 원리'를 이순신은 명량해전에서도 예외없이 적용하였던 것이다.

4. 명랑해전에서 이순신의 지휘통솔력이 빛을 발하다

이순신은 명량의 지형적 특성을 활용하여 1 : 30의 수적 열세를 1 : 3으로 완화시켰지만, 여전히 전체적인 전투력의 열세를 모면할 수 없었다. 전투력의 열세를 극복하는 나머지 방법은 판옥선 1척이 지니는 전투력의 질적인 우세와 조선 수군병사들의 이기고자 하는 신념과 의지, 이른바 무형의 정신전력에 의존하는 길밖에 없다. 이 가운데 후자는 리더 즉 최고지휘관 이순신의 지휘통솔 역량과 관련이 있다. 이순신이 절대열세 상황에서 어떤 리더십을 발휘하여 부하병사들로 하여금 최상의 전투력을 창출하도록 하였는지를 살펴보기로 한다.

1) 이성적 설득법

원균의 전사로 다시 삼도수군통제사에 임명된 이순신은 장흥땅 회령포에서 전선 10여 척을 수습하고 여러 장수들에게 명하여 전선을 거북선 모양으로 꾸미도록 한 뒤, 자신의 소회를 피력한다.

우리들이 임금의 명령을 같이 받들었으니 의리상 같이 죽는 것이 마땅하다. 그런데 사태가 여기까지 이른 다음에야 한번 죽음으로 나라에 보답하는 것이 무엇이 그리 아까울 것이냐. 오직 죽은 뒤에라야 은혜 갚는 일을 그만둘 것이다.16)

의리에 죽고 의리에 사는 유학적 세계관으로 의식화된 조선장수들은 이 말을 듣고 감동하지 않는 이가 없었다. 녹을 받는 신하로서 나라의 존망이 풍전등화와 같은 상황에서 목숨을 버려 은혜에 보답한다는, 또 그 길이 인간으로서 의리를 지키는 길임을 역설하는 최고지휘관의 설득에 마음으로부터의 복종심이 우러나왔다. 결과적으로 이날의 다짐은 이순신을 중심으로 한 조선수군 결사대의 출정식을 방불케 한다.

결전을 위한 최후의 진투준비 태세를 마친 뒤 우수영 앞바다로 진을 옮긴 이순신은 여러 장수들을 소집하여 놓고 의미 깊은 훈시를 한다. 중과부적의 절대열세 상황에서 불안해하는 부하장수들의 마음을 진정시켜 주고, 또 승리할 수 있다는 자신감을 불어넣어 주기 위한 것이었다. 이순신은 승리할 수 있다는 논리로 두 가지를 제시하면서 부하장수들을 설득하였다.

> 병법에 이르기를 "죽기를 각오하고 싸우면 살고, 살려는 꾀를 내고 싸우면 죽는다" 하였고, 또 "한 사람이 길목을 지키면 1천 명도 두렵게 할 수 있다"는 말이 있는데, 모두 오늘 우리를 두고 이른 말이다.17)

이순신이 부하장수들에게 제시한 승리할 수 있는 논리는 우선 '죽기를 각오하고 싸우면 승산이 있다'는 것이요, 다음으로는 '명량의 물목을 이용하여 싸우면 비록 수적으로는 열세이지만 싸워볼 만하다'는 것이다. 일기의 기록을 중심으로, 이순신이 제시한 승리가능성의 논리를 종합하여 구성해 보면, 다음과 같다.

판옥선 1척이 지니고 있는 전투력은 왜선 1척이 지니는 전투력을 능가한다. 왜 수군의 함선수가 비록 많기는 하지만 명량의 좁은 물목을 이용하여 싸운다면 그들은 우세한 전투력을 동시에 발휘하지 못할 것이다. 따라서 구체적인 전투현장에서 우리 조선수군과 맞붙는 왜 수군은 상대적으로 적을 수밖에 없으므로 비록 중과부적의 상황이긴 하지만 죽기를 각오하고 최선을 다해 싸운다면 승산의 가능성이 있다. 결국 얼마나 최선을 다해 싸우느냐가 오늘 싸움의 승패를 결정지을 것이다.

명량해전 당시상황은 이순신이 예측한 대로 비록 전개되지는 않았지만 어느 정도 유사하였다. 기록을 분석해 보면 명량해전이 본격적으로 벌어지기 전에 130여 척의 왜 수군함대가 이미 명량의 물목을 통과해 있었으며 이에 맞서 조선 수군함대 13척이 결전을 감행하는 형태로 해전이 진행되었다.

최초의 싸움은 이순신이 승선한 지휘함과 왜군함선이 맞붙는 것으로 시작된다. 이순신은 예하장수들과 사전에 약속한 대로 총통을 발사하면서 앞으로 돌격하였는데, 형세가 불리함을 느낀 부하장수들은 겁에 질려 머뭇거리고 있다가 조류에 밀려 뒤로 처지게 되었다. 결국 최고지휘관 이순신이 탄 지휘함만 홀로 적진으로 돌격하는 양상이 전개된다.

이순신의 함선은 적을 향해 나아가면서 각종 포를 발사하고, 화살도 빗발치듯 쏘아댔다. 조류의 흐름 때문에 함선을 조종하기가 용이하지 않자 닻을 내려 조류에 밀리지 않도록 하면서도 공격은 계속되었다. 그렇게 강력한 대응이 있자 왜선들은 이순신의 함선 근처에는 가까이 하지 못한 채 왔다갔다만을 하면서 기회를 엿보고 있었다. 잠시 동안 싸움은 소강상태가 되었다.

그러나 몇 겹으로 에워싼 적선을 바라보는 병사들은 기가 질릴 수 밖에 없었다. 이순신은 조용하고도 부드러운 목소리로 부하병사들을 다독이면서 이길 수 있다는 신념을 불어넣어 주었다.

도적이 비록 1천 척이라 하더라도 우리 배를 대적하지 못할 것이다. 일체 동요하지 말고 힘을 다해 도적을 쏘아라.18)

이순신은 왜구퇴치용으로 개발된 판옥선의 기능적 장점과 지자·현자·황자 등 총통으로 대표되는 우수한 무기체계는 왜 함선이 비록 1천 척이라 하더라도 상대할 수 있다는 확신을 부하병사들에게 인식시키면서 그들의 분발을 촉구였던 것이다. 병법의 원리에 기초한 논리정연한 이순신의 설득은 부하장병들이 자발적으로 명량해전을 승리로 이끌겠다는 마음을 다잡는 데 나름대로의 역할을 한 것으로 평가된다.

2) 필사즉생법(必死則生法)

이순신 어록으로 널리 알려진 "죽기를 각오하고 싸우면 살 수 있다"는 이 말은 그가 명량해전을 하루 앞두고 부하병사들에게 한 훈시에 포함되어 있다. 비록 그렇지만 생물체로서의 인간은 살기를 원하고 죽음을 싫어하는 것이 보편적인 생리이다. 그렇다면 어떻게 해야 살기를 원하고 죽음을 싫어하는 병사들로 하여금 죽음을 무릅쓰고 싸우도록 할 수 있을까?

사람의 행동양태를 분석해 보면 이성적 설득이 행동을 유발시키는 중요한 요소이기는 하지만 설혹 이성적으로 설득되었다고 해서 곧바로 행동으로 옮겨지는 것은 아니다. 부하장졸들이 죽기를 각오하고 싸우도록 하기 위해서는 어떤 방식으로든 부하장졸들과 일체감을 조성해야 한다. 그 방법으로는 이성적 설득, 감성에의 호소, 타율적 제재 등 다양한 방법이 있다.

『손자병법』에 병사들은 "위험한 곳[亡地]에 투입한 연후에야 보존할 수 있으며, 사지(死地)에 빠지게 한 연후에야 살릴 수가 있다"[19]라고 한 구절이 있다. 장졸들을 도저히 도망하거나 살 가망이 없는 극한상황에 처하게 만들면 역으로 최상의 전투력을 발휘하여 살 수 있는 길이 열린다는 말이다. 고대 전쟁사에서 종종 소개되고 있는 배수진(背水陣)은 바로 병사들을 망지(亡地) 또는 사지(死地)에 몰아넣어 전투역량을 극대화하려는 의도에서 구사된 일종의 지휘통솔법의 산물이다.

그런데 수군은 모든 전투원이 바다에 떠 있는 함선에서 함께 생활할 수밖에 없기 때문에 전투환경 그 자체가 배수진이요, 승리하지 못할 경우 모두 함께 죽을 수밖에 없는 사지(死地)요 망지(亡地)이다. 이순신은 누구보다도 그 점을 잘 알고 있었다. 그는 가장 열세의 전투력으로 왜군을 대적했던 명량해전에서 이 방법을 적극적으로 구사하였다. 명량해전의 상황은 이미 병사들에게는 사지였다. 여러 겹으로 둘러싼 채 공격해 오는 왜군함선을 보는 조선 수군병사들의 얼굴빛이 까맣게 질리는 것은 지극히 당연한 일이었다. 이미 이순신은 하루 전에 이러한 경우를 예측이라도 한 듯이 여러 장수들에게 최선을 다해 싸울 것을 당부한 바 있다. 아울러 "만약 조금이라도 명령을 어긴다면 군율대로 시행할 것이다"[20]라는 엄명을 내린 터였다. 최선을 다하면 이길 수 있다는 이성적 설득과 군율을 어길 경우 엄격히 처벌할 것이라는 위엄을 병행하여 죽기를 각오하고 싸워줄 것을 호소하였던 것이다.

그러나 막상 해전이 시작되자 장수들이 먼저 낙심하여 회피할 꾀만 부리고 있었다. 이순신은 화급히 군기를 올려 중군장 김응함(金應緘)과 거제현령 안위(安衛)에게 호출신호를 보냈다.

통제사가 몸소 적진으로 공격해 들어가는 상황이 되자 부하장수들로서는 더 이상 뒤에 머물러 있을 수가 없는 지경이 되었다. 호출신호를 받은 거제현령 안위가 서둘러 대장선 가까이에 이르렀다. 그러자 이순신은 뱃전에 서서 꾸짖기를 "안위야 네가 군법에 죽고 싶으냐? 네가 군법에 죽고 싶으냐? 도망간다고 어디 가서 살 것이냐"[21] 하였고, 이어 도착한 김응함을 보고 "너는 중군장으로서 멀리 피하고 대장을 구원하지 않았으니 그 죄를 어찌 면할 것이냐? 당장 처형할 것이로되 적세가 급하므로 우선 공을 세우게 한다"[22]고 하여 그들 스스로 사지에 처해 있음을 상기시켰다.

평소 이순신의 군율시행의 엄격함에 비추어 볼 때 안위와 김응함이 살길은 죽기를 다해 싸워 전공을 세우는 길밖에 없었다. 안위는 이 말을 듣자마자 배를 몰고 적선 속으로 돌격하였는데, 왜적선 3척이 기다렸다는 듯이 에워싸고 집중공격하면서 접전의 양상이 전개되었다. 안위를 포함하여 이 배에 타고 있던 모든 수군병사들은 죽을힘을 다해 싸웠다. 이들을 구원하러 간 이순신의 배에 승선한 병사들뿐만 아니라 주변에 있던 모든 조선 수군병사들도 한마음 한뜻이 되어 용전분투하였다. 죽기를 각오한 안위의 용감무쌍한 돌격이 결국 조선 수군병사들의 전투력을 극대화시켰으며 결국 명량해전을 승리로 이끄는 결정적 계기가 된 것이다.

이렇게 볼 때 명량해전을 승리로 이끈 배경에는 부하장수들이 죽기를 각오하고 싸우게 할 수 있었던 이순신의 탁월한 리더십이 있었다. 아무리 좋은 함선과 무기체계가 있다 하더라도, 또한 병법에 능한 유능한 장수가 있다 하더라도 궁극적으로 싸움의 주체는 개개 병사일 수밖에 없다. 사전에 계획된 작전계획에 따라 부하병사들이 최상의 전투력을 발휘토록 해주는 것이야말로 예나 지금이나 전쟁의 승패를 좌우하는 핵심요소이다. 이 때문에 장수가 중심이 되어 구사되는 지휘통솔법의 중요성은 아무리 강조해도 지나치지 않는 것이다.

5. 판옥선의 막강한 전투력, 이순신의 전략전술과 지휘통솔 역량이 명량해전의 승리비결이었다

전쟁은 과학이지 신화가 아니다. 아무리 절대열세의 상황에서 일궈낸 승리라 할지라도 전쟁에서의 승리는 승리할 수 있는 객관적이고도 합리적인 요인이 있다. 이제까지 명량해전의 승리를 설명하는 유력한 설은 조류를 이용한 '철쇄설치설'이었다. 그러나 '철쇄설치설'은 그것을 논증할 수 있는 객관적인 근거가 부족함은 이미 밝힌 바 있다. 최근에는 '철쇄설치설'에 대해 "당시의 정황이나 관련기록을 검토해 본 결과 사실로 보기 어렵고, 단지 후대에 '조상의 전쟁영웅담'이 확대재생산되는 과정에서 만들어진 '설화'라고 볼 수 있다"[23]고 주장하는 글이 발표되기도 하였다.

'철쇄설치설'이 명량해전의 승리요인이 아니라면, 그 설을 대치할 수 있는 새로운 관점의 설이 제시되어야 한다. 이 글에서는 명량해전의 승리요인을 '병법의 관점', 이른바 명량해전 당시 조선의 수군력, 명량해전에 적용된 전쟁승리의 원리, 이순신의 지휘통솔법 등을 중심으로 정리해 보았다.

임진왜란 당시 조선수군은 조직과 편제, 함선의 성능과 무기체계 면에서 왜 수군을 능가하고 있었다. 우선 왜 수군함선은 조선수군의 주력함선인 판옥선과 1：1로 대적할 경우 상대가 되지 못하였다. 명량해전은 조선의 판옥선 1척이 최소한 왜 함선 3척 이상을 상대할 수 있음을 보여주었다. 각종 총통으로 무장한 조선수군의 주력함인 판옥선의 가공할 만한 전투력은 명량해전 승리의 가장 유력한 요인이 아닐 수 없다.

그러나 아무리 강력한 전투력을 지닌 판옥선이라 할지라도 1：30 이상이라는 중과부적의 상황에서는 승리를 장담할 수가 없었다. 이순신은 절대열세 상황을 명량의 좁은 물목을 이용하여 현저히 축소시킬 수 있었다. 당시 명량수로의 입구인 어란포까지는 330여 척의 왜 함선이 집결되어 있었던 것으로 판단되는데, 명량해전 당일 조선수군을 공격하기 위해 투입된 주력함선은 판옥선보다 작은 세키부네(關船) 위주의 130여 척이었다. 명량의 좁은 해로에서 기동이 불편한 왜의 대선 아다케(安宅船)가 제외되었던 것이다.

또한 130여 척이 명량의 물목을 통과하여 조선함선 13척을 에워싸고 공격해 왔지만 울돌목과 양도(羊島) 주변의 해역 또한 130여 척 모두가 전투력을 발휘하기에는 공간이 너무나도 협소하였다. 그렇기 때문에 왜 수군은 30여 척을 단위로 하여 교대로 조선수군을 공격하는 방식을 취하지 않을 수 없었다.

결국 조선수군은 명량 좁은 물목 주변에서 해전을 벌임으로써 1 : 30의 절대열세에서 1 : 10으로, 그리고 1 : 10에서 1 : 3으로 그 열세의 폭을 축소시킬 수 있었던 것이다. 명량의 좁은 물목을 이용한 '한 사람이 길목을 지키면 1천 명이라도 두렵게 할 수 있다'는 병법의 적용은 명량해전을 승리로 이끈 결정적 요소였다고 평가할 수 있다.

나아가 명량해전 승리의 또 하나의 중요한 요소는 이순신의 지휘통솔 역량이다. 잘 알려진 '죽기를 각오하고 싸우면 살 수 있다'는 필사즉생법(必死則生法)은 명량해전을 승리로 이끈 무형의 정신전력 요소였다. 이순신은 부하장졸들이 죽기를 각오하고 싸우도록 하기 위해 이성적으로 설득하고 감성에 호소하였으며, 나아가 엄격한 처벌이나 추상 같은 위엄을 활용하였다.

이순신은 한편으로는 승리할 수 있는 객관적 이유를 내세워 논리적으로 설득하고, 다른 한편으로는 적극적으로 싸우려 하지 않는 안위와 김응함 등의 부하장수들에게 대해서는 사지(死地)에 있음을 상기시켜 분전을 촉구하였다. 아울러 삼도수군통제사인 스스로가 위험을 무릅쓰고 최선봉에 서서 적진으로 돌격하는 솔선수범의 태도를 보여줌으로써 부하병사들을 감동하게 하였다. 이 같은 이순신의 다양한 리더십 발휘는 13척에 승선해 있던 조선 수군병사들의 사기를 충천케 하여 모두가 죽기를 각오하고 싸울 수 있게 하였다.

결론적으로 명량해전의 승리요인은 크게 세 가지로 요약할 수 있다. 첫째는 각종 총통 등 첨단무기체계를 구비한 강력한 판옥선의 전투력이요, 둘째는 명량의 지형적 조건을 이용하여 절대열세의 상황을 극복할 수 있었던 이순신의 전략전술이요, 셋째는 모든 조선 수군병사들이 죽기를 각오하고 싸울 수 있도록 한 이순신의 지휘통솔 역량이다. 이러한 세 요소가 결합됨으로써 조성된 막강한 조선수군의 전투력이야말로 명량해전을 승리로 이끌 수 있었던 비결이 아닌 비결이었다.

이순신 어록

충·효의 인생관

○ "신하가 임금을 섬김에 죽음이 있을 뿐이요, 두 마음이 없나니."

〔臣事君, 有死無貳〕

* 출처 : 『李忠武公全書』 卷一, 雜著, 讀宋史.

남송(南宋)이 금(金)나라와 싸울 때 주전론(主戰論)을 주장하던 재상 이강(李綱)이 반대파의
공격을 받자 관직을 버리고 낙향하였다는 송나라 역사를 읽고 자신의 심정을 간접적으로
피력한 것이다.

○ "내가 온 마음을 바쳐 임금께 충성하고 부모에 효도하려 했건만,
오늘에 이르러 모두가 허사가 되어버렸구나!"

〔吾一心忠孝, 到此俱喪矣〕

* 출처 : 『李忠武公全書』 卷十, 碑文, 露梁廟碑.

이순신은 정유년 4월 옥에서 풀려나 권율 장군 밑에서 백의종군하기 위해 아산을 지나가
게 되었는데 이 때 여수 고음내로부터 배편으로 고향으로 오시다 돌아가신 어머님의 부고
를 접하였다. 임금으로부터도 버림받고, 어머님의 임종도 지켜보지 못한 불효의 상황에
처한 자신의 비참한 심정을 표현한 말이다.

정의(正義)의 가치관

○ "아래에 있는 자를 건너 뛰어 올리면 당연히 승진해야 할 사람이 승진하지 못하게 되니 이것은 공평한 것이 아니며 법 또한 고칠 수가 없습니다."

〔在下者越遷則應遷者不遷, 是非公也, 且法不可改也〕

* 출처 : 『李忠武公全書』 卷九, 附錄一, 行錄

훈련원 봉사시절 상관인 병조정랑 서익(徐益)이 자신과 친분이 있는 자를 승진시키라고 청탁하자 이를 거절하면서 한 말이다. 이순신이 발포만호로 있을 때 서익이 경차관(敬差官)으로 와서 군기(軍器)를 보수하지 않았다고 조정에 보고하여 파직되었는데 이는 그 때의 일을 앙갚음한 것이다.

○ "나와 율곡이 같은 성씨라 한 번 만나 볼 수도 있지만 이조판서로 있을 때에 만나는 것은 옳지 않다."

〔我與栗谷同姓, 可以相見, 而見於銓相時則不可〕

* 출처 : 『李忠武公全書』 卷九, 附錄一, 行錄

율곡이 이조판서로 있을 때 이순신이 종씨임을 알고 유성룡에 만나보기를 청하였고 친구인 유성룡 또한 한번 만나보라고 권유한 데 대해 한 말이다. 친구인 유성룡도 고지식하게 느낄 정도로 이순신은 의리지향적인 삶의 태도를 견지하였다.

○ "이것은 관청의 물건이며, 심은 지가 몇 년이나 되었는데, 하루아침에 베어버리려 함은 무슨 까닭입니까?"

〔此官家物也, 栽之有年, 一朝伐之何也〕

* 출처 : 『李忠武公全書』 卷九, 附錄一, 行錄

발포만호 시절 전라좌수사 성박(成鎛)이 거문고를 만들기 위하여 객사의 뜰에 있는 오동나무를 베어가려고 하자 거절하면서 한 말이다.

사생관

○ "사람은 태어나면 반드시 죽는 것이다."

〔有生, 必有死〕

* 출처 : 『李忠武公全書』 卷九, 附錄一, 行錄

병자년 무과시험시 시험관들이 "한(漢)나라 장량(張良)이 신선술(神仙術)을 익혀 죽지 않았다
는 말이 있는데 사람은 과연 죽지 않을 수 있을까?"라는 질문에 답한 말이다. 그의 유학적
세계관이 잘 나타나 있다.

○ "죽게 되면 죽는 것이다. 어찌 구차하게 면하려 할까보냐!"

〔死則死耳, 何可苟免〕

* 출처 : 『李忠武公全書』 卷十, 附錄二, 諡狀

녹둔도 둔전관 시절 병사 이일(李鎰)의 무고로 옥에 갇히고 어떤 처벌을 받을지 모르는 상
황에서 한 아전(亞銓)이 뇌물을 쓰면 살 수도 있다는 말을 듣고 그를 질책하면서 한 말이다.

○ "대장부가 세상에 나서 쓰이게 되면 온 몸을 던져 일할 것이요,
쓰이지 못한다면 들에서 농사짓는 것으로 만족할 것이다."

〔丈夫生, 世用則效死, 不用則耕於野, 足矣〕

* 출처 : 『李忠武公全書』 卷十一, 附錄三, 忠愍祠記

이순신이 평소에 주변사람들에게 한 말로 그의 인생관과 사생관이 함축적으로 표현되어
있다.

○ "이 원수 모조리 무찌른다면 이제 죽어도 여한이 없겠나이다"

〔此讐若除, 死卽無憾〕

* 출처 : 『李忠武公全書』 卷九, 附錄一, 行錄

마지막 노량해전을 앞두고 자정에 배위로 올라가 손을 씻은 다음 무릎을 꿇고 하늘에 기도
한 내용이다.

○ "온 나라의 신하와 백성들은 통분함이 골수에 사무쳐 이 도적들과
는 함께 하늘을 이고 살지 않기로 맹세하였습니다."

〔一國臣民痛入骨髓, 誓不與此賊共戴一天〕

* 출처 : 『李忠武公全書』, 卷一, 雜著, 答譚都司禁討牌文.

갑오년(1594) 명나라 도사 담종인(譚宗仁)에게서 왜군이 철군하려 하니 왜적을 공격하지 말
라는 패문(牌文)을 받고 비분강개하며 한 말이다.

○ "남아 있는 왜적들을 한 척의 배도 못 돌아가게 함으로써 나라의
원수를 갚고자 합니다."

〔殘兇餘孽, 隻櫓不返, 擬雪國家之讎怨〕

* 출처 : 『李忠武公全書』, 卷一, 雜著, 答譚都司禁討牌文.

이순신의 왜적에 대한 적개심과 반인륜적 침략행위에 대한 응징의 방법이 잘 나타나 있는
말이다.

○ "이 도적은 우리나라에 있어서는 이미 한 하늘 아래서 살 수 없는
원수요, 또 명나라에 대해서도 반드시 죽여야 할 죄를 지었는데 도
독은 도리어 뇌물을 받고 화의를 하려 하는 것이요?"

〔此賊於小邦旣有不可同天之讎, 于天朝亦有必誅之罪, 都督反欲以賄圖和〕

* 출처 : 『李忠武公全書』, 卷十, 附錄二, 行狀.

순천에서 소서행장 부대를 해상봉쇄하고 있을 때 명나라 도독 진린(陳璘)이 소서행장의 뇌
물을 받고 왜군의 퇴로를 열어주려 하자 그 부당함을 지적하며 한 말이다. 이순신이 끝
까지 왜군을 공격한 이유를 알 수 있는 대목이다.

병법과 리더십

○ "죽기를 각오하고 싸우면 살고, 살려고 꾀를 내고 싸우면 죽는다."

〔必死則生, 必生則死〕

* 출처 : 『李忠武公全書』 卷八, 亂中日記四, 丁酉年 九月 十五日.

이순신은 명량해전 하루 전 부하장졸들을 모아놓고 모두들 죽기를 각오하고 싸우면 승산이 있음을 역설하였다.

○ "한 사람이 길목을 지키면 천 사람이라도 두렵게 할 수 있다."

〔一夫當逕, 足懼千夫〕

* 출처 : 『李忠武公全書』 卷八, 亂中日記四, 丁酉年 九月 十五日.

명량해전 하루 전 진을 전라우수영으로 옮기면서 한 말이다. 명량해전의 승리요인을 설명할 수 있는 핵심병법이다.

○ "도적의 배가 비록 천 척이라 하더라도 우리 배를 당해내지 못할 것이다."

〔賊雖千隻, 莫敵我船〕

* 출처 : 『李忠武公全書』 卷八, 亂中日記四, 丁酉年 九月 十六日.

명량해전 당일 겹겹이 둘러싸고 공격해 오는 왜군을 보고 겁에 질려 떨고 있는 장졸들을 바라보며 조용히 타이른 말이다. 판옥선 1척이 지닌 막강한 전투력에 대한 신뢰감과 승리에 대한 이순신의 자신감이 배어 있다.

수군의 역할

○ "임진년부터 5·6년간 도적들이 곧바로 전라도와 충청도로 돌격하

지 못한 것은 수군이 그 길목을 막았기 때문입니다. 지금 신(臣)에게 전선 12척이 있사오니 죽을힘을 다해 막아 싸우면 해볼 만합니다. 이제 만약 수군을 모두 없애신다면 이는 도적들이 다행이라고 여기는 바이며, 이로 말미암아 호남의 바닷길을 따라 한강에 도달할 것이니 이것이 신이 두려워하는 바입니다."

〔自壬辰至于五六年間, 賊不敢直突於兩湖者, 以舟師之扼其路也. 今臣戰船, 尙有十二, 出死力拒戰則猶可爲也. 今若全廢舟師則是賊之所以爲幸, 而由, 湖右達於漢水, 此臣之所恐也〕

* 출처 : 『李忠武公全書』 卷九, 附錄一, 行錄.

정유년 다시 통제사가 되었지만 조정에서는 수군세력이 매우 미약하여 적을 막을 수 없다는 것을 알고 육전(陸戰)을 명하자 이순신은 장계를 올려 바다에서 적을 막아야 하며 죽기를 각오하고 그 임무를 완수하겠다고 의지를 불태운다. 아울러 임진년부터 5·6년간 수군이 견내량에서 길목을 차단하였기 때문에 전라도와 충청도가 보존되어 전쟁을 수행할 수 있는 경제적 토대를 마련할 수 있었음을 은연중에 암시하고 있다. 아울러 이순신이 생각하고 있는 수군의 역할은 왜군이 해로를 통해 한양으로 진격하는 것을 차단하는 것이라는 사실을 알 수 있다. 임진왜란 때 수군의 역할에 대한 이순신의 생각을 엿볼 수 있는 대목이다.

○ "가만히 생각해 보니 호남은 나라의 울타리입니다. 만약에 호남이 없다면 이는 나라가 없는 것입니다. 이런 까닭에 어제 진(陣)을 한산도로 옮겨 바닷길을 막을 계책을 모색하고 있습니다."

〔竊想湖南國家之保障. 若無湖南, 是無國家. 是以昨日進陣于閑山島, 以爲遮遏海路之計耳〕

* 출처 : 『李忠武公全書』 卷十五, 書, 答玄持平德升.

이 편지글은 계사년(1593) 7월에 보낸 것인데, 여기서 통제영을 한산도에 둔 이유를 알 수 있다. 이순신은 부산포를 공격하여 왜군을 모조리 섬멸하는 것이 최선의 방책이지만 그렇지 못하다면 차선책으로 한산도에서 호남의 길목을 차단하여 호남을 보존하는 것이야 말로 수군의 역할임을 확신하고 있었다.

해전의 장점

○ "해전에서는 허다한 군졸들이 모두 배 안에 있으므로 적선이 오는
것을 보고는 비록 도망가려 해도 어찌할 방법이 없습니다. 하물며
노를 재촉하는 북소리가 급하게 울릴 때, 만약 명령을 위반하는 자
가 있다면 군법이 뒤따르는데 어찌 힘을 다해 싸우지 않을 수 있겠
습니까?"

〔至如水戰, 則許多之軍皆在船中, 望見賊船, 雖欲逃奔, 其勢無由, 況督櫓, 鼓急之際, 如有
違令者, 軍法隨之, 豈不盡心力而爲之〕

* 출처 : 『李忠武公全書』 卷三, 狀啓, 條陳水陸戰事狀

　　이순신은 조선사람들은 10명 가운데 8·9명이 겁쟁이이기 때문에 도망갈 수 있는 육전에서
는 전투력이 떨어지지만 해전은 배 자체가 배수진(背水陣)이기 때문에 장수가 잘만 지도하
면 겁쟁이 병사들도 정예병사처럼 싸우게 할 수 있는 것이 해전의 장점임을 장계하였다.
수군은 공동운명체라는 전장 환경적 특성을 가지고 있음을 잘 보여준다.

○ "수군소속 정예병사 1명은 100명을 대적할 수 있습니다."

〔舟師所屬精銳一人可敵百名〕

* 출처 : 『李忠武公全書』 卷三, 狀啓, 請舟師所屬邑勿定陸軍狀

　　임진년(1592) 다음해인 계사년(1593)에 윤11월에 이르자 조선의 전쟁지휘부에서는 정예군
사 징발을 부대별로 배당하였다. 전라좌수영에는 4천 명이 배당되었는데 이는 전라좌수영
수군 전체에 해당하는 인원이었다. 이순신은 왜 수군이 호시탐탐 서진을 노리고 있고 또
수군 정예병사 1명은 100명의 적을 대적할 수 있다는 논리를 들어 수군소속 고을에는 육군
의 징발을 배정하지 말도록 청하는 장계를 올렸다.

참고문헌

『高麗史』

『明宗實錄』

『中宗實錄』

『太祖實錄』

『李忠武公全書』〈影印本〉(成文閣, 1989).

國防部戰史編纂委員會 編, 『武臣須知』(교학사, 1986).

金在瑾, 『우리 배의 역사』(서울대학교 출판부, 1991).

金在瑾, 『韓國船舶史研究』(서울대학교 출판부, 1984).

金種權 譯註, 柳成龍 著, 『新完譯 懲毖錄』(명문당, 1987).

金赫濟 校閱, 『論語集註』(明文堂, 1988).

金赫濟 校閱, 『中庸』(明文堂, 1984).

민족문화추진회, 『국역 대동야승Ⅸ(再造藩邦志)』(민족문화문고간행회, 1985).

李敏雄, 〈鳴梁海戰의 경과와 주요쟁점 考察〉(『軍史』 제47호, 국방부 군사편찬연구소,
    2002).

李敏雄, 〈壬辰倭亂 海戰史 研究〉(서울대 박사학위논문, 2002).

李殷相 譯, 『完譯李忠武公全書』〈上·下卷〉(成文閣, 1989).

李種學 譯, 洪良浩 著, 『韓國名將傳』(博英社, 1974).

李增杰, 『吳子注譯析』(廣東:廣東高等教育出版社, 1986).

임원빈 역, 陶漢章 著, 『손자병법개론』(해군사관학교, 1996).

張學根, 『朝鮮時代海洋防衛史』(創美社, 1989).

張學根, 〈李舜臣의 武科合格과 仕路進出의 推移〉(『海洋研究論叢』 제33집, 해군해양연구소,
    2004)

朝鮮史編修會編, 『朝鮮史料叢刊(第六)』(京城:, 昭和10年)

趙成都, 〈鳴梁海戰硏究〉(『軍史』 제4호, 국방부 군사편찬연구소, 1982).

趙成都, 『忠武公 李舜臣』(南榮文化社, 1982).

趙仁福, 『李舜臣戰史硏究』(鳴洋社, 1964).

曹操 等注, 郭化若 譯, 『十一家注孫子』(香港:中華書局, 1988).

參謀本部, 『日本戰史朝鮮役』(補傳)(偕行社, 1924)

崔碩男, 『韓國水軍史硏究』(鳴洋社, 1964).

韓國學文獻硏究所編, 『壬辰倭亂關係文獻叢刊(忠武公全書)』(亞世亞文化社, 1984).

海軍軍事硏究室, 『壬亂水軍活動硏究論叢』(海軍本部, 1993).

海軍本部, 『韓國海洋史』(大韓軍事援護文化社, 1955).

海軍士官學校 博物館, 『忠武公李舜臣硏究論叢』(海洋活動史硏究論叢1)(해군사관학교, 1991).

海南文化院·海南郡, 『鳴梁大捷의 再照明』(光州: 三和文化社, 1987).

海洋戰略硏究部 編, 『世界海戰史』(해군대학, 1998).

제1장

1) 이후 '충무공 이순신'을 지칭하는 표현은 '이순신'을 주로, '이충무공'을 보조로 쓰도록 통일하였다.
2) 『중앙일보』(1997.12.1), 10면, 특별기획 실록 박정희 시대(38), 「집념과 열정으로 되살린 '聖雄'」에서 발췌 요약한 것임.
3) 장학근, 「이순신의 무과합격과 사로진출의 추이」(『해양연구논총』제33집, 해군해양연구소, 2004) 참조.

제2장

1) 『李忠武公全書』〈影印〉(成文閣, 1989) 卷之九, 附錄一, 行錄. 1ㄱ(해당 매의 우측을 ㄱ으로, 좌측을 ㄴ으로 표기), 258쪽. 嘉靖乙巳三月初八日子時, 公生于漢城乾川洞家. 卜者云此命行年五十枚鉞北方. 公之始生也, 母夫人夢參判公告曰, 此兒必貴宜, 名舜臣. 母夫人以告德淵君, 遂名之.
2) 같은 책 卷之九, 附錄, 行錄. 1ㄴ, 258쪽. 至黃石公考官問, 張良從赤松子遊則良果不死耶.
3) 위와 같음. 答曰, 有生必有死, 綱目書壬子六年留侯張良卒, 則安有從仙不死之理, 特托言之而已.
4) 위와 같음. 1ㄴ~2ㄱ, 258쪽. 考官相顧歎異曰, 此豈武人所能知哉.
5) 위와 같음, 2ㄴ, 258쪽. 在下者越遷則應遷者不遷, 是非公也, 且法不可改也.
6) 『論語』, 里仁篇. 君子喩於義, 小人喩於利.
7) 『李忠武公全書』卷五九, 附錄一, 行錄. 2ㄱㄴ, 258쪽. 公曰, 我與栗谷同姓, 可以相見, 而見於銓相時則不可, 竟不往.
8) 위와 같음. 3ㄱ, 259쪽. 公曰, 吾初出仕路, 豈宜托跡權門, 立謝媒人.
9) 위와 같음. 8ㄱ, 261쪽.
10) 같은 책 卷之五, 日記, 壬辰年 2월 19일~2월 27일. 7ㄱㄴ 148쪽.
11) 위와 같음. 3월 27일. 11ㄱ, 150쪽.
12) 위와 같음. 4월 11일/12일, 12ㄱ, 150쪽.
13) 같은 책 卷之二, 狀啓, 玉浦破倭兵狀. 10ㄴ, 76쪽. 勿令妄動, 靜重如山.
14) 같은 책 卷首, 敎諭, 命率舟師截遏歸路 諭書(三), 13ㄱ, 41쪽. 天兵旣克平壤, 乘勝長驅, 假息凶賊逃遁相繼, 京城之敵亦必遁歸郷, 其盡率舟師, 合勢勦滅, 期使片帆不返.

15) 위와 같음, 같은 諭書(四), 13ㄱㄴ, 41쪽.

16) 같은 책 卷之十五, 書, 答玄持平德升, 12ㄱ, 388쪽.

17) 朝鮮史編修會編, 『朝鮮史料叢刊(第六)』〈壬辰狀草〉(京城: 昭和 10年), 狀61, 429쪽(『李忠武公全書』에 누락되어 있는 자료는 조선사편수회에서 간행한 이 책을 참고하였다)

18) 민족문화추진회, 『국역 대동야승 IX』(再造藩邦志)(민족문화추진회, 1985), 411쪽.(원문: 舜臣曰, 海道艱險, 敵必多設伏兵以待, 多率舡, 敵無不知, 小其船則反爲所襲矣, 遂不幸)

19) 『李忠武公全書』卷之九, 附錄一, 行錄, 23ㄱ, 269쪽.

20) 위와 같음, 29ㄱ, 272쪽.

21) 위와 같음, 31ㄱ, 273쪽. 公於船上, 盥手跪, 祝于天曰, 此讎若除, 死卽無憾.

22) 위와 같음. 十九日黎明, 公方督戰, 忽中飛丸. 公曰, 戰方急, 愼勿言我死, 言訖而逝.

제3장

1) 『李忠武公全書』卷之十, 附錄二, 露梁廟碑, 33ㄱ, 292쪽. 吾一心忠孝, 到此俱喪矣.

2) 朱熹, 『中庸章句』, 盡己之心爲忠.

3) 朱熹, 『朱子語類』卷27, 忠者, 誠實無欺之名.

4) 『論語』, 八佾篇. 君事臣以禮, 臣事君以忠.

5) 같은 책, 學而篇. 孝悌也者, 其爲仁之本與.

6) 『李忠武公全書』卷之九, 附錄一, 行錄, 9ㄴ, 262쪽.

7) 위와 같음.

8) 위와 같음, 9ㄴ~10ㄱ, 262쪽.

9) 같은 책 卷之一, 雜著, 讀宋史, 17ㄱㄴ, 70쪽.

10) 위와 같음, 約束各營將士文, 18ㄱ, 70쪽.

11) 같은 책 卷之三, 狀啓二, 還營狀, 31ㄴ, 117쪽.

12) 같은 책 卷之二, 狀啓一, 玉浦破倭兵狀, 14ㄱ, 78쪽.

13) "선전관 성문개(成文漑)가 보러와서 피란 중에 계신 임금님의 사정을 자세히 전하였다. 통곡, 통곡할 일이다."(朝鮮史編修會編, 『朝鮮史料叢刊(第六)』(亂中日記草), 癸巳年, 5월 12일, 44쪽)

14) "밤 기운이 몹시 차서 잠을 이루지 못하였다. 나라를 근심하는 생각이 조금도 놓이지 않아 홀로 배 뜸 밑에 앉았으니 온갖 회포가 일어난다."(『李忠武公全書』卷之五, 亂中日記一, 癸巳年, 7월 1일, 35ㄴ, 162쪽)

15) 같은 책 卷之五, 亂中日記一, 癸巳年, 8월 1일, 40ㄴ~41ㄱ, 164~165쪽.

16) 같은 책 卷之九, 附錄一, 行錄, 22ㄴ, 268쪽.

17) 같은 책 卷之九, 附錄一, 行錄, 5ㄴ, 260쪽.

18) 위와 같음, 8ㄱ, 261쪽.

19) 같은 책 卷之五, 亂中日記一, 壬辰年 1월 1일, 1ㄱ, 145쪽.

20) 위와 같음, 2월 14일, 5ㄴ, 147쪽.

21) 위와 같음, 3월 4일, 8ㄱ, 148쪽.

22) 위와 같음, 3월 29일, 11ㄱ, 150쪽.

23) 위와 같음, 4월 8일, 12ㄱ, 150쪽.

24) 위과 같음, 癸巳年 5월 4일, 25ㄱㄴ, 157쪽.

25) 朝鮮編修會編, 『朝鮮史料叢刊(第六)』(亂中日記草), 癸巳年 6월 12일, 53쪽.

26) 『李忠武公全書』卷之五, 亂中日記一, 癸巳年 6월 19일, 33ㄴ~34r, 161쪽.

27) 위와 같음, 6월 21일, 34ㄱ, 161쪽.

28) 위와 같음, 8월 23일, 44ㄴ, 166쪽.

29) "어머님을 모시고 함께 한 살을 더하게 되니 이는 난리 중에도 다행한 일이다."(같은 책 卷之六 亂中日記二, 甲午年, 1월 1일, 1ㄱ, 170쪽)

30) 朝鮮編修會編, 앞의 책, 亂中日記草, 甲午年 1월 11일, 74쪽.

31) 『李忠武公全書』卷之六, 亂中日記二, 甲午年 1월 12일, 2ㄱ, 170쪽.

32) 위와 같음, 2월 4일, 307쪽.

33) 朝鮮編修會編, 앞의 책, 亂中日記草, 甲午年 4월 21일, 91쪽.

34) 위와 같음, 5월 5일, 93쪽.

35) 『李忠武公全書』卷之六, 亂中日記二, 甲午年, 7월 5일, 25ㄱ, 182쪽.

36) 같은 책 卷之六, 亂中日記二, 乙未年, 1월 1일, 42ㄱ, 190쪽.

37) "이날은 어머님 생신인데, 몸소 나가 잔을 드리지 못하고 홀로 먼 바다에 앉았으니 회포를 어찌 다 말하랴."(위와 같음, 乙未年, 5월 4일, 56ㄱ, 197쪽).

38) "요사이 탐선이 엿새가 되도록 오지 아니한다. 어머님 안부를 알 수 없어 무척 걱정스럽다."(위와 같음, 乙未年, 5월 13일, 57ㄱㄴ, 198쪽)
   "어머님 안부를 못 들은 지 벌써 이레라 무척 초조했다."(위와 같음, 乙未年, 5월 15일, 57ㄴ, 198쪽)

39) 같은 책 卷之六, 亂中日記二, 乙未年 5월 21일, 58ㄴ, 198쪽.

40) 乙未年 6월 9일, 6월 12일, 6월 19일 일기(日記)에 기록되어 있다.

41) 같은 책 卷之七, 亂中日記三, 丙申年 5월 4일, 44ㄱ, 222쪽.

42) 위와 같음, 8월 12일, 56ㄱ, 228쪽.

43) 위와 같음, 8월 19일, 57ㄱ, 229쪽.

44) 위와 같음, 윤8월 12일, 59ㄱ, 230쪽.

45) 위와 같음, 윤8월 13일, 59ㄱㄴ, 230쪽.

46) 위와 같음, 10월 3일, 64ㄴ, 232쪽.

47) 朝鮮編修會編, 앞의 책, 亂中日記草, 丙申年 10월 6일, 219쪽.

48) 『李忠武公全書』卷之七, 亂中日記三, 丙申年 10월 7일, 64ㄴ, 232쪽.

49) 위와 같음, 10월 8일, 64ㄴ, 232쪽.

50) 위와 같음, 10월 9일, 64ㄴ, 232쪽.

51) 위와 같음, 10월 10일, 64ㄴ, 232쪽.

52) 같은 책 卷之八, 亂中日記四, 丁酉年 4월 13일, 2ㄴ~3ㄱ, 235~236쪽.

53) 위와 같음, 4월 19일, 3ㄴ, 236쪽.

54) 같은 책 卷之十, 附錄二, 行狀, 3ㄴ~4ㄱ, 277쪽.

55) 같은 책 卷之十, 附錄二, 諡狀, 25ㄴ, 288쪽.

56) 같은 책 卷之九, 附錄一, 行錄一, 29ㄱ, 272쪽.

57) 같은 책 卷之十一, 附錄三, 忠愍祠記一, 9ㄴ, 306쪽. 嘗言丈夫生, 世用則效死, 不用則耕於野, 足矣.

58) 같은 책 卷之九, 附錄一, 行錄一, 31ㄱ, 273쪽.

59) 같은 책 卷之十二, 附錄四, 祭李統制文, 7ㄱ, 323쪽. 憶而平居對人嘗曰, 辱國之夫, 只欠一死. 顧今境土旣歸, 大讐已復, 緣何猶踐夫素履.

60) 같은 책 卷之二, 狀啓一, 赴援慶尙道狀, 3ㄴ~4ㄱ, 73쪽.

61) 위와 같음.

62) 위와 같음.

63) 위와 같음, 7ㄴ, 75쪽.

64) 같은 책 卷之一, 雜著, 約束各營將士文, 17ㄴ~18ㄱ, 70쪽.

65) 위와 같음, 答譚都司禁討牌文, 16ㄱ, 69쪽.

66) 같은 책 卷之十, 附錄二, 行狀(崔有海 撰), 12ㄱㄴ, 281쪽.

67) 위와 같음, 12ㄴ, 281쪽.

68) 같은 책 卷之九, 附錄一, 行錄一, 27ㄴ~28ㄱ, 271쪽.

69) 위와 같음, 28ㄱ, 271쪽.

70) 같은 책 卷之十一, 附錄三, 古今島遺祠記, 18ㄴ, 310쪽.

71) 같은 책 卷之一, 雜著, 答譚都司禁討牌文, 15ㄱ, 69쪽.

72) 위와 같음, 15ㄱㄴ, 69쪽.

73) 위와 같음, 15ㄴ~16ㄱ, 69쪽.

74) 위와 같음, 16ㄱ, 69쪽.

75) 위와 같음, 15ㄴ, 69쪽.

76) 위와 같음, 16ㄱ, 69쪽.

77) 위와 같음.

78) 앞의 책 卷之一, 雜著, 讀宋史, 17ㄱㄴ, 70쪽.

79) 위와 같음, 17ㄴ, 70쪽.

80) 『論語』, 憲問篇. 是知其不可而爲之者與.

제4장

1) 金在瑾, 『우리 배의 역사』(서울대 출판부, 1991), 176쪽 참조.

2) 같은 책, 168~179쪽 참조.

3) 『高麗史』, 列傳 27, 羅世.

4) 같은 책, 列傳 26, 鄭地.

5) 金在瑾, 앞의 책, 180쪽.

6) 『太祖實錄』 卷7, 太祖 4年 4月 壬午.

7) 김재근, 앞의 책, 184쪽 참조.

8) 『中宗實錄』 卷42, 中宗 16年 5月 戊午.

9) 『中宗實錄』 卷104, 中宗 39年 9月 甲辰.

10) 『明宗實錄』 卷16, 明宗 10年 9月 戊申.

11) 金在瑾, 앞의 책, '제5장 板屋船'의 내용을 정리 요약한 것임.

12) 海軍本部, 『韓國海洋史』, 242쪽.

13) 『李忠武公全書』 卷之二, 狀啓一, 因倭警待變狀, 1ㄱㄴ, 72쪽.

14) 위와 같음, 1ㄱㄴ~2ㄱ, 72쪽..

15) 위와 같음, 赴援慶尙道狀, 5ㄱㄴ, 74쪽.

16) 위와 같음, 6ㄱㄴ, 74쪽..

17) 위와 같음, 7ㄴ, 75쪽.

18) 위와 같음, 7ㄴ~8ㄱ, 75쪽.

19) 위와 같음, 8ㄴ, 75쪽.

20) 위와 같음, 玉浦破倭兵狀, 17ㄴ, 80쪽.

21) 같은 책 卷之三, 狀啓二, 條陳水陸戰事狀, 22ㄴ, 112쪽.

22) 위와 같음, 請舟師所屬邑勿定陸軍狀, 41ㄴ, 122쪽.

23) "만일 적들이 수륙으로 합세하여 일시에 돌격해 오면 이렇게 외롭고 약한 수군으로써는
그 세력을 막아내기 어렵고 또 군량을 이어 가기도 어려울 것이므로 이것이 신이 자나깨나
걱정하는 것입니다."(같은 책 卷之三, 狀啓二, 條陳水陸戰事狀, 23ㄱ, 113쪽)

제5장

1) 왜 수군의 대선(大船)은 그 크기가 조선수군의 주력전투함인 판옥선과 같았다.(『李忠武公全
書』 卷之五, 亂中日記一, 壬辰年 6월 2일. 敵船二十餘隻列泊, 回擁相戰, 大船一隻, 大如我國板屋
船)

2) 趙仁福, 『李舜臣戰史硏究』, 197쪽.

3) 參謀本部, 『日本戰史 朝鮮役』(補傳)(1924), 48쪽.

4) 曹操 等注, 郭化若 譯, 『十一家註孫子』(香港: 中華書局, 1988, 作戰篇), 32쪽. 故知兵之將,
民之司命, 國家安危之主.

5) 임원빈 역, 陶漢章 著, 『손자병법개론』(진해: 해군사관학교, 1996), 20쪽.

6) 『李忠武公全書』 卷之二, 狀啓一, 唐浦破倭兵狀, 21ㄱㄴ, 82쪽.

7) 위와 같음, 24ㄴ~25ㄱ, 83~84쪽.

8) 위와 같음, 見乃梁破倭兵狀, 35ㄱ, 89쪽.

9) 曹操 等注, 앞의 책, 勢篇, 79쪽. 故善戰人之勢, 如轉圓石于千仞之山者, 勢也.

10) 『李忠武公全書』 卷之二, 狀啓一, 玉浦破倭兵狀, 10ㄴ~11ㄱ, 76~77쪽.

11) 金赫濟 校閱, 『原本 孟子集註』(明文堂, 1985), 95쪽. 孟子曰, 天時不如地利, 地利不如人和.

12) 『李忠武公全書』 卷之八, 亂中日記四, 丁酉年 9月 14日.

13) 『李忠武公全書』 卷之八, 亂中日記四, 丁酉年 9월 15일, 26ㄴ, 247쪽. 數小舟師, 不可背鳴梁 爲陣.

14) 위와 같음.

15) 『宣祖實錄』, 宣祖 29년 6월 壬戌(26일).

16) 같은 책, 宣祖 30년 1월 甲寅(23일).

17) 같은 책, 宣祖 30년 3월 癸卯(13일).

18) 같은 책, 宣祖 30년 1월 癸丑(22일).

19) 위와 같음, 1월 戊午(27일).

20) 『宣祖修正實錄』, 宣祖 30년 2월.

21) 위와 같음.

22) 『李忠武公全書』 卷之三, 狀啓二, 陳倭情狀, 16ㄱㄴ, 109쪽.

23) 위와 같음, 請湖西舟師繼援狀 참조, 107~108쪽.

24) 이와 같은 상황은 丁酉年까지 지속되었다.

25) 같은 책 卷之四, 狀啓三, 請罪遲留諸將狀, 14ㄴ~15r, 131~132쪽.

26) 같은 책 卷之三, 狀啓二, 請舟師所屬邑勿定陸軍狀, 41ㄴ, 122쪽. 舟師所屬精銳一人可敵百名.

27) 曹操 等注, 郭化若 譯, 앞의 책, 謀攻篇, 51쪽. 知彼知己者, 百戰不殆.

28) 『李忠武公全書』 卷之二, 狀啓一, 赴援慶尙道狀, 4ㄱㄴ, 73쪽.

29) 위와 같음, 玉浦破倭兵狀, 10ㄴ, 76쪽.

30) 위와 같음, 22ㄴ, 82쪽.

31) 위와 같음, 23ㄱㄴ, 83쪽.

32) 같은 책 卷之二, 狀啓一, 見乃梁破倭兵狀, 34ㄴ, 88쪽.

33) 같은 책 卷之三, 狀啓二, 請湖西舟師繼援狀, 13ㄴ, 108쪽.

34) "육지쪽 김해·웅천 등지로 적세를 탐지하려고 순천군관 김중윤(金仲胤), 홍양군관 이진(李珍), 우도 각 포구의 군관 등 8명을 보내었던 바,…"(『李忠武公全書』, 陳倭情狀, 17ㄴ, 110쪽)

35) "이 날 비로소 돛베를 만들었다."(『난중일기』, 4월 11일)

36) "식후에 배를 타고 거북선에서 지자(地字)·현자(玄字) 포를 쏘아 보았다."(『난중일기』, 4월 12일)

37) 이순신은 임진왜란 발발소식을 4월 15일 해질 무렵 원균과 박홍으로부터 온 공문을 통해 알게 되었다.

38) 『李忠武公全書』 卷之二, 狀啓一, 唐浦破倭兵狀, 23ㄴ~24ㄱ, 83쪽.

39) 위와 같음, 25ㄱㄴ, 84쪽.

40) 위와 같음, 28ㄱ, 85쪽 참조.

41) 曹操 等注, 郭化若 譯, 앞의 책, 形篇, 59쪽. 是故勝兵先勝而后求戰, 敗兵先戰而后求勝.

42) 『李忠武公全書』 卷之三, 狀啓二, 統船一艘傾覆後待罪狀, 8ㄴ, 105쪽 참조.

43) 같은 책 卷之二, 狀啓一, 唐浦破倭兵狀, 24ㄴ, 83쪽.

44) 같은 책 卷之二, 狀啓一, 見乃梁破倭兵狀, 34ㄴ, 88쪽.

45) 위와 같음, 釜山破倭兵狀, 49ㄱㄴ, 96쪽.

46) 같은 책 卷之九, 附錄一, 行錄, 23ㄱ, 269쪽.

제6장

1) 국방부전사편찬위원회 편, 『武臣須知』(교학사, 1986), 將才第一, 261쪽, 將才者, 將帥之才也, 統軍持勢曰將, 料敵制勝曰才.

2) 曹操 等注, 郭化若 譯, 『十一家註孫子』(香港:中華書局, 1988), 計編, 7쪽, 將者, 智信仁勇嚴也.

3) 위와 같음, 7쪽, 杜牧註, 先王之道, 以仁爲首; 兵家者流, 用智爲先.

4) 위와 같음, 杜牧曰: … 兵家者流, 用智爲先. 蓋智者, 能機權, 識變通也. 信者, 使人不惑於刑賞也. 仁者, 愛人憫物, 知勤勞也. 勇者, 決勝乘勢, 不逡巡也. 嚴者, 以威刑肅三軍也.

5) 위와 같음, 曹操曰: 將宜五德備也.

6) 위와 같음, 賈林曰. 專任智則賊; 偏施仁則懦; 固守信則愚; 恃勇力則暴; 令過嚴則殘. 五者兼備, 各適其用, 則可爲將帥.

7) 李增杰, 『〈吳子〉注譯析』(廣東:廣東高等教育出版社, 1986), 85쪽. 夫恩文武者, 軍之將也, 兼剛柔者, 兵之事也.

8) 위와 같음, 凡人論將, 常觀于勇. 勇之于將, 乃數分之一爾.

9) 위와 같음, 夫勇者必輕合, 輕合而不知利, 未可也.

10) 위와 같음, 86쪽, 一曰理, 二曰備, 三曰果, 四曰戒, 五曰約. 理者, 治衆如治寡. 備者, 出門如見敵. 果者, 臨敵不懷生. 戒者, 雖克如始戰. 約者, 法令省而不煩.

11) 위와 같음, 86쪽, 受命不辭, 敵破而後言返, 將之禮也.

12) 위와 같음, 故師出之日, 有死之榮, 無生之辱.

13) 위와 같음, 然其威德仁勇, 必足以率下安衆, 怖敵決疑, 施令而下不犯, 所在寇不敢敵.

14) 위와 같음, 91쪽, 聲鼓金鐸, 所以威耳, 旌旗麾幟, 所以威目, 禁令刑罰, 所以威心. 耳威於聲, 不可不淸, 目威於色, 不可不明, 心威於形, 不可不嚴. 三者不立, 雖有其國, 必敗於敵. 故曰: 將之所麾, 莫不從移, 將之所指, 莫不前死.

15) 國防部戰史編纂委員會 篇, 『武臣須知』(1986), 將才, 10쪽.

16) 위와 같음, 11쪽.

17) 위와 같음, 11~12쪽.

18) 위와 같음, 262쪽. 古人贊雲長詩曰, 文讀春秋左氏傳, 武使靑龍偃月刀.

19) 위와 같음, 262쪽. 五愼者, 卽治衆如治寡, 出入如見敵, 臨軍不懷生, 雖克如始戰, 且法令從略而不苟也.

20) 위와 같음. 五施者, 卽誠一無欺, 金石不渝之謂信. 果敢倡先, 衝鋒陷陣之謂勇. 軍政整齊, 號令明肅之謂嚴. 無所不知, 料敵虛實之謂智, 愛恤士卒, 不忍慘刻之謂仁也.

21) 위와 같음. 十守者, 神淸而不可濁, 謀遠而不可慕, 操固而不可遷, 智明而不可蔽, 不貪于貨, 不淫于物, 不濫于辯, 不推於方, 不可喜也, 不可怒也.

22) 『李忠武公全書』卷之一, 雜著에 중국 송(宋)나라 역사를 읽고 감회를 피력한 『독송사(讀末史)』가 있는데 여기에 그의 인생관이 잘 나타나 있다.

23) 같은 책 卷之九, 附錄一, 行錄(李芬), 3ㄴ, 259쪽.

24) 위와 같음, 4ㄱ, 259쪽.

25) 위와 같음, 18ㄱㄴ, 266쪽.

26) 같은 책 卷之十, 附錄二, 諡狀, 23ㄴ~24ㄱ, 287쪽.

27) 같은 책 卷之六, 亂中日記二, 甲午年 9월 3일, 29ㄴ~30ㄱ, 185~186쪽.

28) 曹操 等註, 郭化若 譯, 앞의 책, 7쪽. 信者, 使人不惑於刑賞也.

29) 國防部戰史編纂委員會 篇, 앞의 책, 262쪽. 卽誠一無欺, 金石不渝之謂信.

30) 『李忠武公全書』卷之二, 狀啓一, 玉浦破倭兵狀, 17ㄱ, 80쪽.

31) 위와 같음, 唐浦破倭兵狀, 30ㄴ~31ㄱ, 86~87쪽.

32) 위와 같음, 釜山破倭兵狀, 51ㄱ, 97쪽.

33) 같은 책 卷之三, 狀啓二, 請光陽縣監漁泳潭仍任狀, 106~107쪽.

34) 李殷相 譯, 『完譯李忠武公全書(下)』권9, 부록 1, 56쪽.

35) 『李忠武公全書』卷之九, 附錄一, 行錄(從子正郎芬), 20ㄴ, 267쪽.

36) 위와 같음, 22ㄱ, 268쪽.

37) 위와 같음, 24ㄱㄴ, 269쪽.

38) 같은 책 卷之六, 亂中日記二, 甲午, 1월 20일, 3ㄱ, 171쪽.

39) 같은 책 卷之四, 狀啓三, 舟師所屬諸將休番狀, 141쪽

40) 같은 책 卷之三, 狀啓二, 請於陣中試才狀, 122쪽.

41) 曹操 等註, 郭化若 譯, 앞의 책, 謀攻篇, 49쪽. 上下同欲者勝.

42) 『李忠武公全書』卷之三, 狀啓二, 分送義僧把守要害狀, 1ㄴ~2ㄱ, 102쪽.

43) 위와 같음.

44) 같은 책 卷之四, 狀啓三, 請賞義兵諸將狀, 15ㄴ, 132쪽.

45) 위와 같음.

46) 위와 같음.

47) 李殷相 譯, 『完譯李忠武公全書』(下), 170쪽.

48) 위와 같음, 172쪽.

49) 위와 같음.

50) 曹操 等註, 郭化若 譯, 앞의 책, 7쪽. 勇者, 決勝乘勢, 不逡巡也.

51) 위와 같음. 勇者, 徇義不懼, 能果毅也.

52) 金林濟 校閱, 『論語集註』, 爲政篇, 41쪽. 見義不爲, 無勇也.

53) 같은 책, 陽化篇, 371쪽. 君子有勇而無義爲亂, 小人有勇而無義爲盜.

54) 『李忠武公全書』卷之八, 亂中日記四, 丁酉年 9월 7일, 25ㄴ, 247쪽.

55) 위와 같음, 9월 16일, 27ㄱ, 248쪽.

56) 曹操 等註, 郭化若 譯, 앞의 책, 7쪽. 王晳曰:… 嚴者, 以威嚴肅衆心也.

57) 위와 같음. 杜牧曰:… 嚴者, 以威刑肅三軍也.

58) 『李忠武公全書』 卷之五, 亂中日記一, 壬辰年 1월 16일, 2ㄱㄴ, 145쪽.

59) 위와 같음, 2월 25일, 7ㄱ, 148쪽.

60) 위와 같음, 3월 초6일, 8ㄴ, 148쪽.

61) 朝鮮史編修會篇, 앞의 책, 亂中日記草, 甲午年 6월 12일, 98쪽, 8월 2일, 108쪽.

62) 『李忠武公全書』 卷之六, 亂中日記二, 25ㄱ, 182쪽.

63) 위와 같음, 7월 26일, 28ㄴ, 183쪽, 8월 26일, 31ㄴ, 185쪽.

64) 같은 책 卷之八, 亂中日記四, 丁酉年 9월 15일, 26ㄴ, 247쪽.

65) 위와 같음, 9월 16일, 27ㄴ, 248쪽.

66) 金赫濟 校閱, 『中庸』(명문당, 1984), 第20章, 84쪽. 誠者, 天之道也, 誠之者, 人之道也.

67) 위와 같음, 朱熹 註, 85쪽. 誠者, 眞實無妄之謂, 天理之本然也, 誠之者, 未能眞實無妄而欲其 眞實無妄之謂, 人事之當然也.

68) 『李忠武公全書』 卷之九, 附錄一, 21ㄱ, 268쪽. 竭忠於國而罪已至, 欲孝於親而親亦亡.

69) 같은 책 卷之五, 亂中日記一, 癸巳年 8월25일, 44ㄴ, 166쪽.

70) 같은 책 卷之六, 亂中日記二, 甲午年 9월 28일, 35ㄴ, 187쪽.

71) 朝鮮史編修會 篇, 앞의 책, 亂中日記草, 丙申年 1월 12일, 174쪽.

72) 『李忠武公全書』 卷之六, 亂中日記二, 甲午年 11월 25일, 41ㄴ, 190쪽.

73) "나라정세가 아침이슬같이 위태로운데 안으로는 정책을 결정할 만한 기둥 같은 인재가 없고 밖으로는 나라를 바로잡을 만한 주춧돌 같은 인물이 없음을 생각해 보니 사직이 장차 어떻게 될지 몰라 마음이 산란했다."(같은 책 卷之七, 亂中日記三, 乙未年 7월 1일, 6ㄱ, 203쪽)

74) 같은 책 卷之六, 亂中日記二, 乙未年 5월 29일, 60ㄱ, 199쪽.

75) 같은 책 卷之七, 亂中日記三, 乙未年 5월 13일, 57ㄱㄴ, 198쪽.

76) 위와 같음, 乙未年 5월 15일, 57ㄴ, 198쪽.

77) 같은 책 卷之七, 亂中日記四, 丁酉年 9월 15일, 26ㄴ, 247쪽.

제7장

1) 金赫濟 校閱, 『論語集註』, 顔淵篇, 235쪽.

2) 같은 책, 雍也篇, 121쪽.

3) 같은 책, 顔淵篇, 233쪽.

4) 같은 책, 爲政篇, 26쪽. 從心所欲, 不踰矩.

5) 『李忠武公全書』 卷之三, 狀啓二, 條陳水陸戰事狀, 22ㄴ, 112쪽.

6) 위와 같음.

7) 曹操 等注, 郭化若 譯, 앞의 책, 九地篇, 209쪽. 投之亡地然後存, 陷之死地然後生.

8) 『李忠武公全書』 卷之八, 亂中日記四, 丁酉年 9월 15일, 26ㄴ, 247쪽.

9) 위와 같음.

10) 위와 같음, 丁酉年 9월 16일, 27ㄴ, 248쪽.

11) 위와 같음.

12) 같은 책 卷之二, 狀啓一, 唐浦破倭兵狀, 24ㄴ, 83쪽.

13) 같은 책 卷之二, 狀啓一, 見乃梁破倭兵狀, 35ㄱ, 89쪽.

14) 曹操 等注, 郭化若 譯, 앞의 책, 作戰篇, 30쪽. 取敵之利者, 貨也.

15) 위와 같음.

16) 위와 같음, 杜牧註, 30쪽. 謂得敵之貨財, 必以賞之, 使人皆有欲, 各自爲戰.

17) 『李忠武公全書』卷之六, 亂中日記二, 甲午年 7월 초2일, 25ㄱ, 182쪽.

18) 같은 책 卷之二, 狀啓一, 唐浦破倭兵狀, 30ㄴ~31ㄱ, 86~87쪽.

19) 위와 같음, 33ㄴ, 88쪽.

20) 위와 같음, 44ㄱㄴ, 93쪽.

21) 같은 책 卷之二, 狀啓一, 請鄭運追配李大源祠狀, 52ㄴ, 172쪽.

22) 朝鮮史編修會編, 『朝鮮史料叢刊第六』(亂中日記草), 癸巳年 2월 초3일, 8쪽.

23) 『李忠武公全書』卷之五, 亂中日記一, 癸巳年 7월 13일, 38ㄴ, 163쪽.

24) 같은 책 卷之六, 亂中日記二, 甲午年 7월 26일, 28ㄴ, 183쪽.

25) 같은 책 卷之七, 亂中日記三, 丙申年 7월 16일, 52ㄴ, 226쪽.

26) 같은 책 卷之四, 狀啓三, 闕防守令依軍法決罪狀, 4ㄴ, 126쪽.

27) 위와 같음, 請罪遲留諸將狀, 13ㄴ, 131쪽.

28) 위와 같음, 26ㄱ, 137쪽.

29) 위와 같음, 34ㄴ, 141쪽.

30) 같은 책 卷之十三, 附錄五, 記實上, 宣祖中興志, 27ㄱ, 350쪽.

31) 같은 책 卷之六, 亂中日記二, 甲午年 1월 20일, 3ㄴ, 171쪽.

32) 위와 같음, 亂中日記三, 丙申年 1월 23일, 30ㄴ, 215쪽.

33) 위와 같음, 乙未年 7월 14일, 8ㄴ, 204쪽.

34) 위와 같음, 丙申年 1월 15일, 29ㄴ, 215쪽.

35) 위와 같음, 丙申年 5월 초5일, 44ㄴ, 222쪽.

36) 같은 책 卷之三, 狀啓二, 請於陣中試才狀, 122쪽.

37) 같은 책 卷之四, 狀啓三, 舟師所屬諸將休番狀, 141쪽.

38) 같은 책 卷之十四, 附錄六, 記實(下), 馬氏 家狀, 27ㄴ, 376쪽.

39) 위와 같음, 崔氏 家狀, 28ㄱ, 376쪽.

40) 曹操 等註, 郭化若 譯, 앞의 책, 謀攻篇, 49쪽. 上下同欲者勝.

41) 『李忠武公全書』卷之九, 附錄一, 行錄一, 9ㄴ~10ㄱ, 262쪽.

42) 위와 같음, 22ㄱㄴ, 268쪽.

43) 같은 책 卷之八, 亂中日記四, 丁酉年 9월 15일, 26ㄴ, 247쪽.

44) 같은 책 卷之九, 附錄一, 行錄一, 27ㄴ~28r, 271쪽.

45) 曹操 等注, 郭化若 譯, 앞의 책, 勢篇, 78쪽. 故善戰者, 求之於勢, 不責於人. 故能擇人而任勢.

46) 『李忠武公全書』卷之三, 狀啓二, 討賊狀, 6ㄱㄴ, 104쪽.

.

제9장

1) 李敏雄, 「壬辰倭亂 海戰史 硏究」(서울대 박사학위논문, 2002), 158쪽 참조. 아울러 李敏雄은
『李忠武公全書』 권16의 〈同義錄〉 또한 18세기 말에 작성된 것이 아니라, 1935년에 새로 권15
와 권16이 추가되면서 첨가된 것이므로 일차적인 사료로 볼 수 없다고 주장하였다.

2) 『李忠武公全書』 卷之三, 狀啓二, 請湖西舟師繼援狀, 13ㄴ, 108쪽.

3) 같은 책 卷之九 附錄一, 行錄(李芬), 23ㄱ, 269쪽, 自壬辰至于五六年間, 敵不敢直突於兩湖者,
以舟師之扼其路也, … 戰船雖寡, 微臣不死, 則敵不敢侮我矣.

4) 『李忠武公全書』 卷之八, 亂中日記四, 丁酉年 9月 16일, 27ㄱ, 248쪽, 卽令諸船擧碇出海, 賊船
三百三十餘隻回擁我諸船, 諸將自度衆寡不敵, 便生回避之計, 右水使金億秋退在渺然之地. 余促櫓
突前, 亂放地玄各樣銃筒, 發如風雷, 軍官等簇立船上, 如雨亂射, 敵徒不能抵當, 乍近乍退, 然圍之
數重, 勢將不測, 一船之人相顧失色, 余從容諭之曰, 賊雖千隻, 莫敵我船, 切勿動心, 盡力射敵.

5) 金在瑾, 『韓國船舶史硏究』(서울대학교 출판부, 1984), 이 책의 '제5장 板屋船' 참조.

6) 『高麗史』 列傳 27, 羅世.

7) 같은 책, 列傳 26, 鄭地.

8) 『太祖實錄』 권7, 太祖 4年 4月 壬午.

9) 『李忠武公全書』 卷之八, 亂中日記四, 25ㄱ, 247쪽, 賊船五十五隻內十四隻, 已到於蘭前洋, 其
意在舟師.

10) 같은 책 卷之八, 亂中日記四, 丁酉年 9月 14일, 26ㄱ, 247쪽, 賊船二百餘隻內五十五隻, 已入
於蘭前洋.

11) 朝鮮史編修會編, 朝鮮史料叢刊 第6(亂中日記草·壬辰狀草), 丁酉年 9月 16일, 256~257쪽,
早朝望軍進告內, 賊船無慮二百餘隻, 鳴梁由入, 直向結陣處.

12) 『李忠武公全書』 卷之八, 亂中日記四, 丁酉年 9月 15일, 26ㄴ, 247쪽, 數小舟師不可背鳴梁爲
陣.

13) 명량해협 수로의 폭에 대해서는 인터넷 www.korwp.net/youjek9.htm 호국관련 유적지
(울돌목과 명량해전)의 데이터를 참조하였음.

14) 같은 책 卷之八, 亂中日記四, 丁酉 9月 16일, 27ㄴ~28ㄱ, 248쪽.

15) 위와 같음.

16) 『李忠武公全書』 卷之九, 附錄, 行錄(李芬), 吾等共受王命, 義當同死而事已至此, 何惜一死以
報國家乎, 惟死而後已.

17) 같은 책 卷之八, 亂中日記四, 丁酉年 9月 15일, 26ㄴ, 247쪽, 兵法云, 必死則生, 必生則死,
又曰, 一夫當逕, 足懼千夫, 今我之謂矣.

18) 같은 책 卷之八, 亂中日記四, 丁酉年 9月 16일, 27ㄱ, 248쪽, 賊雖千隻, 莫敵我船, 切勿動心,
盡力射賊.

19) 曹操 等注, 郭化若 譯, 앞의 책, 九地篇, 209쪽, 投之亡地然後存, 陷之死地然後生.

20) 『李忠武公全書』 卷之八, 亂中日記四, 丁酉年 9月 15日, 26ㄴ, 247쪽, 爾各諸將, 勿以生爲心.
小有違令 卽當軍律.

21) 위와 같음, 丁酉年 9월 16일, 27ㄴ, 248쪽, 安衛欲死軍法乎. 汝欲死軍法乎. 逃生何所耶.

22) 위와 같음, 汝爲中軍, 而遠避不救大將, 罪安可逃, 欲爲行刑, 則賊勢又急, 姑令立功.

23) 이민웅, 앞의 논문, 158쪽.